TC-III-8

Hauser   Die Grüne Revolution

Jürg Hauser

Die Grüne Revolution
Werden, Fortschritt und Probleme

Atlantis

Meiner lieben Frau und im Andenken an meinen Vater

Dr. Jürg A. Hauser-Coninx
Dozent für Bevölkerungswissenschaft und Probleme der Entwicklungsländer
an der Universität Zürich

Zürcher Habilitationsschrift

Atlantis Verlag Zürich und Freiburg i.Br.
© 1972 Atlantis Verlag AG Zürich
Satz und Druck: Regina Druck, Zürich
Einband: Buchbinderei Weber AG, Winterthur
Printed in Switzerland
ISBN 3 7611 0393 X

Inhaltsverzeichnis

Einleitung Pessimismus versus Optimismus	9

Teil I   Werden – ‹The War on Hunger›

1. Kapitel Ausgangslage	15
1. Allgemeines	15
2. Stand der Ernährung	15
3. Entwicklung der Nachfrage nach Nahrung	19
4. Entwicklung von Angebot und Prokopfproduktion	21
5. Malthusianisches Rennen – die latente Krise	24
2. Kapitel Politik der drei Komponenten – ‹The Multiple Approach›	26
1. Allgemeines	26
2. Die Bevölkerungskomponente	27
A. Allgemeines	27
B. Die drei Phasen	27
C. Mittel und Wege der Familienplanung	29
3. Nahrungshilfe und Selbsthilfe – Wirtschaftspolitik im Wandel der Zeit	33
A. Allgemeines	33
B. USA	33
C. FAO	35
D. Bemerkungen am Rande	38
3. Kapitel Geschichte der Grünen Revolution	39
1. Alles begann in Mexiko	39
A. Vorspiel	39
B. Die Beispiele Mais und Weizen	41
2. Internationalisierung der Grünen Revolution	46
A. Allgemeines	46
B. Stufen der Internationalisierung	47

Teil II   Fortschritt – ‹Toward the Conquest of Hunger›

4. Kapitel Die Grüne Revolution und ihre Integration in die Entwicklungspolitik	53

1. Die Grüne Revolution – eine Metapher	53
2. Biologischer Flaschenhals, HYV und Komplementärwirkung – Beispiel Reis	54
A. Der biologische Flaschenhals	54
B. Kosmopolitischer Reis	56
C. Komplementärwirkung zwischen den HYV und modernen Kultivierungsmethoden	57
3. Verflechtung der Landwirtschaft mit der Gesamtwirtschaft	61
A. Agri-Kultur: Die landwirtschaftliche Produktion	61
B. Agri-Support: Die Leistungen des sekundären und tertiären Sektors	62
C. Agri-Klima: Die dritte Dimension	64
4. Die integrierte Zielsetzung	65

5. Kapitel Produktionserfolg und neuer Problemkreis	67
1. Allgemeines	67
2. Positive Effekte	68
A. Produktionserfolg und ‹Yield Take-Off›	68
B. Weitere positive Auswirkungen	80
3. Kapazitäts- und Institutionsprobleme	82
A. Erhöhte Abhängigkeit von gekauften Produktionsfaktoren	82
B. Erhöhung der Produktionskosten	83
C. Marketing-, Lagerungs-, Verarbeitungs- und Transportwesen	83
D. Sektor der öffentlichen Dienste	84

Teil III   Erfolgsinduzierte Probleme – ‹After the Hunger›

6. Kapitel Einleitung zu Teil III – Wirtschaftliche und politische Revolution	87

7. Kapitel Grüne Revolution und Bevölkerungsdynamik	91
1. Allgemeines	91
2. Einfluß von Fruchtbarkeit und Sterblichkeit auf Bevölkerungswachstum und Altersaufbau	91
A. Das typische Bild eines Sterblichkeitsrückganges	92
B. Demographische Variablen und Altersaufbau	93
C. Demographische Variablen und Wachstumsrate	93
3. Mangelernährung und demographische Variablen	94
A. Allgemeines	94
B. Sterblichkeit – die kritische Variable	95

   C. Grüne Revolution und Bevölkerungspolitik – Modellbetrachtung   98

4. Neue Definition des ‹Bevölkerungsproblems›   107

8. Kapitel   Beschäftigung, landwirtschaftliche Mechanisierung und Gesamtentwicklung   108

1. Überblick – Arbeitsmarkt, Beschäftigung und Wirtschaftswachstum   108
   A. Der Arbeitsmarkt im allgemeinen   108
   B. Beschäftigung und Wirtschaftswachstum   111

2. Die HYV und Beschäftigung   113

3. Die HYV und Mechanisierung – Das Prinzip der selektiven Mechanisierung   116
   A. Einzel- und gesamtwirtschaftliche Betrachtung der landwirtschaftlichen Mechanisierung   116
   B. Prinzip der selektiven Mechanisierung   118

4. Grüne Revolution und Wirtschaftspolitik im Hinblick auf Beschäftigung und Entwicklung   122
   A. Bevölkerungswachstum – Größe der landwirtschaftlichen Arbeiterschaft – landwirtschaftliche Mechanisierungsstrategie   122
   B. Farmeinkommen, Produktemärkte und gekaufte Produktionsfaktoren   125
   C. Mechanisierungsstrategie in der Landwirtschaft und gesamtwirtschaftliches Wachstum   128

9. Kapitel   Nahrungsmittelproduktion der Entwicklungsländer und internationale Agrarmärkte   133

1. Das Syndrom der Selbstversorgung   133

2. Grüne Revolution und Produktionsabstimmung auf die Lage im Weltmarkt   136
   A. Stark gestiegenes Weltangebot von Reis und insbesondere von Weizen   137
   B. Überschußkapazität der Industrieländer und steigender Agrarprotektionismus   142
   C. Komparative Vorteile und Preise   143
   D. Der Ausweg: Diversifikation   147

10. Kapitel   Grüne Revolution und sozio-politische Entwicklung   153

1. Wachsende Spannungen   153

2. Lokalisierung der sozio-politischen Spannungen   155
   A. Allgemeines   155
   B. Mögliche sozio-politische Probleme – Modellbetrachtung   157

3. Schon bestehende Disparitäten   159

11. Kapitel Schlußbemerkungen – Eine neue Strategie für agrarische
    Entwicklung   162
   1. Die nichtbehandelten Probleme   162
   2. Ökologische Bedenken   163
      A. Stabilität des Ökosystems   163
      B. Keine permanente Resistenz   163
      C. Andere Bedingungen in den Tropen   164
      D. Die Gefahr   164
   3. Neue Strategie der landwirtschaftlichen Entwicklung   165

Anmerkungen   169

Literaturverzeichnis   197

Nachwort   203

Einleitung   Pessimismus versus Optimismus

An den Kongreß der Vereinigten Staaten von Amerika:
«1830 lebten 1 Milliarde Menschen auf unserem Planeten Erde. 1930 waren es 2 Milliarden und 1960 schon 3 Milliarden. Heute schätzt man die Weltbevölkerung auf 3½ Milliarden.

Diese Zahlen illustrieren den dramatischen Verlauf des demographischen Wachstums. Viele tausend Jahre vergingen, bis sich die Bevölkerung auf 1 Milliarde vermehrt hatte; für die zweite Milliarde brauchte es nur noch ein Jahrhundert; die dritte Milliarde ward innerhalb von 30 Jahren erreicht; und die vierte Milliarde wird in knapp 15 Jahren voll.

Fährt die Bevölkerung fort, sich weiterhin derart zu vermehren, so zählen wir aller Wahrscheinlichkeit nach Ende dieses Jahrhunderts über 7 Milliarden Menschen. Mit andern Worten: innerhalb der nächsten 30 Jahre kann sich die Weltbevölkerung verdoppeln. Darnach wird jede weitere Milliarde nicht mehr Jahrtausende, nicht mehr Jahrhunderte, ja nicht einmal mehr ein Jahrzehnt in Anspruch nehmen. Wenn der heutige demographische Trend bis zum Jahre 2000 unverändert anhält, wird die achte Milliarde innert nur 5 Jahren geboren und jede weitere Milliarde in immer noch kürzerer Zeit.»[1]

Diese längst bekannten Zahlen, dargebracht in den kurzen, sachlichen Worten von Richard Nixon, wirken ungeheuer. Man kann ihnen mit Gleichgültigkeit begegnen; man kann sie als Herausforderung betrachten; man kann sie als statistischen Unsinn abtun; man kann erschrecken und in tiefen Pessimismus über die Zukunft unseres schönen Planeten verfallen. Viele Wenn und Aber tauchen auf; Dutzende von damit zusammenhängenden Problemen, Hunderte von neuen Fragen bohren sich in unser Gehirn – Tausende von Antworten blitzen daraufhin auf und erlöschen wieder, versinken im Meer der Unmöglichkeit.

Wortgefechte über Agrarproduktion und menschliche Reproduktion unter Protagonisten von ganz verschiedener Herkunft und wissenschaftlicher Kompetenz deuten das breite Meinungsspektrum an. Meinungen, die überzeugt von der absoluten, problemlosen Lösbarkeit sprechen, stehen Meinungen gegenüber, die ohne Zweifel eine Katastrophe auf uns zurollen sehen. Ein Spektrum, das vom höchsten Optimismus bis zum tiefsten Pessimismus reicht. Gewiß, irgendwo zwischen diesen Extremen wird die ‹Wahrheit›, das Verdikt der Geschichte liegen.

In Washington D.C., vor dem Gebäude des Department of Commerce, betrachten die Touristen fasziniert die berühmte Bevölkerungsuhr des Bureau of Census. Sie gibt nicht die Zeit, sondern den genauen Stand der amerikanischen Bevölkerung an. Darüber hinaus läßt sich ablesen, wie viele Sekunden bis zur nächsten Geburt, zum nächsten Todesfall, zum nächsten Einwanderer oder Auswanderer verstreichen. Eine erschreckend genaue Buchhaltung über menschliche Schicksale. Eine entsprechende Weltbevölkerungsuhr müßte einen noch viel gewaltigeren Eindruck in uns wecken: jede Sekunde wächst die Weltbevölkerung um 2,2 Menschen... jede Minute um 132, jede Woche um mehr als 1,3 Millionen, jedes Jahr um 70 Millionen! Nahrung, Wasser, Arbeitsstellen, Wohnungen, Bildungsmöglichkeiten jedoch halten nicht Schritt. In den Entwicklungsländern hat im vergangenen Dezember die Bevölkerungszuwachsrate diejenige der Nahrungsproduktion um ungefähr 1% pro Jahr überwogen. «Der Storch überflügelte den Pflug.»

«Tausende hungriger Kinder stehen vor unserer Tür. 1 400 000 Babies wurden letzte Woche in Asien, Afrika und Lateinamerika geboren. 700 000 von ihnen werden sterben noch bevor sie 6 Jahre alt geworden sind. Und was in all den weniger bekannten Gegenden, wie Botswana (Afrika), Bihar (Indien), Timor (Indonesien), Ceara (Brasilien) oder Jacmel (Haiti), vor sich geht, wird auch uns berühren.»[2]

«Die Hälfte der Weltbevölkerung leidet unter chronischem Hunger und schweren Mangelkrankheiten. Jeden Tag sterben in der Folge etwa 10 000 Menschen – zur Hauptsache Kinder.»[3]

Alle 10 Sekunden sterben 4 Menschen wegen mangelhafter Ernährung, d.h. über 34 500 pro Tag. 190 000 neue Menschlein werden dafür innert 24 Stunden auf die Welt gesetzt.

Das President's Science Advisory Committee[4] gibt an, daß in den Entwicklungsländern[5], wo zwei Drittel der Menschheit leben, der überwiegende Teil der Bevölkerung an klinisch nachweisbarer Unterernährung (zuwenig Kalorien) und/oder an Fehlernährung (hauptsächlich zuwenig Proteine) leidet. Dr. Roger Revelle, Direktor des Institutes für Bevölkerungsstudien an der Harvard University, schätzt, daß etwa 25% der Totalbevölkerung von Indien und Pakistan zugleich unter- und fehlernährt seien. Einer kürzlich von der UNO angestellten Untersuchung ist zu entnehmen, daß über 300 Millionen Kinder wegen ungenügender Kalorien- und Proteinversorgung unter starken und oft irreversiblen Entwicklungsstörungen leiden.

Vor dem Zweiten Weltkrieg exportierten Asien, Afrika und Lateinamerika jährlich über 11 Millionen Tonnen Getreide nach den Industrieländern. In den frühen sechziger Jahren betrugen die jährlichen Importe 25 Millionen Tonnen. Lateinamerika war z.B. noch in den dreißiger Jahren einer der weltwichtigsten Exporteure von Mais und Weizen. Seine Exporte übertrafen diejenigen der USA und ganz Ozeaniens zusammengenommen. 1961 aber galt Lateinamerika schon lange als Nettoimporteur von Getreide für Nahrungszwecke, obwohl seine Anbaufläche während der drei Jahrzehnte um beinahe einen Drittel vergrößert worden war. Das Bevölkerungswachstum von 66% hatte die Steigerung der Getreideproduktion von 42% wortwörtlich ‹aufgefressen›[6]. Unzählige ähnliche Berichte, Schätzungen und Statistiken ließen sich aufführen – wir kämen an kein Ende.

Wie ein Orakel klingt der Satz von Malthus: "The power of population is so superior to the earth to produce subsistence for man, that, unless arrested by the preventive check, premature death must in some shape or other visit the human race."[7]

Unter solchen Bedingungen ist es kaum verwunderlich, daß bis vor ganz kurzer Zeit der Schwerpunkt der Expertenmeinungen auf der pessimistischen Seite lag. «Wir verlieren das Rennen gegen den Hunger» war die Überschrift eines Artikels im ‹Look›[8]. Der Autor, Senator George McGovern von Süd-Dakota, erklärte u.a.: «Die Welt kann nicht mehr genügend Nahrung erzeugen – eine Tatsache, die über Leben und Tod entscheidet, und zwar nicht nur für jene Hunderttausende, die heute ganz einfach verhungern müssen, sondern für Hunderte von Millionen von Menschen innerhalb der nächsten drei Jahrzehnte.»

Dr. Paul Ehrlich, Biologe und Bevölkerungsexperte an der Stanford University, schrieb in einem apokalyptischen Aufsatz[9]:

«Die Schlacht im Krieg gegen den Hunger ist vorüber. Im Gegensatz zu mancher militärischen Auseinandersetzung kennt man hier bereits den Ausgang, derweil die ‹Heere immer noch im Felde stehen›. Irgendwann zwischen 1970 und 1985 werden auf der Welt große Hungersnöte ausbrechen – Hunderte von Millionen von Menschen werden verhungern, es sei denn, eine Seuche, irgendeine andere verheerende Katastrophe oder gar ein nuklearer Krieg bringe ihnen noch früher den Tod. Viele werden trotz irgendwelcher Nahrungsnotprogramme verhungern. Dies sind die harten Tatsachen, die uns erwarten.»

Ähnliches finden wir in dem in den USA berühmt gewordenen Buche ‹Famine 1975›[10]: «Die Menschen, die die Hungersnot heraufbeschwören, sind bereits geboren. Geburtenkontrolle wirkt erst für die Zukunft und vermag die Millionen hungriger Mägen nicht zu reduzieren...»

«Eine Lokomotive donnert mit voller Kraft dahin. Gleich um die nächste Kurve hat ein großer Erdrutsch das Geleise verschüttet. Nichts mehr kann den dahinbrausenden Zug rechtzeitig stoppen – ein Zusammenstoß ist unvermeidlich, die Katastrophe unaufhaltbar. Einige Kilometer zuvor hätte der Zug noch rechtzeitig gewarnt, noch rechtzeitig gebremst werden können. Jahre zuvor hätte man Verbauungen anbringen und so für alle Zeiten einen Erdrutsch vermeiden können. Jetzt ist es zu spät. Die Lokomotive, die geradewegs auf uns zu donnert, ist die Bevölkerungsexplosion; der träge und todbringend auf dem Geleise abgelagerte Erdrutsch ist die stagnierende Nahrungsproduktion in den Entwicklungsländern, den Ländern also, in denen die Bevölkerung am schnellsten zunimmt. Die Kollision ist unabwendbar, Hungersnöte unvermeidlich.»

Demgegenüber stehen wiederum andere Stimmen. So z.B. keine geringere als die von Colin Clark[11]. In seinen Berechnungen über die mögliche Ernährungskapazität der Erde kommt er zum Schluß, daß – unter Zugrundelegung des amerikanischen Ernährungsstandards – 47 Milliarden Menschen ernährt werden können; unter Subsistenzverhältnissen sogar 157 Milliarden! Ohne hier auf Probleme irgendwelcher Art einzugehen, zerstreut diese Schätzung – für den, der daran glaubt – jegliche Bedenken vor der nächsten Zukunft.

Karl Brandt (Stanford University) erklärte[12]: «Es ist das Vorrecht der

Menschen zu bestimmen, ob ihre Ehe kinderlos sein soll oder wie viele Kinder sie in welchen Zeitabständen haben wollen. Die Behauptung, die Landwirtschaft sei nicht in der Lage, die Prokopfproduktion zu steigern – zumindest mit einer Rate, die die Bevölkerungszunahme ausgleicht –, steht auf schwachen Füßen, ist gar nachweisbar falsch.»

An einem andern Ort lesen wir[13]: «... mit andern Worten: solche Hungersnöte haben ihren Ursprung in der staatlichen Politik, in wirtschaftspolitischen Maßnahmen, die denjenigen ähnlich sind, die in Rußland zum Hungertod von 5 Millionen Menschen führten und die beinahe 40 Jahre lang einer adäquaten Zunahme der Nahrungsproduktion entgegenstanden, wirtschaftspolitische Maßnahmen, die ungezählte Millionen von Menschen in Maos China das Leben kosteten...»

Bestimmter drückt sich das President's Science Advisory Committee[14] aus: «Die zunehmenden und gravierenden Ernährungsprobleme gründen in der ungleichen Verteilung der Nahrungsmittel unter den verschiedenen Ländern, innerhalb der Länder selbst und unter den verschiedenen Familien mit unterschiedlichem Einkommensniveau.»

Diese gegensätzlichen Meinungen in all ihren Schattierungen, mit all ihren Kontrasten und Farben, beängstigen und beruhigen die Welt in dauerndem Wechsel. Die allgemeine Unsicherheit wächst – WER hat recht? WAS stimmt wohl? WIE sieht die Zukunft wirklich aus? Statistiken der Malthusianer werden von den Anti-Malthusianern belächelt, bespottet und mit einem vernichtenden Urteil abgetan – und umgekehrt.

Im Frühjahr 1968 schwang unter den leitenden Politikern in Washington und bei vielen Administratoren der UNO plötzlich der Optimismus obenauf. «Eine agrartechnische Revolution kündigt sich an», überraschte Präsident L.B. Johnson die Öffentlichkeit. William S. Gaud, damaliger Administrator der AID, kündigte am 8. März 1968 im Shoreham Hotel in Washington vor den versammelten Weisen der Society for International Development an: «... wir stehen an der Schwelle einer landwirtschaftlichen Revolution... die Welt sieht sich vor ungeahnten Möglichkeiten. Das kritische Ernährungsproblem der nächsten 20 Jahre läßt sich bewältigen. Eine wachsende Zahl von Entwicklungsländern ist im Begriff, es zu lösen – und das Mittel dazu heißt *Grüne Revolution*.»[15][16]

Teil I Werden – ‹The War on Hunger›

1. Kapitel   Ausgangslage

1. ALLGEMEINES

Um die Ausgangslage im Ernährungssektor beurteilen und so die Rolle der ‹Grünen Revolution›[1] und die vorbereitenden und begleitenden wirtschaftspolitischen Maßnahmen in ihrer Zeit richtig einschätzen zu können, müssen wir folgende Punkte näher untersuchen:

a) Stand der Ernährung (qualitativ und quantitativ) zu einem früheren Zeitpunkt;
b) Entwicklung seit diesem Zeitpunkt von
  ba) Bevölkerung und der eng damit zusammenhängenden Nachfrage nach Nahrung und
  bb) Angebot landwirtschaftlicher Erzeugnisse.

Während uns die Punkte ba) und bb) den Trend des Prokopfkonsums veranschaulichen, informiert uns Punkt a) über den Stand der Ernährung und gibt uns im Vergleich mit dem Trend des Prokopfkonsums u.a. Auskunft über die Dringlichkeit der Lage im Sektor Ernährung. Mit andern Worten: liegt die Ernährung im angenommenen Zeitpunkt unter dem als physiologisch normal angesehenen Niveau, so muß die Zunahme des Angebotes[2] nicht nur für das Wachstum von Bevölkerung und Einkommen ausreichen, sondern so rasch als möglich auch den Substandard beseitigen – eine, wie wir sehen werden, wahrlich nicht immer leichte Aufgabe, besonders wenn es um die Beseitigung eines qualitativen Substandards geht.

2. STAND DER ERNÄHRUNG

Es ist sehr schwierig, den Stand der Ernährung zu messen. Ein nützlicher, methodischer Ansatzpunkt ist die Nahrungsbilanz[3], eine geographisch begrenzte Gegenüberstellung des Soll- und des Effektivverbrauches von Nahrungsmitteln oder – wie in unserem Falle vorteilhafter – von Nährstoffen, d.h. Eiweißen, Fetten, Kohlehydraten, Vitaminen und Mineralstoffen.

Der Effektivverbrauch läßt sich entweder direkt oder indirekt ermitteln. Bei der direkten Methode der Haushalterhebungen treten u.a. folgende Probleme auf: a) Wahl der mit einzubeziehenden Nahrungsmittel, b) Technik – und somit Genauigkeit der Untersuchung –, speziell die Gewichtung, c) Ausschalten des saisonalen Verbrauchs. Bei der indirekten Methode wird der Nahrungsverbrauch auf der Erzeugerseite via Bruttoernte, Nettoernte und Import-Export-Bewegungen errechnet. Hier beginnen die Schwierigkeiten schon bei der Schätzung der Ernteflächen. Noch fraglicher ist die Ermittlung von Hektarertrag, Verderb und Schwund.

Die Umrechnung des Verbrauchs in Nährwerte wird wiederum sehr erschwert durch die unterschiedliche Qualität der Nahrungsmittel und deren unterschiedliche Zubereitung. Die technischen Probleme wachsen um so mehr, je schlechter die Statistiken werden. Gerade in EL ist man deshalb zur Hauptsache auf Schätzungen angewiesen.

Die Problematik auf der Sollseite ist leider keineswegs geringer. Wie wir wissen, hat der physiologische Aspekt der Ernährung eine quantitative und eine qualitative Seite[4]. Die quantitative Seite wird in Kalorien gemessen. Der Kalorienbedarf hängt hauptsächlich von a) Körpergröße und -gewicht, b) Alter, c) Geschlecht, d) Außentemperatur, Luftfeuchtigkeit und Meereshöhe und e) Arbeitsleistung des Individuums ab und läßt sich wohl für einen einzelnen Menschen im Laborversuch genau messen. Für eine ganze Bevölkerungsgruppe muß er jedoch einfach geschätzt werden. Die Erfassung der qualitativen Seite ist noch schwieriger. Wichtig sind dabei die Proteine, Vitamine und Mineralstoffe. Abgesehen von den noch zu wenig bekannten Zusammenhängen, Beziehungen und Auswirkungen der verschiedenen Nährstoffe sind die Variablen, welche den qualitativen Bedarf für ganze Bevölkerungsschichten bestimmen, statistisch noch wesentlich schwieriger zu erfassen als beim Kalorienbedarf.

Andere Vorschläge zur Messung der Ernährungslage bestehen zwar[5], sind aber aus verschiedenen Gründen nicht zufriedenstellend. Trotz allen Schwierigkeiten sind für die meisten Länder Nahrungsbilanzen berechnet worden. Dies wurde und wird noch laufend hauptsächlich von den großen Organisationen wie FAO, USDA und OECD, sowie auf nationaler Ebene von den verschiedensten Instituten und Organisationen durchgeführt.

Ganz allgemein wollen wir zu Beginn unserer Arbeit ein für allemal und mit aller Deutlichkeit auf die enorme Problematik hinweisen, die mit einer Quantifizierung ökonomischer und demographischer Tatsachen und Vorgänge in EL einhergeht. Neben Problemen, die direkt mit der statistischen Erhebung in Zusammenhang stehen – Methode, Technik und Vollständigkeit einer Erfassung –, gibt es noch Dutzende von Elementen, welche die Aussage der einzelnen Berechnungen und die Vergleichbarkeit verschiedener Statistiken untereinander beeinträchtigen, ja sogar oft ganz in Frage stellen. Es sei dabei z.B. nur auf die Definition eines ‹Standards› bei Nahrungsbilanzen, auf die Festsetzung des ‹richtigen› Wechselkurses bei internationalen BSP-Vergleichen, auf die Produktewahl bei Indexberechnungen und auf die Gewichtung des Selbstversorgungsgrades bei Untersuchungen über das Prokopfeinkommen verschiedener Länder hingewiesen. Damit wollen wir nicht den generellen Wert der verschiedenen tabellarischen Übersichten in Frage stellen, sondern vielmehr den Leser davor warnen, einzelne Werte als ‹ultima veritas› zu verstehen, ihnen kritiklos zu vertrauen und so – ohne die genaueren Hintergründe der statistischen Erfassung und die spezifischen Probleme des Landes zu kennen – eventuell gar falsche Schlüsse daraus zu ziehen.

In Tabelle 1 sind Nahrungsbilanzen von 22 EL zusammengestellt. Die Angaben für die USA und die Schweiz dienen zum Vergleich. Von diesen 22 aufgeführten EL weisen 12 Defizite in der Kaloriendeckung auf. Bevölkerungsmäßig ausgedrückt heißt dies, daß von den insgesamt 1 Milliarde Menschen in den 22 EL 76% ihren täglichen Kalorienbedarf nicht zu decken vermochten. Ebenfalls 12 Länder standen unter einem Proteindefizit, d.h., 70% der untersuchten Bevölkerung konnten ihren Proteinbedarf nicht decken. Insgesamt lit-

Tabelle 1
Stand der Ernährung in einigen ausgewählten Ländern; Dreijahresdurchschnitte 1960–1962

Land	Bevölkerung	Verbrauch pro Kopf und Tag				Defizit pro Kopf und Tag	
		Kalorien	Proteine	davon tierisch	Fett	Kalorien	Proteine
	Mio.	cal	g	g	g	cal[2]	g
Argentinien	21,3	2820	81,6	52,4	109,1	0	0
Brasilien	71,9	2780	66,3	18,0	59,1	0	0
Chile	7,8	2410	77,2	27,3	52,1	0	0
Kolumbien	16,5	2160	51,9	25,8	51,6	240	13
Costa Rica	1,2	2430	53,9	20,8	50,2	0	11
Mexiko	36,1	2610	71,9	23,1	71,7	0	0
Venezuela	7,6	2310	58,7	22,9	58,5	90	6
Nigeria[1]	36,6	2680	60,0	6,0	49,0	0	5
Sudan	12,5	1940	66,0	22,8	50,5	435	0
Tanganjika[1]	8,9	2180	64,0	9,0	26,0	195	1
Tunesien[1]	4,1	2170	67,0	15,0	27,0	205	0
VAR	26,9	2690	79,0	12,2	42,1	0	0
Indien	451,7	2020	51,5	6,0	26,4	280	13
Iran	20,3	2050	59,6	13,4	37,2	350	5
Israel	2,3	2820	84,2	36,2	90,9	0	0
Jordanien	1,7	2230	62,4	10,8	45,6	170	3
Pakistan	95,8	2090	47,7	9,8	31,5	210	17
Türkei	27,8	3110	97,5	15,9	53,8	0	0
Japan	94,3	2230	69,3	16,9	36,3	70	0
Philippinen	28,3	1840	44,3	14,4	28,4	460	21
Taiwan	11,7	2350	58,5	15,3	40,1	0	6
Thailand[1]	22,0	2180	45,0	12,0	35,0	120	20
USA	181,0	3100	91,2	64,2	142,7	0	0
Schweiz	5,6	3220	90,3	51,3	130,7	0	0

Anmerkungen:
[1] Vergleichbarkeit mit den übrigen Werten in Frage gestellt; die Angaben sind entnommen aus: USDA Foreign Agricultural Service: The World Food Deficit – A First Approximation, March 1961
[2] auf Gramm genau

Quelle:
FAO: Food Balance Sheets, 1960–62 Average, Rome 1966

Hinweis:
Für die Berechnung der Defizite wurden folgende FAO-Verbrauchssollsätze pro Kopf und Tag angenommen: Proteine einheitlich 65 g, davon mindestens 7 g in Form von tierischen Produkten. Kalorien: Ferner Osten 2300 cal, Afrika 2375 cal, Nahost 2400 cal, Lateinamerika 2400 cal.
Über die Fraglichkeit, Genauigkeit und Problematik dieser ‹Normalwerte› vgl. *Oshima*, Harry T.: Food Consumption, Nutrition, and Economic Development in Asian Countries, in: Economic Development and Cultural Change, Vol.15, No.4, July 1967, S.385ff.

ten über 80% der Bevölkerung in diesen 22 Ländern unter Mangelernährung[6].

Das Bild sah in Wirklichkeit aber noch viel ungünstiger aus, wie uns auch unzählige Berichte bezeugen. Zum einen sind die Nahrungsmittel immer ungleichmäßig verteilt. Mit ziemlicher Sicherheit läßt sich deshalb annehmen, daß in den allermeisten übrigen Ländern in unserer Tabelle bestimmte Bevölkerungsschichten unter Mangelernährung litten, obwohl die Durchschnittswerte keine Defizite aufwiesen. Das Beispiel der etwa 10 Millionen Hungerleidenden in den USA, dem Lande mit der reichsten, bestorganisierten und produktivsten Landwirtschaft der Welt, zeigt deutlich auf ein großes Problem: die Verteilung. Zum andern geben uns die aufgeführten Nahrungsbilanzen nur Auskunft über Kalorien und Proteine und vernachlässigen daneben z.B. die Vitamine und Mineralstoffe vollkommen, obwohl Mangelkrankheiten wie Avitaminose A,

Tabelle 2

Kalorien- und Proteinkonsum pro Kopf und Tag in verschiedenen Regionen der Welt; Durchschnittswerte 1959–1961

Region	Kalorienkonsum			Proteinkonsum	
	Konsum	FAO-Standard	Konsum in % des Standards	Konsum	Konsum in % des Standards
	cal	cal	%	g	%
Ozeanien	3260	2650	123	101	155
USA	3190	2650	120	95	146
Nordeuropa	3060	2650	115	88	135
Kanada	3100	2700	115	96	148
Osteuropa	3000	2650	113	77	118
UdSSR	3040	2700	113	87	134
Südafrika	2670	2450	109	84	129
Südeuropa	2720	2500	109	79	122
Westzentralafrika	2460	2400	102	52	80
Ostafrika	2390	2450	98	65	100
Westasien	2350	2450	96	69	106
Nordafrika	2210	2350	94	68	105
Südasien[1]	2120	2300	92	55	85
Ostasien[2]	2150	2350	91	45	69
Zentralamerika und Karibischer Raum[3]	2240	2450	91	54	83
Südamerika[4]	2260	2500	90	57	88
Indien	2060	2300	90	56	86
Kommunistisch-Asien	1790	2350	76	48	74
Welt	2360	2440	97	64	98

Anmerkungen:
[1] ohne Indien
[2] ohne Japan
[3] ohne Mexiko
[4] ohne Brasilien und Rio-de-la-Plata-Region

Quelle:
USDA: The World Food Budget, 1970, USDA ERS Foreign Agricultural Economic Report No. 19, October 1964, S. 25 und 26

Hinweis:
Einheitlicher Proteinstandard von 65 g pro Kopf und Tag angenommen; vgl. u.a. den Hinweis von Tabelle 1

Anämie usw. stark verbreitet sind. Vitamin- und Mineralstoffmängel entstehen aber meist infolge falscher Ernährung und falscher Zubereitung der Speisen und weniger auf Grund eines Mangelangebotes.

National gesehen sind die aufgeführten Nahrungsdefizite von enormer Bedeutung und Tragweite. Eine etwas andere Darstellung möge dies verdeutlichen: Wäre in Indien der Effektivverbrauch gleich dem Sollverbrauch, d.h. 2300 cal pro Tag und Person, so hätten etwa 55 Millionen von den 452 Millionen Indern überhaupt nichts zu essen bekommen. Hätte der indische Effektivverbrauch gar dem damaligen amerikanischen von 3100 cal pro Tag und Person entsprochen, so wären 157 Millionen Inder verhungert.

Laut Tabelle 2 litt während der Periode 1959-1961 der größte Teil der Bevölkerung Afrikas, Zentralamerikas und Südamerikas sowie ganz Asien (mit Ausnahme von Japan) und der Karibische Raum an Unterernährung. In den meisten Fällen lag der Effektivverbrauch keine 10% unter dem Sollverbrauch. Nur im kommunistischen Asien wurde ein 24% unter den minimalen Erfordernissen liegender Kalorienspiegel festgestellt. Mit andern Worten: 1959-1961 waren etwa 60% der Weltbevölkerung unterernährt, und zwar hauptsächlich im kommunistischen Asien sowie in Süd- und Ostasien (ohne Japan). Sieben geographische Regionen wiesen ein Defizit in der Proteinversorgung auf. Am stärksten und schwerwiegendsten hatten jedoch die vier Regionen Zentralamerika und der Karibische Raum, Westzentralafrika, Kommunistisch-Asien und übriges Ostasien darunter zu leiden – in den letzten beiden Regionen lag das Ist über 25% unter dem Soll.

3. ENTWICKLUNG DER NACHFRAGE NACH NAHRUNG[7]

Bei konstanten Preisen ist die Inlandnachfrage[8] nach landwirtschaftlichen Produkten hauptsächlich durch die Bevölkerung und ihre Bewegung bestimmt, und zwar in doppeltem Sinne: Nimmt die Bevölkerung zu, so steigt die Nachfrage einmal mit derselben Wachstumsrate wie die Bevölkerung selbst; zudem verändert sie sich aber auch noch um die Wachstumsrate des Prokopfeinkommens multipliziert mit der Einkommenselastizität[9].

Die Bevölkerungswachstumsraten liegen seit den letzten 20 Jahren in den meisten EL zwischen 2% und 3%, was bedeutet, daß sich die Bevölkerung innert 35-23 Jahren verdoppelt[10]. Mit andern Worten: wächst die Nahrungsmittelproduktion gleich schnell wie die Bevölkerung und bleiben die Import-Export-Verhältnisse, die Preise und das Prokopfeinkommen konstant, so gibt es nach Ablauf der Verdoppelungszeitspanne auch doppelt so viele Hungerleidende wie zuvor. Entwickelt sich aber die landwirtschaftliche Produktion gar langsamer, nimmt das Prokopfeinkommen (wenn auch nur langsam) zu oder konzentrieren sich die Importe aus politischen, monetären und anderen Gründen plötzlich auf den Industrie- oder Kriegssektor... so wird das Resultat geradezu verheerend aussehen[11].

Tabelle 3 berechnet die jährliche Zunahme der Nahrungsnachfrage von 1950-1960 für die in Tabelle 1 aufgeführten Länder aus der jährlichen Bevöl-

Tabelle 3

Jährliche Veränderung von Bevölkerung, Prokopfeinkommen und Nahrungsnachfrage in 22 ausgewählten Ländern, 1950–1960

Land	Bevölkerungswachstum	Wachstum des Prokopfeinkommens	Einkommenselastizität für Nahrungsmittel	Auf Prokopfeinkommensveränderung zurückzuführende Nachfrageveränderung	Totale Nachfrageveränderung	Anteil des Bevölkerungswachstums an der Nachfrageveränderung
	(1) %	(2) %	(3) %	(4)=(2)×(3) %	(5)=(1)+(4) %	(6) %
Argentinien	1,7	−0,1	0,17	−0,02	1,68	101
Brasilien	3,1	2,6	0,51	1,33	4,43	70
Chile	2,5	0,9	0,61	0,55	3,05	82
Kolumbien	2,2	2,3	0,55	1,26	3,46	64
Costa Rica	3,9	3,7	0,60	2,22	6,12	64
Mexiko	3,1	1,9	0,58	1,10	4,20	74
Venezuela	4,0	3,6	0,61	2,20	6,20	65
Nigeria	3,7	1,9	0,64	1,22	4,92	75
Sudan	3,4	0,8	0,64	0,51	3,91	87
Tanganjika	1,8	1,1	0,64	0,70	2,50	72
Tunesien	1,8	1,7	0,65	1,10	2,90	62
VAR	2,4	2,5	0,65	1,62	4,02	60
Indien	2,0	1,7	0,80	1,36	3,36	60
Iran	2,2	0,05	0,79	0,04	2,24	98
Israel	5,2	2,5	0,55	1,38	6,58	79
Jordanien	2,6	1,7	0,65	1,10	3,70	70
Pakistan	2,2	0,3	0,80	0,24	2,44	90
Türkei	2,9	3,2	0,49	1,57	4,47	65
Japan	1,2	7,6	0,58	4,41	5,61	21
Philippinen	3,2	1,7	0,75	1,28	4,48	71
Taiwan	3,4	3,7	0,63	2,33	5,73	59
Thailand	3,2	2,4	0,72	1,73	4,93	65

Hinweis:
Die Zuverlässigkeit der Bevölkerungs- und Einkommenswerte ist oft recht fraglich; häufig verzerren statistische Irrtümer das wahre Bild. So ist z.B. Tunesiens Bevölkerungswachstum mit 1,8% viel zu niedrig ausgewiesen, weil u.a. die Auswanderung der Colons nicht berücksichtigt wurde – der tatsächliche Wert dürfte eher bei 3% liegen.
Als Ausgangspunkt für eine Zuverlässigkeitsprüfung der Bevölkerungswerte vgl. z.B. die Anmerkungen zu den verschiedenen Ländern in United Nations Demographic Yearbook, Vol. 13, 1961, S. 101 ff.
Zur Problematik der Einkommensstatistik vgl. z.B. UN Department of Economic and Social Affairs (Statistical Office of the United Nations), Studies in Methods, Series F, No. 11: National Accounting Practices in Sixty Countries; A Supplement to the Yearbook of National Accounts Statistics, New York 1964

Quelle:
USDA: Changes in Agriculture in 26 Developing Nations – 1948 to 1963, USDA ERS Foreign Agricultural Economic Report No. 27, Washington 1965, S. 4 (zusammengestellt)

kerungszuwachsrate, dem jährlichen Anstieg des realen Prokopfeinkommens und dem Einkommenselastizitätskoeffizienten für ‹Nahrung›. In den meisten EL lag sie zwischen etwa 4% und 6% und war – laut Kolonne (6) – größtenteils der Bevölkerungskomponente zuzuschreiben.

4. ENTWICKLUNG VON ANGEBOT UND PROKOPFPRODUKTION

Entgegen der oft gehörten Meinung hat sich in den EL die Prokopfernährung seit Kriegsende trotz dem enormen Bevölkerungswachstum deutlich verbessert. Die Zunahme des Nahrungsangebotes läßt sich zurückführen auf:

a) steigende Getreideimporte aus den IL, besonders aus den USA, Kanada und Australien; und

b) vermehrte Eigenproduktion.

Bis 1954 galten die EL der freien Welt[12] als Nettoexporteure von Getreide – ihre Lieferungen an den Weltmarkt betrugen in jenem Jahre annähernd 4 Millionen Tonnen. Seit 1955 begann sich jedoch ein allgemeines Nahrungsdefizit in der Dritten Welt auszubreiten, das sich rapid vergrößerte; die Länder wechselten zu Nettoimporteuren und führten 1965 allein etwa 16,5 Millionen Tonnen Getreide ein[13]. Der 1966 von Indien importierte Weizen entsprach z.B. etwa 25% der gesamten USA-Ernte! Selbstverständlich ist auch die Kapazität dieser Großproduzenten und Großexporteure begrenzt, die außerdem auch die Entwicklung der Nachfrage im eigenen Lande berücksichtigen müssen. Aus diesen und einigen anderen Gründen, die später noch behandelt werden[14], darf die Einfuhr von Nahrungsmitteln nicht Hauptbestandteil der heutigen, normalen Nahrungsversorgung in den EL sein. Deshalb wenden wir uns jetzt der Eigenproduktion zu.

Hier sei gleich vorweggenommen, daß die landwirtschaftliche Produktion der EL während der fünfziger und sechziger Jahre nicht stagnierte. Obwohl die von verschiedenen Organisationen in verschiedenen Jahren durchgeführten Berechnungen Werte ergaben, die nicht genau miteinander übereinstimmen, geht mit Sicherheit daraus hervor: die Nahrungsmittelproduktion der Dritten

Tabelle 4

Index der Weltnahrungsproduktion (ohne Kommunistisch-Asien), 1956 1966 (1957–1959 = 100)

Region	1956	1957	1958	1959	1960	1961	1962	1963	1964	1965	1966
Welt	96	95	102	103	107	108	111	114	118	118	124
IL	96	96	102	102	106	107	110	112	116	117	126
EL	94	95	101	103	108	110	112	118	121	120	120

Quelle:
Abel, Martin E., and *Rojko,* Anthony S.: The World Food Situation: Prospects for World Grain Production, Consumption, and Trade; USDA ERS Foreign Agricultural Economic Report No. 35, August 1967, S. 8, as revised by the Division of Foreign Regional Analysis. Zitiert nach *Cochrane,* Willard W.: The World Food Problem – A Guardedly Optimistic View, The Crowell Economics Series, New York 1969, S. 19

Welt hat zugenommen. Die EL als Gesamtheit erzielten sogar ausgezeichnete Produktionsfortschritte (Tabelle 4), bis Indiens schreckliche Dürrejahre 1965 und 1966 den Gesamtindex der EL von 121 (1964) leicht auf 120 (1965) herabdrückten und ihn 1966 auf dem gleichen Werte hielten.

Tabelle 5 führt in Kolonne 1 bzw. 4 und 6 die jährliche Wachstumsrate der landwirtschaftlichen Produktion[15] in den 22 EL von Tabelle 1 und 3 auf. Einige von ihnen verzeichneten einen außerordentlichen Erfolg: in 6 Län-

Tabelle 5

Durchschnittliche jährliche Veränderung in Prozenten der pflanzlichen Agrarproduktion (Prod.), der Bevölkerung (Bev.) und der Prokopfproduktion (PKP), 22 Länder, 1948–1963, 1948–1955 und 1955–1963

Land	1948–1963			1948–1955		1955–1963		
	Prod.	Bev.[1]	PKP[2]	Prod.	PKP[3]	Prod.	Bev.[4]	PKP[5]
	(1) %	(2) %	(3) %	(4) %	(5) %	(6) %	(7) %	(8) %
Israel	9,7	5,2	4,5	15,9	10,7	5,7	3,5	2,2
Sudan	8,0	3,4	4,6	10,2	6,8	5,8	2,8	3,0
Mexiko	6,3	3,1	3,2	8,5	5,4	4,1	3,1	1,0
Costa Rica	5,6	3,9	1,7	4,6	0,7	7,9	4,1	3,8
Philippinen	5,2	3,2	2,0	8,1	4,9	3,2	3,2	0,0
Tanganjika	5,2	1,8	3,4	6,4	4,6	3,1	1,8	1,3
Taiwan	4,5	3,4	1,1	5,4	2,0	3,6	2,9	0,7
Türkei	4,5	2,9	1,6	6,0	3,1	3,1	2,9	0,2
Venezuela	4,5	4,0	0,5	5,0	1,0	4,4	3,4	1,0
Thailand	4,4	3,2	1,2	3,9	0,7	5,4	3,4	2,0
Brasilien	4,2	3,1	1,1	3,7	0,6	5,2	3,1	2,1
Iran	3,6	2,2	1,4	3,8	1,6	3,3	2,5	0,8
Indien	3,1	2,0	1,1	3,2	1,2	3,0	2,4	0,6
Argentinien	2,8	1,7	1,1	2,7	1,0	2,9	1,7	1,2
Chile	2,8	2,5	0,3	3,0	0,5	2,3	2,3	0,0
Japan	2,8	1,2	1,6	4,3	3,1	1,3	1,0	0,3
Kolumbien	2,6	2,2	0,4	1,5	–0,7	4,3	2,9	1,4
Nigeria	2,6	3,7	–1,1	2,6	–1,1	2,6	2,0	0,6
VAR	2,0	2,4	–0,4	0,7	–1,7	2,8	2,5	0,3
Pakistan	1,8	2,2	–0,4	–0,1	–2,3	2,8	2,2	0,6
Tunesien	1,6	1,8	–0,2	1,8	0,0	1,4	2,1	–0,7
Jordanien	–1,9	2,6	–4,5	–2,2	–4,8	–1,9	2,7	–4,6

Anmerkungen:
[1] Durchschnitt der Jahre 1950–1960; vgl. Tabelle 3
[2] basiert auf Bevölkerungswachstum 1950–1960
[3] gleich wie Anmerkung 2
[4] ‹laufende› Bevölkerungsraten, d.h. zwischen 1960 und 1963
[5] basiert auf ‹laufenden› Wachstumsraten der Bevölkerung; vgl. Anmerkung 4

Quelle:
Nach USDA-ERS, Foreign Agricultural Economic Report No. 27

Hinweis:
Abgesehen von der ganzen Problematik einer Indexberechnung für die pflanzliche Agrarproduktion und der hier leider unumgänglichen Vernachlässigung der animalischen Produktion, müssen wir auch bedenken, daß in Ländern mit relativ höherem ökonomischem Entwicklungsstand (wie etwa Japan, das heute nicht mehr zu den EL zählt) Fortschritte in der Landwirtschaft sich eher in einem verstärkten Transfer verschiedener Ressourcen von der Landwirtschaft in die anderen Produktionssektoren äußert als in einer Erhöhung des Outputs.

dern, nämlich Israel, Sudan, Mexiko, Costa Rica, Philippinen und Tanganjika, überschritt während der Periode 1948–1963 das durchschnittliche jährliche Produktionswachstum 5%, in Taiwan, der Türkei, Venezuela, Thailand und Brasilien lag es zwischen 4% und 5%. In einem einzigen Land, Jordanien, nahm die Produktion ab.

Die meisten EL haben ihren Produktionsfortschritt weniger einer Intensivierung der Hektarerträge[16] als vielmehr einer Ausdehnung der Anbaufläche zu verdanken. In Asien, wo praktisch alles kultivierbare Land schon genutzt wird, ist eine Erhöhung der Produktion durch Ausdehnung der Anbaufläche nicht mehr möglich. Aber Lateinamerika und Afrika verfügen noch über gewaltige Landreserven, nur müssen hier Nachteile wie schlechte Bodenqualität und hohe Bebauungs- und Erschließungskosten gegen die Aussichten einer Ertragsintensivierung abgewogen werden. Uns interessiert nun aber hauptsächlich die Prokopfproduktion. Betrachten wir die Welt-Prokopfproduktion in der Zeit von 1956–1966, so stellen wir einen Indexanstieg von 100 (1956) auf 106 (1966) fest (Tabelle 6).

Für die Welt als Ganzes war also «der Storch nicht schneller als der Pflug», aber zwischen der Entwicklung der Prokopfproduktion der IL und der EL bestand ein großer Unterschied: während die Prokopfproduktion in den IL von 1956–1966 um etwa 16% wuchs, nahm sie in den EL gar leicht ab! Diese Abnahme in der Dritten Welt ist aber ‹unecht› – der Totalindex wurde durch die schrecklichen Mißernten in Indien (1965 und 1966) stark gedrückt. Hätte damals im indischen Subkontinent besseres Wetter geherrscht, so wäre der Totalindex 1966 bei etwa 105 gestanden[17]. Aber auch so hätte immer noch ein bedeutender Unterschied in der Prokopfproduktionsentwicklung der IL und der EL bestanden[18].

Auch in Tabelle 5 (S. 22) finden wir in den Jahren 1948–1963 bei den meisten der 22 untersuchten EL einen Anstieg der Prokopfproduktion. Einzig in Nigeria, Ägypten, Pakistan, Tunesien und Jordanien nahm sie ab.

Tabelle 6
Index der Prokopfnahrungsproduktion (ohne Kommunistisch-Asien), 1956–1966 (1957–1959 = 100)

Region/Land	1956	1957	1958	1959	1960	1961	1962	1963	1964	1965	1966
IL[1]	98	97	102	101	103	103	105	105	108	107	114
EL	99	97	101	101	103	102	101	104	104	101	98
Indien	101	96	102	103	106	108	100	104	105	92	88
Pakistan	104	99	95	106	108	106	101	111	108	100	100
Übriges Asien[2]	98	96	102	100	99	101	102	104	104	102	105
Afrika[3]	102	100	100	101	103	98	104	103	102	100	97
Lateinamerika	101	100	102	100	100	101	102	103	103	107	102
Welt[4]	100	97	102	101	103	102	103	103	105	103	106

Anmerkungen:
[1] USA, Kanada, Europa, UdSSR, Rep. Südafrika, Australien und Neuseeland
[2] ohne Indien, Pakistan, Kommunistisch-Asien und Japan
[3] ohne Rep. Südafrika
[4] ohne Kommunistisch-Asien

Quelle:
Gleich wie Tabelle 4, Cochrane, S. 24

5. MALTHUSIANISCHES RENNEN – DIE LATENTE KRISE

Steigende Produktion, zunehmende Prokopfproduktion... wie kann man hier von einer Krise sprechen? Das Rätsel läßt sich einfach lösen: *Die Produktion nahm wohl zu, die Wachstumsrate der Produktion jedoch nahm ab!*

Tabelle 5 demonstriert es deutlich. Ein Vergleich der beiden Perioden 1948–1955 und 1955–1963 (Kolonne 4 und 6)[19] zeigt, daß die Wachstumsrate in 13 der 22 untersuchten Länder abnahm, daß sich diese Abnahme auf die bevölkerungsreichen EL konzentrierte und die durchschnittliche Abnahme die durchschnittliche Zunahme der anderen EL bei weitem überwog.

Außerdem bestätigt Tabelle 4 auch für die Dritte Welt als Ganzes eine abnehmende Produktionszuwachsrate[20][21].

Das President's Science Advisory Committee schreibt in seinem dreibändigen Bericht über die wohl genaueste und umfangreichste Untersuchung der Ernährungslage in den EL:

«Obwohl die Nahrungsmittelproduktion dieser Länder jährlich weiterhin zunahm, fiel die jährliche Wachstumsrate dieser Zunahme seit 1961/62 auf nur 1,6%, verglichen mit durchschnittlich 2,5% im vorangegangenen Dezennium.» Weiter wird zusammengefaßt: «Das amerikanische Landwirtschaftsministerium schätzt den Anstieg der Nahrungsproduktion in Lateinamerika, Afrika und Asien (ohne Japan und Kommunistisch-China) für die Periode 1951/55–1961/65 auf 27% – was einem durchschnittlichen Jahreswachstum von 2,4% entspricht. Auch laut FAO stieg die Produktion in diesen Ländern. Für die Zeit zwischen 1958/59 und 1965/66 errechnete sie ein durchschnittliches Jahreswachstum von 2,8%. Der Hauptanstieg erfolgte zu Beginn der Periode, für die letzten 4 Jahre wird das Wachstum mit nur noch 1,6% jährlich ausgewiesen.»[22]

Tabelle 7 veranschaulicht die Krise auf eine etwas andere Art: die Kerndaten der Tabellen 3 und 5 sind hier zusammengefaßt und zeigen uns die Differenz zwischen dem jährlichen Wachstum des Angebotes und dem jährlichen Wachstum der Nachfrage für die Perioden 1948–1963, 1948–1955 und 1955–1963. Über den ganzen Zeitraum betrachtet, ist das Angebotswachstum nur in 7 der 22 Länder größer als das Nachfragewachstum (Kolonne 3), und auch dieses bescheidene Ergebnis ist mit äußerster Skepsis aufzunehmen[23]. Spalten wir die Gesamtperiode in eine Periode I (1948–1955) und eine Periode II (1955–1963) auf und betrachten die Entwicklung dieser Differenz (Vergleich von Kolonne 5 mit Kolonne 7), so ergibt sich ein noch ungünstigeres Bild: in 13 Ländern ist die Differenz (D) in Periode I größer als in Periode II, in 8 Ländern ist sie kleiner und in einem Lande (Nigeria) bleibt sie unverändert. Eine Differenzabnahme erfolgte vorwiegend in Ländern mit einem akuten ‹Bevölkerungsproblem›.

Auch die FAO kam in ihren Untersuchungen zum selben Ergebnis. Sie beschreibt die Lage in ihrem ‹The State of Food and Agriculture› folgendermaßen: «... Es scheint, daß sich bis 1964 – für einige Jahre zumindest – in den Entwicklungsländern ein langsamer, jedoch positiver Trend in der Prokopfnahrungsmittelproduktion anbahnte. Zwischen 1953 und 1964 schätzte man den Anstieg auf etwa 9%. Infolge des Produktionseinbruches von 1965 und 1966 wurde allerdings viel von diesem Fortschritt eingebüßt. Heute hat die Pro-

Tabelle 7

Durchschnittliches Jahreswachstum des Angebotsüberschusses der pflanzlichen Agrarproduktion (D) in den Perioden 1948–1963, 1948–1955 und 1955–1963

Land	Jährliche Nachfrageveränderung (1950–1960)	1948–1963 Jährliche Angebotsveränderung	D	1948–1955 Jährliche Angebotsveränderung	D	1955–1963 Jährliche Angebotsveränderung	D
	(1) %	(2) %	(3) %	(4) %	(5) %	(6) %	(7) %
Israel	6,6	9,7	3,1	15,9	9,3	5,7	–0,9
Sudan	3,9	8,0	4,1	10,2	6,3	5,8	1,9
Mexiko	4,2	6,3	2,1	8,5	4,3	4,1	–0,1
Costa Rica	6,1	5,6	–0,5	4,6	–1,5	7,9	1,8
Philippinen	4,5	5,2	0,7	8,1	3,6	3,2	–1,3
Tanganjika	2,5	5,2	2,7	6,4	3,9	3,1	0,6
Taiwan	5,7	4,5	–1,2	5,4	–0,3	3,6	–2,1
Türkei	4,5	4,5	0,0	6,0	1,5	3,1	–1,4
Venezuela	6,2	4,5	–1,7	5,0	–1,2	4,4	–1,8
Thailand	4,9	4,4	–0,5	3,9	–1,0	5,4	0,5
Brasilien	4,4	4,2	–0,2	3,7	–0,7	5,2	0,8
Iran	2,2	3,6	1,4	3,8	1,6	3,3	1,1
Indien	3,4	3,1	–0,3	3,2	–0,2	3,0	–0,4
Argentinien	1,7	2,8	1,1	2,7	1,0	2,9	1,2
Chile	3,0	2,8	–0,2	3,0	0,0	2,3	–0,7
Japan	5,6	2,8	–2,8	4,3	–1,3	1,3	–4,3
Kolumbien	3,5	2,6	–0,9	1,5	–2,0	4,3	0,8
Nigeria	4,9	2,6	–2,3	2,6	–2,3	2,6	–2,3
VAR	4,0	2,0	–2,0	0,7	–3,3	2,8	–1,2
Pakistan	2,4	1,8	–0,6	–0,1	–2,5	2,8	0,4
Tunesien	2,9	1,6	–1,3	1,8	–1,1	1,4	–1,5
Jordanien	3,7	–1,9	–5,6	–2,2	–5,9	–1,9	–5,6

Quelle:
Tabelle 3 und Tabelle 5

kopfproduktion der EL (1967) den niedrigsten Stand seit 1957 erreicht.»[24]

Die eben diskutierte Entwicklung der Prokopfproduktion (abnehmende Wachstumsrate der Prokopfproduktion) zusammen mit dem früher untersuchten Stand der Ernährung (Kalorien- und besonders Eiweißdefizite), der steigenden Abhängigkeit der EL von Nahrungslieferungen aus den IL (besonders den USA) und den Schwierigkeiten der Nahrungsmittelverteilung hinterläßt in uns einen nicht gerade ermutigenden Eindruck von der Ernährungslage in der Dritten Welt zu Beginn und Mitte der sechziger Jahre.

Der skizzenhafte Überblick über die Ernährungslage der Dritten Welt sollte zeigen, weshalb Mitte der sechziger Jahre massive Maßnahmen auf internationaler Ebene nötig wurden, weshalb die ‹Geber- und Nehmerländer› ihre Politik im Sinne einer Betonung der landwirtschaftlichen Entwicklung der Dritten Welt ändern mußten, und endlich, weshalb solche Dringlichkeit am Platze war.

2. Kapitel Politik der drei Komponenten – ‹The Multiple Approach›

1. ALLGEMEINES

Das Welternährungsproblem ist real und komplex. In den sechziger Jahren gab es rund 2 Milliarden Menschen, die in irgendeiner Weise unter Mangelernährung litten – das Problem ist ungeheuer groß und dringlich. Die Produktion hat sich während der frühen sechziger Jahre in den meisten EL langsamer entwickelt als die Nachfrage; eine Beschleunigung der Agrarproduktion bringt tiefgreifende Strukturänderungen mit sich – das Problem ist langfristiger Natur. Die Nahrungsmittel sind zeitlich und räumlich ungleichmäßig verteilt – was unvorhersehbare Notmaßnahmen bedingt. Cochrane stellt die Frage treffend[1]: «Wie läßt sich dieses immense, unmittelbare, langfristige, ökonomische und ernährungstechnische Problem mit seiner Dringlichkeit und seiner Unberechenbarkeit überhaupt bewältigen?»

Der Krieg gegen den Hunger läßt sich nur in einem *Dreifrontenkampf* gewinnen. Was heute bei den betreffenden Institutionen der IL schon beinahe als selbstverständlich gilt, war vor wenigen Jahren noch kaum ausgesprochen und höchstens in einer theoretischen Abhandlung angedeutet: den Hunger in den EL müssen wir mittels einer Kombination der folgenden drei Maßnahmen bekämpfen helfen:

erstens: *Nahrungslieferungen als Nothilfe oder Übergangslösung,* «... um die ökonomische und landwirtschaftliche Entwicklung zu stimulieren und damit die Nahrungsproduktionskapazität der betreffenden Länder zu verbessern»[2];

zweitens: *Selbsthilfe*[3], hauptsächlich auf Produktionssteigerungen der Landwirtschaft in den EL und die damit zusammenhängenden Strukturänderungen gerichtet;

drittens: *Familienplanung* für den Aufbau eines neuen demographischen Gleichgewichtes.

Die historische Entwicklung dieser drei Komponenten ist höchst interessant, wir behandeln sie jedoch aus Platzgründen nur flüchtig. Jede Komponente entwickelte sich völlig selbständig, völlig isoliert. Viele Diskussionen, Abhandlungen und Erfahrungen brachten sie nach und nach miteinander in Berührung, in Verbindung; ab und zu wurden zwei zusammen erwähnt, verkoppelt, bis im Januar 1967 Präsident Johnson in seinem berühmt gewordenen State of the Union Message[4] erklärte:

«Die Zeit rhetorischer Wortspielerei ist eindeutig vorbei. Der Zeitpunkt für konzentriertes Handeln ist gekommen – wir müssen mit der Arbeit beginnen. Wir glauben, daß folgende drei Prinzipien uns zum Erfolg verhelfen:

erstens: die Entwicklungsländer müssen ihrer Nahrungsproduktion höchste Priorität einräumen (Selbsthilfe);

zweitens: Länder, die den Selbstversorgungsstatus noch nicht erreicht haben, müssen in verstärktem Maße Ressourcen in auf freiwilliger Basis beruhende Familienplanungsprogramme stecken (Familienplanung);

drittens: die IL müssen mit vereinten Kräften den Hunger anderer Nationen bekämpfen und ihnen gleichzeitig helfen, sich baldmöglichst selbst versorgen zu können (Nahrungshilfe und Unterstützung der Selbsthilfe).»

Dies war das Konzept des schon im Februar 1966 dem Kongreß vorgeschlagenen ‹War on Hunger›[5], ein Kriegsplan, erwachsen aus einer zunehmenden Besorgnis über «die Fähigkeit unserer Welt, sich selbst zu ernähren», eine Zusammenfassung aller bisherigen, weniger koordiniert verlaufenen Aktionen in einem konzentrierten und gezielten Handlungskomplex.

2. DIE BEVÖLKERUNGSKOMPONENTE

A. Allgemeines

Im III. Teil wird uns die Bevölkerungspolitik als integrierender Bestandteil der Entwicklungspolitik und besonders des ‹War on Hunger› ausführlich beschäftigen – konzentrieren wir uns deshalb hier nur kurz auf den Stand der Bemühungen, die Mittel und die Aussichten.

Was zu Beginn unseres Jahrhunderts von einzelnen kritischen Beobachtern als kleine Wolke am demographischen Himmel erkannt und später durch andere Sorgen demographischer und politischer Art überschattet wurde, hat sich zu einer drohenden Gewitterwolke zusammengeballt – die Bevölkerungsexplosion in der Dritten Welt: «Die Bevölkerungsbombe tickt.»

Eine wirksame Familienplanung muß die Geburtenraten den stark gesunkenen Sterblichkeitsziffern wieder anpassen und ein neues demographisches Gleichgewicht herstellen. Familienplanung – ein Wort, das vor wenigen Jahren noch kaum jemand auszusprechen wagte und von dem sich Kirche und Staatsmänner einmütig distanzierten. Es war ein langer, mühsamer Weg von Präsident Eisenhowers einstiger Aussage im Jahre 1959, der Staat habe keine Rolle bei der Lösung des ‹Bevölkerungsproblems› zu spielen[6], über ‹The World Leader's Declaration on Population›[7] bis zu Nixons ‹Message to Congress on Population› im Juli 1969. Die ersten, bescheidenen Erfolgsmeldungen[8] über Familienplanungsprogramme erwecken neue Hoffnungen auf eine Überwindung der drohenden Bevölkerungskrise; es flackert gar ein wenig Optimismus in uns auf, wenn wir die intensiven Anstrengungen aller gegenwärtig an diesem Problem arbeitenden Organisationen und Staatsstellen verfolgen[9].

Doch darf man dabei nie vergessen, daß all diese Projekte langfristigen Charakter haben – die hungernden Mäuler von heute belasten den Arbeitsmarkt von morgen; die Eltern der nächsten Generation sind schon geboren[10].

B. Die drei Phasen

Um den Überblick über den Stand der Familienplanungsprogramme in den EL zu erleichtern, können wir die Entwicklung, die ein Land innerhalb des Unternehmens ‹Familienplanung› durchlaufen mag, in folgende drei Phasen unterteilen: a) die ‹Pfadfinder›-Phase, b) die Phase der freiwilligen Organisationen und c) die Phase des öffentlichen Programms.

a) Die ‹Pfadfinder›-Phase

Einige Mediziner und vielleicht auch einige hochangesehene Persönlichkeiten befassen sich mit dem Gedanken ‹Familienplanung›. Es erfolgt keine offizielle Unterstützung, und die Reaktion in der Öffentlichkeit ist eher negativ. Vereinzelte Spitäler erklären sich zu einer Zusammenarbeit mit dem ‹Pathfinder Fund› (deshalb der Name ‹Pfadfinder›-Phase) bereit; vereinzelt wird Lektüre über Familienplanung verteilt, es kommen IUPs[11] bei Einzelfällen in Gebrauch usw.

Ein für diese Phase typisches Land ist z.B. Senegal[12]: Es existieren zwar keine organisierten Familienplanungsaktivitäten, und die Regierung nimmt offiziell weder zur Bevölkerungspolitik noch zu den privaten Versuchen Stellung, aber einige Ärzte geben auf Verlangen Ratschläge und Auskünfte, und in einer Privatklinik in Dakar werden IUPs eingesetzt. Verschiedene Organisationen, wie eben der Pathfinder Fund, die Rockefeller- und die Ford-Stiftung sowie die International Planned Parenthood Federation (IPPF), unterstützen, jede auf ihre Art und Weise, die vereinzelten privaten Bemühungen.

b) Phase der freiwilligen Organisationen

Ärzte, Forschungspersonal, Professoren und sonstwie interessierte Personen bauen Organisationen auf, die wirkungsvolle Propaganda betreiben und der Bevölkerung mit Rat und Tat beistehen. Diese privaten, nationalen Organisationen sind normalerweise ein notwendiges Prélude für ein offizielles Programm.

Als typischen Vertreter der Phase b) wählen wir Mexiko[13]: Die 1965 gegründete Foundation for Population Studies – eine mit dem IPPF eng zusammenarbeitende Organisation – leitet hier 27 Familienplanungskliniken, gibt Kurse für Mediziner, Ammen und ‹social workers›, führt einen Erwachsenenbildungskurs durch und betreibt enge Zusammenarbeit mit dem Center for Research on Reproduction, einer gemeinnützigen Privatorganisation in Mexico City. Diese beiden Institutionen führen in entfernten Gegenden des Landes gemeinsam sog. ‹pilot projects› aus. Die Association for Maternal Health führt ähnliche Programme in Forschung und praktischer Familienplanung durch. Diese verschiedenen mexikanischen Privatorganisationen erhalten kräftige Unterstützung von der IPPF, der Rockefeller- und der Ford-Stiftung und vom Church World Service. Das ganze mexikanische Programm genießt neuerdings auch einen Hauch offizieller Anerkennung, seit der Foundation for Population Studies von der Regierung die Erlaubnis gegeben wurde, öffentliche ‹public health facilities› für ihr Familienplanungsprogramm zu benützen[14].

c) Die Phase des offiziellen Programms

Familienplanung und Geburtenkontrolle gelten endlich als ‹gesellschaftsfähig› und werden hauptsächlich von der sozialen oberen Schicht und der Mittelklasse unterstützt und ausgeübt. Auch die Regierung stellt sich voll dahinter und unternimmt ihrerseits enorme Anstrengungen, die Programme auf die ganze Bevölkerung auszudehnen und damit auch die ‹unteren›, weniger gebildeten Sozialklassen zu erfassen.

Ein typisches Beispiel in diesem Stadium ist Südkorea[15]: 1961 wurde mit dem öffentlichen Programm begonnen. Der Fall der natürlichen Zuwachsrate von 2,9% (1958/64) auf 2,4% (1968), verbunden mit dem ehrgeizigen, jedoch recht realistischen Ziel, 1976 eine Rate von 1,5% zu erreichen, läßt das südkoreanische Programm als eines der erfolgreichsten Familienplanungsprogramme der Dritten Welt erscheinen. 1100 IUP-Kliniken, 700 Vasektomiestellen, 2300 vollamtliche ‹field workers› sind Zeugen für die enormen staatlichen Anstrengungen. Mitte 1969 registrierte man 1,5 Millionen kumulative IUP-Einführungen[16], 125000 Sterilisationen, 150000 Kondomverbraucher; dank einem verbesserten ‹Pillenprogramm› schluckten zudem schätzungsweise etwa 320000 Frauen regelmäßig die Pille.

Weltweit betrachtet weisen die drei Phasen eine bemerkenswerte geographische Verteilung auf:

In Afrika dominiert eindeutig Phase 1 – die demographische Revolution hat in vielen Gebieten noch kaum begonnen; die beinahe an die natürliche Grenze reichenden Fruchtbarkeitsziffern werden vielerorts immer noch durch die hohen Sterblichkeitsziffern im Gleichgewicht gehalten. Maximale Fruchtbarkeit wird immer noch von vielen angestrebt, so daß es auch nicht verwundern darf, wenn die Notwendigkeit frühzeitiger Maßnahmen auf wenig Allgemeinverständnis stößt. Noch 1967 erklärte der malagasische Präsident Tsiranana, daß jede Malagasifamilie 12 Kinder haben sollte! Eine Ausnahme bilden Kenya, Mauritius, Tunesien, Ghana und Marokko, die mehr oder weniger am Anfang der dritten Phase stehen.

In Lateinamerika, dem Subkontinent mit dem höchsten Bevölkerungswachstum der Welt, stecken die meisten Länder in der zweiten Phase.

In Asien, wo die Bevölkerungskrise am deutlichsten zu spüren ist, unterhalten mit ganz wenigen Ausnahmen alle Länder aktive Regierungsprogramme zur Wiederherstellung des demographischen Gleichgewichts, haben also beinahe alle schon die dritte Stufe erreicht. Daß sich ein Land in der dritten Phase befindet, sagt natürlich noch nichts darüber aus, ob auch schon eine erfolgreiche Reduktion der Wachstumsrate eingetreten ist.

C. Mittel und Wege der Familienplanung

Die Erfolgsaussichten von Familienplanungsprogrammen hängen natürlich nicht nur von der ‹Phase› ab, sondern ebensosehr von den zur Verfügung stehenden technischen Mitteln, ihrer Einführung bzw. Verbreitung und ihrer Zuverlässigkeit. Heutzutage ist ein ganzes Spektrum von Methoden zur Geburtenregelung bekannt, von den alten ‹nichtmechanischen› Methoden (z.B. ‹coitus interruptus›) bis zu den modernen ‹mechanischen› Schutzmitteln (z.B. Kondom, Scheidenpessar usw.). Daneben seien die Abtreibung und die permanente Methode der Sterilisation sowie die beiden modernsten Mittel im Kampf gegen unerwünschte Empfängnis, das IUP und die ‹Pille›[17], erwähnt.

Als eines der ältesten Mittel darf wohl die Abtreibung gelten. In den kommunistischen Ländern ist sie dank ihrer Legalisierung vermutlich immer noch Nummer Eins in der Geburtenregelung. Auch in der nichtkommunistischen Welt wird eine sichtliche Entspannung der legalen Restriktionen spürbar. Von vermutlich großer zukünftiger Bedeutung ist die kürzliche Inkraftsetzung eines Abortionsgesetzes in Großbritannien. Folgen nämlich Indien und Pakistan nach – so wie sie bis anhin in gesetzgebender Sache häufig zu tun pflegten –, so wird die legalisierte Abtreibung wahrscheinlich zu einem wichtigen Element in den Familienplanungsprogrammen der beiden Länder werden, wie sie es in der westlichen Welt, z.B. in Japan, schon ist.

Die bisherigen sog. konventionellen Verhütungsmittel, wie Kondome, Scheidenpessare, empfängnisverhütende Salben oder Gelees, werden heute durch wirksamere und zuverlässigere Mittel ergänzt und später ersetzt. Kondome behalten vermutlich eine gewisse Bedeutung, da sie bis jetzt außer der Sterilisierung das einzige Mittel zur Kontrolle der männlichen Fruchtbarkeit sind und sich über das allgemeine Marktsystem verteilen lassen[18].

Die Sterilisation (Vasektomie) wurde erst kürzlich in die Familienplanungsprogramme einiger EL aufgenommen, so z.B. in Indien (über 5,9 Millionen Sterilisationen bis Mai 1969) und in Pakistan (etwa 630 000 Sterilisationen bis Frühjahr 1969). Trotz der vielgepriesenen Zuverlässigkeit und Dauerhaftigkeit sind bei dieser Methode verschiedene Nachteile zu bedenken:

a) Die Vasektomie verlangt eine kleine (ambulante) Operation; Ärzte, Spitäler und medizinisches Material sind aber in allen EL sehr gesucht.

b) Wegen der generellen Irreversibilität melden sich im allgemeinen nur ältere Leute, die bereits mehrere Kinder haben. In Indien z.B. ist das Durchschnittsalter rund 40 Jahre und die durchschnittliche Kinderzahl pro Individuum etwa 6.

c) Sterilisation kommt eher einer Beendigung der Fruchtbarkeitsphase gleich und ist weniger geeignet für eine Vergrößerung der Geburtenabstände.

Die Entwicklung des Intrauterin-Pessars (IUP) verhalf der Verhütungstechnik zu einem gewaltigen Durchbruch. Die enormen Erfolge einiger Familienplanungsprogramme in den letzten Jahren basieren hauptsächlich auf der IUP-Technik. Die Vorteile liegen auf der Hand: ein kleines Stückchen Plastik, ohne große Kosten hergestellt, bietet – wenn richtig eingesetzt – während Jahren einen beinahe hundertprozentigen Schutz vor Empfängnis. Erfahrungen in den EL haben aber ebenfalls verschiedene Nachteile aufgedeckt:

a) Wie die Sterilisation erfordert die Einführung des IUPs medizinisch geschultes Personal.

b) Das Einsetzen des IUPs stößt auf massiven psychologischen, sozialen und kulturellen Widerstand.

c) Die häufig nach der Einführung auftretenden Blutungen und anfänglichen Unannehmlichkeiten wirken sich vor allem bei Frauen, die in primitiven, unhygienischen Verhältnissen leben oder schwere Lasten zu tragen haben, besonders ungünstig aus.

d) Frauen, die noch nicht viele Kinder geboren haben, vertragen das IUP weniger gut; seine Dienste in der Technik zur Vergrößerung der Geburtenabstände sind also beschränkt.

e) Statistiken zeigen, daß etwa die Hälfte der Frauen nach zwei Jahren das IUP plötzlich aus irgendeinem Grunde entfernt[19], und zwar sind darunter etwa doppelt so viele Frauen mit einem oder zwei Kindern wie solche mit sechs oder mehr.

Diese Nachteile haben den Fortschritt und Erfolg des IUPs sehr beeinträchtigt. In Familienplanungsprogrammen wird es weiterhin wertvolle Dienste leisten, doch ist klar geworden, daß die ursprünglichen Erwartungen viel zu hoch waren und es deshalb dringendst mittels einer anderen Technik ergänzt werden muß.

Ganz im Gegensatz dazu hat die ‹Pille› alle Erwartungen weit übertroffen. Ihre Vorteile sind bekannt: beinahe hundertprozentiger Schutz vor unerwünschter Empfängnis; nur selten auftretende negative Reaktionen usw. Die bisher mit der ‹Pille› gesammelten Erfahrungen lassen sich in folgenden Punkten zusammenfassen[20]:

a) Die meisten Frauen, die frei zwischen den verschiedensten Methoden der Geburtenregelung wählen können, geben der ‹Pille› den Vorzug.

b) Bis heute existiert, besonders für junge Frauen, die eine Vergrößerung der Geburtenabstände wünschen, noch keine befriedigende Alternative zur ‹Pille›.

c) Das Risiko bei der Anwendung der ‹Pille› ohne ärztliche Konsultation ist relativ gering.

d) Die Wahrscheinlichkeit, daß beim Gebrauch der ‹Pille› eine Komplikation auftritt, ist bedeutend geringer als jegliche mit einer Schwangerschaft in den EL verbundene Gefahr.

e) Kein Familienplanungsprogramm kann heute als ‹optimal› gelten, das nicht – zusammen mit anderen Verhütungsmethoden – die ‹Pille› als Mittel zur Geburtenregelung einsetzt.

Bis vor kurzem war die ‹Pille› sehr teuer, was ihre Verwendung in manchen Programmen in Frage stellte. Dank der internationalen Konkurrenz senkte sich der Preis aber beträchtlich – heute rechnet man mit weniger als 15 Cents pro Monatszyklus –, so daß, zumindest mit finanzieller Hilfe aus irgendeiner Organisation, die Kosten kein Hindernis mehr darstellen[21].

Es gibt viele Methoden, aber keine ist bis jetzt perfekt: die einen sind zu teuer, die anderen werden von verschiedenen Bevölkerungsgruppen nicht akzeptiert oder sind zu kompliziert, um von Laien oder Analphabeten angewandt zu werden. Alle setzen jedoch eines voraus: den persönlichen Willen zur Begrenzung der Familiengröße. «... das *wirkliche Problem* ist nicht technischer Natur – es *ist die persönliche Motivierung*», bemerkt Cochrane[22]. Die besten Mittel versagen, wenn keine überzeugende Motivierung vorhanden ist. Anderseits läßt sich die Familiengröße (wie die Erfahrung zeigt) auch ohne ‹moderne› Mittel wirksam kontrollieren, wenn der Wille dazu nur stark genug ist. Gelingt es den politischen Führern der EL, die Bevölkerung von der Notwendigkeit (und der Realisierbarkeit[23]) der Kleinfamilie, von den medizinischen, ökonomischen und sozialen Vorteilen des ‹Weniger-Kinder-Habens› zu überzeugen, so wird – trotz den technischen Mängeln der Verhütungsmittel – die Wirkung nicht ausbleiben[24].

Um aber Bevölkerungsprogramme auf breiter Ebene einzuführen, muß man bei der Masse Eingang finden. Normalerweise dienen dazu die üblichen Mittel in der Massenkommunikation, nämlich Flugblätter, Zeitungen, Hefte, Bücher, Radio und Fernsehen sowie Vorträge und Gruppendiskussionen; der Erfolg läßt aber oft zu wünschen übrig. Trotz allen Bemühungen gibt es in jeder Bevölkerung einen gewissen – in den EL sogar sehr großen – Prozentsatz von Frauen, die eine Schwangerschaft nach der anderen haben[25]. Es handelt sich größtenteils um Frauen aus armen und ärmsten Verhältnissen, meist unter 25 Jahren, ohne oder nur mit ganz schlechter Bildung. Viele von ihnen wünschen eigentlich keine weiteren Kinder mehr; ihr Interesse an aktiver Geburtenregelung ist aber aus Unwissenheit, Unbekümmertheit und Mangel an Selbstdisziplin gering bis null. Da ein Großteil der unerwünschten Kinder vermutlich von dieser Gruppe von Frauen auf die Welt gestellt wird, versprechen speziell auf sie ausgerichtete Programme einen enormen Erfolg. Erfahrungsgemäß ist eine Frau gleich nach der Niederkunft am leichtesten für eine Geburtenkontrolle zu gewinnen. Dr. Zatuchni äußert sich dazu: «... Diese Periode gleich am Ende einer Schwangerschaft ist vermutlich die Zeit der stärksten Motivierung für Familienplanung. Werden – wie normalerweise üblich – gegenüber der Wöchnerin keine Worte über Familienplanung verloren, nimmt die Motivierung langsam wieder ab... und bald ist sie wieder in Erwartung.»[26] Es ist also außerordentlich wichtig, die Frauen (speziell diejenigen aus der oben erwähnten Gruppe) in der sog. Postpartumperiode mit Gedanken, Mitteln und Wegen der Familienplanung bekanntzumachen, eine Methode, die in verschiedenen EL (z.B. Indien) schon mit großem Erfolg angewandt wird und auch große Erfolge für die Zukunft verspricht, besonders da die Frauen anläßlich der Geburt am einfachsten zu erfassen und zu betreuen sind.

Zum Schluß seien zwei Punkte hervorgehoben:

a) Trotz einigen Mängeln bei den empfängnisverhütenden Mitteln sind wir auf einer Stufe angelangt, wo es sozial, legal, medizinisch und finanziell möglich ist, der Weltbevölkerungsexplosion mit guten Erfolgsaussichten den Kampf anzusagen[27][28].

b) Der Erfolg in der Geburtenregelung hängt von folgenden vier Faktoren ab:
   – der Phase, in der sich das betreffende Land befindet,
   – der Verbreitung des Wissens um Verhütungsmöglichkeiten und der Mittel dazu,
   – dem Grad der persönlichen Motivierung (bzw. seiner Beeinflußbarkeit) und
   – dem weiteren technischen Fortschritt in der Verhütungstechnik.

3. NAHRUNGSHILFE UND SELBSTHILFE – WIRTSCHAFTSPOLITIK IM WANDEL DER ZEIT

A. Allgemeines

Nahrungshilfe ohne Selbsthilfe (S. 26) ist – abgesehen von Katastrophenhilfe – unvereinbar mit dem Konzept einer modernen, verantwortungsbewußten Entwicklungsplanung und -hilfe, eine Tatsache, die lange nicht oder zuwenig bekannt war[29]. Nahrungshilfe in Form einer karitativen Gabe hilft – vorausgesetzt, daß sie groß genug ist – wohl den Hunger zu überwinden, wenigstens solange die Hilfe andauert; aber sie packt das Grundübel, nämlich die Unfähigkeit, entweder selbst mehr Nahrung zu produzieren oder aber – via Devisenschaffung – die Nahrung auf normalem, kommerziellem Wege zu beziehen, nicht bei der Wurzel. Karitative Nahrungshilfe per se kann sogar negativ wirken und die Bemühungen der Betroffenen um eine eigene, dauerhafte Lösung des Problems schwächen oder gar ersticken[30]. Unter- oder Fehlernährung wird so lange weiterbestehen, bis die Landwirtschaft in diesen Ländern ‹reorganisiert› ist und eine wirtschaftliche und soziale Entwicklung einsetzt.

Nahrungshilfe wird deshalb heute grundsätzlich nur gewährt, um diese Lücke zu überbrücken. Man erkannte im Laufe der Zeit, daß Entwicklungshilfe in Form von Nahrungsmitteln einen enormen Beitrag zur allgemeinen ökonomischen Entwicklung eines Landes leisten kann, indem sie dem betreffenden Lande z.B. ermöglicht, Projekte durchzuführen, die ohne diese Unterstützung überhaupt nicht hätten verwirklicht werden können[31]. Nahrungshilfe ist u.a. auch imstande, den durch eine Einkommenssteigerung eventuell hervorgerufenen Inflationsdruck auf dem Nahrungsmittelsektor zu lindern. Des weiteren trägt sie oft direkt zum Aufbau oder zur Verbesserung der menschlichen wie materiellen Ressourcen bei. Kombiniert mit der Selbsthilfeklausel – so wie etwa in PL 480 (S. 34) oder in etwas anderer Form im ‹World Food Program› (S. 36 f.) –, muß die Nahrungshilfe jetzt als Investition oder Kapitalhilfe verstanden werden und nicht mehr als Geschenk von einem großen, vielbewunderten, aber auch vielgehaßten ‹Bruder›.

Die zurzeit wichtigsten Träger der ‹landwirtschaftlichen› Entwicklungspolitik auf der ‹Geberseite› sind die UNO mit ihren Sonderorganisationen und die USA bzw. das USDA und die AID mit ihrem mächtigen technischen, wissenschaftlichen und administrativen Apparat[32]. Zum besseren Verständnis der Auswirkungen und Erfolgschancen der GR ist es von Vorteil, kurz einen Blick auf die Entwicklung der Landwirtschaftspolitik der UNO und der USA zu werfen, wobei wir wiederum unsere beiden Komponenten Nahrungshilfe und Selbsthilfe im Auge behalten.

B. USA

Amerikanische Nahrungshilfeprogramme setzten in der Zeit während und kurz nach dem Ersten Weltkrieg ein, spielten eine gewaltige Rolle im Zweiten Weltkrieg – man spricht von der größten Nahrungshilfeaktion der Geschichte – und bildeten einen integrierenden Teil des Marshallplans[33]. Neben dem Hunger im kriegsgeschädigten Europa traten schwere Hungersnöte in Asien auf: 1943 Ernteausfall in Indien und 1952 in Pakistan und Indien, Bürgerkrieg in China, israelische Flüchtlinge überschwemmen den Nahen Osten... und überall fehlten Devisen zum Kauf von Nahrungsmitteln. Ende der vierziger Jahre kristallisierte sich langsam heraus, was bald darauf als Welthungerproblem bezeichnet wurde: Die USA meldeten gewaltige Agrarüberschüsse, während andere Teile der Welt zur selben Zeit unter fürchterlichen Hungersnöten litten. Niemand war darauf vorbereitet, diesem Problem effizient entgegenzutreten, vor allem ohne dabei das eingespielte Produktions- und Handelsgleichgewicht von Drittländern zu gefährden. Als Antwort darauf erschien das Public Law 480[34], die Agricultural Trade Development and Assistance Act von 1954. Dieses Gesetz regelte ursprünglich die Verschenkung oder den speziell günstigen Verkauf amerikanischer Überschußproduktion unter der Bedingung, daß diese Lieferungen wirklich benötigt wurden und sie zusätzlich zu den regelmäßig getätigten Käufen erfolgten, ohne den normalen Agrarhandel zu beeinträchtigen[35].

Das Volumen der Nahrungshilfe unter PL 480 nahm von 1954–1961 ständig zu[36]. Das Gesetz hatte nicht nur humanitäre Hintergründe – es wurde ausdrücklich bestimmt, daß nur Überschußproduktion exportiert werden dürfe. Sobald die US-Lager bestimmter Produkte wiederum auf ein angemessenes Niveau zurückgingen, wurden sie von der PL480-Exportliste gestrichen, was z.B. bei Butter, Käse, Trockenmilch, pflanzlichen Ölen usw. recht häufig vorkam.

Die Abnahme der Wachstumsrate der landwirtschaftlichen Prokopfproduktion in den EL; die außergewöhnlichen Dürreperioden von 1965 und 1966 in Asien, die die Abhängigkeit der bevölkerungsreichen Länder der Dritten Welt vom amerikanischen PL480-Programm dramatisch demonstrierten; die Feststellung, daß die durch fortwährende Exporte stark strapazierten, ehemals riesigen amerikanischen Überschüsse die Nachfrage der EL nicht mehr zu decken vermochten (tatsächlich erhöhten die USA 1966 ihre Weizenanbaufläche, um die gesteigerten Bedürfnisse der EL decken zu können); die zusätzlich zur Weizenknappheit immer deutlicher werdenden Anzeichen von qualitativen Mängeln in der täglichen Nahrung vieler Bevölkerungsschichten, besonders von Kindern; sowie die aufgeschlossene und moderne Haltung von Präsident Kennedy und Secretary of Agriculture O. Freeman, die die Nahrungshilfe als Entwicklungshilfe und nicht als karitative Gabe betrachteten[37] – all diese Tatsachen führten Schritt um Schritt zu einer Änderung der amerikanischen Strategie und formten sich endlich zu den uns schon bekannten (S.26) Richtlinien für den ‹War on Hunger›[38].

Die neue Strategie mit der besonderen Betonung von Landwirtschaft und Ernährung spiegelte sich hauptsächlich wider in:

a) der Food for Peace Act (1966),
b) der Foreign Assistance Appropriation Act (1968)[39] und
c) allgemein in der Landwirtschaftspolitik der AID[40].

Betrachten wir zum Schluß kurz die charakteristischen Punkte der Food for Peace Act. Sie entsprach einer Erweiterung des PL 480. In diesem historischen Dokument zeichnet sich zum ersten Mal in der Geschichte Amerikas die Tendenz ab, im Kampf um Hunger und Unterernährung in der Welt allgemein den gewaltigen Produktivitätsvorsprung der USA einzusetzen und nicht nur Überschußprodukte abzugeben[41].

Die wohl wichtigsten Ergänzungen zum PL 480 waren:
a) Hervorhebung der Selbsthilfe – sie wurde erst 1966 mit Wirkung ab 1. Januar 1967 im PL 480 aufgenommen[42]. Um für Nahrungshilfe unter PL 480 qualifiziert zu sein, müssen die darum nachsuchenden EL ein Entwicklungsprogramm vorweisen, das aktive und effiziente Schritte im Hinblick auf eine Produktivitätssteigerung der eigenen Landwirtschaft vorsieht[43].
b) Verwerfung des ‹Überschußgedankens› – die Nahrungslieferungen haben aus allgemein erhältlichen Produkten und nicht nur aus Produktionsüberschüssen zu erfolgen. Zudem sollen nach Möglichkeit und Bedarf nicht unter Anbau stehende landwirtschaftliche Flächen mit Nahrungshilfegütern bebaut werden.
c) Technische und wissenschaftliche Hilfeleistungen zur Unterstützung der Selbsthilfeanstrengungen.
d) Förderung und Unterstützung der Familienplanung – durch Verkäufe unter PL 480, Titel I, angehäufte ‹weiche› Devisen sollen u.a. Familienplanungsprogrammen zugute kommen.

Blicken wir auf die fast 60 Jahre Geschichte zurück, so gewahren wir, wie stark sich das Konzept der Nahrungshilfe verändert hat. ‹Food Aid›, zuerst eigentlich Kriegswaffe, verwandelte sich in eine humanitäre Geste, wurde später als politische Waffe verwendet (um 1945–1947 politischen und sozialen Unruhen in Westeuropa vorzubeugen), durchlief das Stadium der Überschußverwertung und ist heute zu einem wichtigen Mittel der amerikanischen Unterstützung von Entwicklungsanstrengungen der Dritten Welt, zu einem Katalysator geworden, der die EL zu eigenen Entwicklungsanstrengungen anregt[44].

Doch bald schon formt sich eventuell eine neue Aufgabe für das PL 480. Dank dem kürzlich erfolgten Produktivitätsfortschritt in der Landwirtschaft (GR) werden viele Länder der Dritten Welt, vor allem im bevölkerungsreichen Asien, innert relativ kurzer Zeit auf dem Zerealiensektor zu Selbstversorgern aufrücken (vgl. S.133ff.). Der amerikanischen Getreideproduktion bliebe dann einzig noch die Rolle eines Lückenbüßers im Falle einer Mißernte infolge schlechten Wetters, neuer Pflanzenkrankheiten usw. und die Aufgabe, eine Reserve zum Zwecke einer eventuellen Markt- und Preisstabilisierung zu halten. Ob Amerika diese neue, kostspielige und undankbare Aufgabe übernehmen will und kann, wird die nähere Zukunft lehren.

C. FAO

Ähnlich ist die Entwicklung bei der FAO. Kurz nach dem Ende des Zweiten

Weltkrieges ging die 1945 gegründete Organisation das bekannte Problem der nebeneinander existierenden Unter- und Überproduktion nach dem Muster der ordentlichen Verwertung von landwirtschaftlichen Produktionsüberschüssen an[45]. Zu ihren Bemühungen zählte u.a. der erfolglose Versuch, 1946 ein World Food Board zu organisieren, dessen Hauptaufgabe in einer Preisstabilisierung, in einer Reservebildung für Hungersnöte und in der Finanzierung der Verteilung landwirtschaftlicher Überschüsse bestanden hätte. 1949 schlug die FAO die Erstellung eines International Commodity Clearing House vor. Auch dieser Plan scheiterte – doch entwickelte sich daraus bald das FAO Committee on Commodity Problems (CCP). Dieses entwarf die heute weiterum anerkannten Prinzipien der Überschußverwertung und unterhält ein Consultative Subcommittee on Surplus Disposal (CSD). Es folgten weitere Studien der FAO über eine Anlage einer weltweiten Nahrungsreserve, und 1954 faßte die UNO-Generalversammlung eine Resolution über eine Weltnahrungsreserve, betonte besonders die Notwendigkeit einer Erhöhung der Nahrungsmittelproduktion und des Ernährungsstandards in weiten Gebieten der Erde und hob wiederum die rationelle Verwertung von landwirtschaftlichen Überschüssen hervor[46]. Gleichzeitig wurde auch der technische und finanzielle Beistand der Organisation zugunsten der Entwicklung der Landwirtschaft intensiviert. Bemühungen um einen United Nations Capital Development Fund schlugen zwar fehl, führten aber 1959 zur Gründung des United Nations Special Fund, dessen Aufgabe hauptsächlich in der Finanzierung der Ressourcenentwicklung, speziell auf den Gebieten der menschlichen Arbeitskraft, der Industrie und Landwirtschaft, des Transport- und Kommunikationswesens, des Gebäude- und Wohnungssektors, des Gesundheits- und Erziehungswesens, der Statistik und der öffentlichen Administration, besteht[47].

Obschon im Laufe der Zeit die Gelder bilateraler und multilateraler Programme für finanzielle und technische Entwicklungshilfe enorm zunahmen, blieb der für die Landwirtschaft verwendete Anteil relativ klein. Mehr noch, der größte Teil dieser landwirtschaftlichen Hilfe wurde für langfristige kapitalintensive Unternehmen verwendet. Nur ganz selten wurden Gelder für Kleinprojekte verschiedener Art, Forschung, Dünger, Verbreitung des technischen ‹know-how› usw. freigegeben.

PL 480 eröffnete der FAO eine neue Ära. «Eine derartige Verbesserung und Intensivierung der bilateralen Nahrungshilfe stimulierte das Interesse für die Möglichkeiten der multilateralen Nahrungshilfe.»[48] In der UNO wurden die Rufe der neuen, unabhängigen Staaten der Dritten Welt[49] nach vermehrter multilateraler Entwicklungshilfe immer lauter. Angesichts dieser Forderungen und der am 1. Juli 1960 von der FAO lancierten Freedom from Hunger Campaign faßte die UNO Generalversammlung am 27. Oktober 1960 eine neue Resolution: Provision of Food Surpluses to Food-Deficient Peoples through the United Nations System[50], aus der sich langsam das World Food Program entwickelte. Am 1. Januar 1963 begann die multilaterale Organisation für Nahrungshilfe mit ihrer Arbeit[51].

Auf das begründete Verlangen einer Regierung hin gewährte das WFP Hilfe:

a) in Katastrophenfällen und bei durch chronische Mangelernährung hervorgerufenen Notsituationen;
b) bei Ernährungsprogrammen für Kinder im Schul- oder Vorschulalter;
c) beim Start von Versuchsprojekten, die Nahrungshilfe zur Förderung der ökonomischen und sozialen Entwicklung verwandten[52].

In Punkt c) und indirekt auch in Punkt b) ist die Andeutung einer Selbsthilfeklausel spürbar.

Die Betonung des WFP liegt – außer der Hilfe im Katastrophenfall – eindeutig auf der Förderung der gesamthaften ökonomischen und sozialen Entwicklung. Nahrungshilfe ja, aber nur unter der Bedingung, daß das Empfängerland intensive Anstrengungen in der Entwicklung seiner Wirtschaft unternimmt. Nahrungshilfe von seiten des WFP unterstützt ein Entwicklungsprojekt – nichts weiter. Projektkosten müssen zum weitaus größten Teil (im Durchschnitt bis zu 80%[53]) vom Empfängerland selbst getragen werden. WFP-Hilfe ist grundsätzlich mehr als Stimulans gemeint, das der Ausführung eines Projektes den nötigen Anstoß geben soll.

Im Laufe der Jahre überstiegen die Anfragen um Hilfe die verfügbaren Mittel[54] bei weitem. Infolgedessen mußten die Qualifikationsbedingungen für einen WFP-Beitrag sehr verschärft werden. Die Selbsthilfeklausel, die sich bisher irgendwo im Grundgedanken des WFP mehr oder weniger versteckt gehalten hatte, wurde nun ins Rampenlicht gerückt. Die neuen, vom Intergovernmental Committee (IGC) festgelegten Kriterien verlangen deutlich, «... daß das Selbsthilfeelement eindeutig vorhanden sei... und das betreffende Land auch nach Wegfall der WFP-Hilfe das angefangene Projekt zu Ende führen könne».[55]

Während des 25jährigen Bestehens hat die FAO sich also nicht nur gewaltig vergrößert, sondern auch ihre Politik wesentlich geändert. Die Grundzielsetzung ‹Förderung der Landwirtschaft und der menschlichen Ernährung› blieb zwar unverändert, doch hat sich – ähnlich wie beim USDA und der AID – die Nahrungshilfe unter wachsender Betonung der Selbsthilfekomponente[56] aus einer ordentlichen Überschußverwertung zu einer Kapitalhilfe gewandelt.

Entwicklungshilfe auf dem Gebiete der gesamten Agrarwirtschaft mit dem größten Gewicht auf einem breiten Spektrum von Selbsthilfemaßnahmen gehört auch zu den Grundsätzen des Indicative World Plan[57], der nach sechsjährigem sorgfältigem Studium der FAO an der Second World Food Conference im Juni 1970 in Den Haag vorgelegt wurde. FAO-Direktor Addeke Boerma selbst erklärte in seinen neuen Direktiven für die FAO: «... Wir konzentrieren (Boerma spricht von ‹marshalling›) unsere begrenzten Mittel auf Schlüsselpunkte der Weltlandwirtschaft, bei denen wir einen baldigen und substantiellen Erfolg erhoffen können.»[58] Einer seiner wichtigsten Schlüsselpunkte[59] ist der Komplex der neuen ‹High Yielding Varieties›, die biologische Grundlage der GR, «... für lange Zeit der gewaltigste Fortschritt in der Landwirtschaft... Es liege nun bei der FAO, dafür zu sorgen, daß diese Pionierarbeit ihre Früchte trägt und sich dieser Erfolg über weite Regionen der Welt ausbreiten wird».[60]

D. Bemerkungen am Rande

Dieser knappe, skizzenhafte Überblick bedarf noch einer Ergänzung:

Erstens: In diesem kurzen Abriß der Geschichte der Entwicklungspolitik der beiden wichtigsten, sich mit dem ‹War on Hunger› befassenden Träger USA und FAO war nicht etwa eine lückenlose Chronologie ihrer Schritte angestrebt, die zur Bekämpfung des Hungers, des ältesten Feindes der Menschheit, unternommen wurden, sondern es sollte hier lediglich der Wandel des Denkens, der Wandel der Politik vom Standpunkt einer isolierten Betrachtung zum ‹multiple approach› geschildert werden.

Zweitens: Die Darstellung sollte uns in Kürze den geistigen, wirtschaftspolitischen und im weiteren auch den institutionellen Rahmen aufzeichnen, der die neu entwickelten Getreidearten (High Yielding Varieties) Mitte der sechziger Jahre erwartete, gewisse EL – speziell wegen der Betonung der Selbsthilfekomponente – direkt zwang, das Maximum aus der sich bietenden Chance herauszuholen, und dadurch den gewaltigen technischen Fortschritt zu jener erfolgreichen ‹Grünen Revolution› aufblühen ließ.

Drittens: Die Ausführungen dürfen aber nicht den Eindruck in uns wecken, daß der landwirtschaftlichen Entwicklung in unterentwickelten Volkswirtschaften heute ein zu großes Gewicht eingeräumt werde. Die Landwirtschaft ist – im Gegensatz zu früher – zu einem integrierenden Bestandteil der Entwicklungspolitik geworden. «Der einzige Weg zu einer modernen Volkswirtschaft führt über die gleichzeitige Entwicklung des Industrie- und des Agrarsektors, wobei die wirtschaftspolitischen Maßnahmen eines jeden Sektors abgestimmt werden müssen auf die Ressourcen, auf die Märkte usw. des betreffenden Landes.»[61] Die führenden Wissenschafter, Politiker und Administratoren der Industrieländer stimmen darin überein und versuchen mit allen Mitteln, die Politiker in den EL, die diese Tatsache ablehnen, für ihre Sache zu gewinnen.

3. Kapitel Geschichte der Grünen Revolution

1. ALLES BEGANN IN MEXIKO[1]

A. Vorspiel

Drei ursprüngliche Faktoren mögen die GR ins Rollen gebracht haben:

a) die mißliche Lage der landwirtschaftlichen Produktion in Mexiko zu Anfang der vierziger Jahre;
b) das unermüdliche Bestreben des Ingenieurs Marte R. Cómez, des damaligen mexikanischen Landwirtschaftsministers, etwas gegen diese mißliche Lage zu unternehmen; und
c) die weise Voraussicht von Raymond B. Fosdick, dem Präsidenten der Rockefeller-Stiftung, trotz allen Schwierigkeiten ein Hilfeprogramm in Mexiko zu organisieren und zu finanzieren.

Weit zahlreicher sind allerdings die Faktoren, welche zum ersten Erfolg der GR beigetragen haben, so unter anderem das ausgezeichnete Forschungsteam, das unter der Leitung von J. George Harrar (heute Präsident der Rockefeller-Stiftung) die wissenschaftliche und technische Grundlage legte, die intensive und fruchtbare Zusammenarbeit der mexikanischen Regierung mit diesem Forschungsteam, Ausdauer, harte Arbeit, gutes Wetter... und trotz allem viel Glück und mancher Zufall. Vielleicht hätten sich die landwirtschaftlichen Hektarerträge im Laufe der Zeit auf dem Wege einer natürlichen Evolution auch erhöht. Aber der Prozeß hätte nicht so früh eingesetzt und vor allem nicht in solch kurzer Zeit zu einem derartigen spektakulären Resultat geführt.

1941 kamen Cómez und einige andere weitsichtige Mexikaner überein, daß die 1910 so hoffnungsvoll eingeleitete agrarische Revolution nur in Verbindung mit einer Revolution in der Agrartechnik zu einem Erfolg führen konnte. Später erläuterte Cómez: «... Wir sind verpflichtet, unsere Landsleute mit Mais, Weizen und anderen dringend benötigten Lebensmitteln zu versorgen. Zu jener Zeit hatten wir die mexikanische Landwirtschaft nach bestem Vermögen organisiert. Während Jahren konzentrierten wir uns auf die Durchführung der Landreform – aber wir brauchten als Komplement eine agrarische Revolution. Und um eine solche agrarische Revolution einzuleiten, waren wir auf technische Hilfe aus dem Ausland angewiesen.»[2]

Zum Glück erkannte Cómez die Probleme frühzeitig und suchte bald mit viel Initiative und Unternehmergeist um ‹technische Hilfe› nach. Es fiel nicht schwer, das geeignetste Land dazu zu finden, waren doch die unglaublichen Fortschritte der Landwirtschaft, die das Nachbarland USA in den dreißiger

Jahren verzeichnen konnte, nicht unbemerkt geblieben. Auch die Wahl der Institution machte kaum Schwierigkeiten, denn die Ära der zahllosen Institutionen und Organisationen im Dienste der Entwicklungshilfe lag noch in ferner Zukunft. Die UNO mit ihren Sonderabteilungen war noch nicht einmal geboren. So richtete Cómez seine Anfrage an die Rockefeller-Stiftung, die 1913 gegründet worden war, «to promote the well-being of mankind throughout the world»[3], und seit 1919[4] in Zusammenarbeit mit der mexikanischen Regierung mit einem ‹Volksgesundheitsprogramm› große Fortschritte in der Kontrolle einiger Infektionskrankheiten erzielt hatte. Obwohl die Stiftung damals in landwirtschaftlichen Belangen noch über keinerlei Erfahrungen verfügte, gab Präsident Fosdick sofort seine Zusage.

Am 18. Februar 1941 beschloß die daraufhin von ihm einberufene Konferenz, eine Studiengruppe nach Mexiko zu entsenden, um die Zustände, die Gründe der bisher zu langsamen Agrarentwicklung und die Möglichkeiten einer Produktivitätssteigerung zu untersuchen. Auf den Rat von Dr. A.R. Mann, einem erfahrenen und angesehenen Mitglied der Stiftung, hin, «... daß die Landwirtschaft von seiten der Genetik und der Pflanzenzucht, des Pflanzenschutzes, der Bodenkunde, der Viehhaltung und der allgemeinen landwirtschaftlichen Betriebsführung die größten praktischen Beiträge zu erwarten habe»[5], wurden Kapazitäten aus den Wissensgebieten der Pflanzengenetik und der Pflanzenzucht, des Pflanzenschutzes und der Bodenkunde mit der Leitung der Kommission betraut. Damit war der Weg der GR schon vorgezeichnet.

Die Wahl fiel auf Dr. Richard Bradfield, Dr. Paul C. Mangelsdorf und Dr. E.C. Stakman – Männer mit großer internationaler Erfahrung auf ihrem Gebiete. Die Studienkommission brach im Juli 1941 auf und legte nach ihrer zweimonatigen Erkundigungsreise über eine Strecke von mehr als 8000 km am 14. Oktober desselben Jahres ihren Bericht mit all ihren Beobachtungen und Empfehlungen vor.

Das Rezept tönte einfach: unter der Leitung einiger erstklassiger amerikanischer Wissenschafter und in Zusammenarbeit mit dem mexikanischen Ministerium für Landwirtschaft sollten:

erstens die Nutzpflanzen Mais, Weizen und Bohnen durch Zucht verbessert,

zweitens die Methoden der Bodennutzung und des Pflanzenschutzes ausgebaut und

drittens die Produktivität der mexikanischen Viehwirtschaft gesteigert werden.

Die Verwirklichung dieser Vorschläge war jedoch nicht ganz so einfach. Der Krieg erschwerte die Beschaffung von Wissenschaftern, Material und Fahrzeugen. Es wurde ein institutionelles Gebäude für die Zusammenarbeit mit der mexikanischen Regierung gebildet, das sich zum späteren Officina de Estudios Especiales, einer semiautonomen Abteilung innerhalb des mexikanischen Landwirtschaftsministeriums unter Leitung von Dr. Harrar entwickelte. Man brauchte junge mexikanische Wissenschafter für die Mitarbeit. Eine landwirtschaftliche Versuchsanstalt mußte gefunden und umgestaltet werden – die damals bestausgerüstete war in León, Guanajuato, etwa 300 km von Mexico City entfernt und nur auf einer sehr schlechten Straße erreichbar. Infolgedessen begann Dr. Harrar sofort mit dem Bau einer neuen Zentralversuchsstation in dem etwa 30 km von Mexico City entfernten Chapingo, wo die mexikanische Landwirtschaftsschule ihren Sitz hatte und bereits über ein geeignetes Versuchsgelände verfügte. Im Laufe der Jahre wurde über das ganze Land ein weitverzweigtes Netz von Versuchsstationen ausgebreitet, das der klimatischen, bebauungstechnischen, geographischen und umweltbedingten Vielfältigkeit der mexikanischen Landwirtschaft Rechnung tragen konnte.

Die ersten Feldarbeiten begannen schon 1943, und 1945 «war die Maschine gebaut und die Räder in voller Bewegung».[6] Die Zusammenarbeit der Mexikaner und Amerikaner in den dauernd erweiterten Versuchsfeldern, Laboratorien und Bibliotheken erwies sich als sehr fruchtbar; die Entwicklung von besseren Mais-, Weizen- und Bohnenarten befand sich in vollem Gange. Außerdem war auch schon ein wichtiger Grundstein für eine ähnliche Verbesserung bei gewissen Gras- und Gemüsearten gelegt. – Die Erwartungen der Studienkommission waren jetzt schon übertroffen.

B. Die Beispiele Mais und Weizen

Ein flüchtiger Blick auf das Maisprogramm[7] soll uns wenigstens eine schwache Ahnung von der ungeheuren Arbeit geben, die hinter einer Aufgabe steckt, wie sie sich die Rockefeller-Stiftung 1942 vorgenommen hatte.

Ein kurzer Besuch amerikanischer ‹maiceros› in der landwirtschaftlichen Versuchsanstalt in León prägte den Maisplan und das gesamte Vorgehen, das für den Erfolg der GR entscheidend wurde. Es hatte sich nämlich früher während eines erfolglos verlaufenen mexikanischen Versuchsprogrammes eindeutig herausgestellt, daß auch die besten und ertragreichsten amerikanischen Arten unter den mexikanischen Bedingungen einfach relativ schlecht gediehen. Auf Grund dieser Beobachtungen beschloß man kurzerhand, das neue Zuchtprogramm auf einheimischen, sog. ‹local varieties› aufzubauen und die von anderswoher eingeführten Hybriden außer Betracht zu lassen – der erste Schritt in der grundlegenden Erkenntnis, daß zur Steigerung der Produktivität nicht einfach die amerikanische Technologie blindlings übernommen werden konnte, sondern vielmehr unter Anwendung der Methodik und der unschätzbaren Erfahrungen der amerikanischen Wissenschaft und Forschung eine neue, den Verhältnissen angepaßte Technologie entwickelt werden mußte.

Zu dieser Erkenntnis gesellte sich noch ein anderes Moment: Mexiko mußte dringendst mehr Mais produzieren. Die außergewöhnlich schlechte Ernte des Jahres 1943 hatte nur 1,8 Millionen Tonnen eingebracht, und schon die 2,3 Millionen Tonnen des Vorjahres hatten in keinem Verhältnis zu den Bedürfnissen gestanden. Mexiko sah sich gezwungen, 162 800 Tonnen zu importieren und damit den bisher größten Maisimport in der Geschichte des Landes zu tätigen.

Dem Maisprogramm war also zugleich ein kurzfristiges und ein langfristiges Ziel gesetzt. Das Angebot mußte so rasch als möglich dem Bedarf angeglichen werden, und gleichzeitig wollte man langfristig hochproduktive, speziell den mexikanischen Verhältnissen angepaßte Hybriden entwickeln[8]. Das entsprechende Vierpunkteprogramm sah folgendermaßen aus:

a) Anlegen einer möglichst vollständigen, systematischen Sammlung aller einheimischen Maisarten, um Überblick über das zur Verfügung stehende genetische Material zu gewinnen;
b) Prüfung all dieser Arten unter einheitlichen Bedingungen auf Ertrag, Widerstandsfähigkeit gegen Krankheiten und auf andere wichtige Eigenschaften. Bestimmung der geeignetsten Arten und möglichst rasche Verteilung des betreffenden Saatgutes an die Landwirte;
c) Herstellung sog. ‹synthetics›[9][10] zwecks Freigabe an die Farmer bis zur ausgereiften Entwicklung der neuen Hybriden;
d) Züchtung von konventionellen ‹double-cross hybrids› unter Berücksichtigung der verschiedenen Hauptanbaugebiete Mexikos.

Die ersten beiden Schritte im mexikanischen Maisprogramm – Sammeln und Testen der Maisarten – waren speziell wichtig. Während Jahrhunderten hatte sich eine enorme Artenvielfalt entwickelt: die Höhe der Pflanzen schwankte zwischen 90 cm und 6 m, die Kolbengröße zwischen 7 cm und 40 cm, die Reifezeit zwischen 3 und 8 Monaten usw. Die enorme Arbeit des Sammelns und Systematisierens nahm viel Zeit in Anspruch, aber allmählich wuchs die Kollektion. 1944 hatte Wellhausen 413 verschiedene Arten untersucht, 1950 waren es schon über 2000; die daraus hervorgegangene Sammlung des internationalen Mais- und Weizeninstitutes (CIMMYT) zählt heute weit über 10000 Arten.

Schon die allerersten Testversuche von 1944 waren ermutigend und erfreulich.

Sie zeigten u.a., daß

– die zu Versuchszwecken in Mexiko getesteten 392 ausländischen Arten, wie erwartet, nur Mißerfolge erzielten;
– die Ergebnisse mit der Auslese aus den damals 413 untersuchten mexikanischen Arten weitere Forschungen und intensivere Versuche rechtfertigten; und
– das kurzfristige Ziel durch Verteilung der besten Arten bald erreicht werden konnte.

Schon 1946 war es möglich, Saatgut einiger besonders geeigneter Arten in kleineren Mengen auszugeben; die allerbesten wurden zur Saatgutproduktion verwendet. Zwei davon (Hidalgo No. 7 und Michoacan No. 21) waren von solch hervorragender Qualität, daß man sie im Winter 1947 der neu gegründeten Corn Commission zur Vermehrung auf kommerzieller Basis übergeben konnte; wenig später wurden noch zwei weitere Arten beigefügt. Die Resultate belohnten die Anstrengungen: die Ertragssteigerung gegenüber den vorgefundenen, unverbesserten Arten betrug 15%–20%.

Während der Jahre 1946 und 1947 konnten zudem auch bereits die ersten getesteten Synthetics an einige Farmer verteilt werden: das Ergebnis war überraschend. Der Ertrag übertraf denjenigen der ‹selected varieties› um 10% bis 26% und jenen der ursprünglichen Arten um 26%–51%.

Nicht genug damit – die vierte Stufe des Maisprogrammes, die Züchtung der ersten Hybriden, zeitigte auch schon Resultate. Die Herstellung von Hybriden ist ein zeitraubender Prozeß. Normalerweise rechnet man etwa 8–10 Jahre, bis eine Verteilung des neuen ‹double cross› auf kommerzieller Basis möglich ist. Die Zeit in Mexiko drängte aber – und die klimatischen Umstände waren günstig. Dank der Aufwendung aller Kräfte – das Auswählen und Testen der einzelnen Pflanzen mußte z.B. innerhalb der 5–6 Wochen zwischen Ernte und Aussaat geschehen – wurden 2 Ernten pro Jahr möglich, was die bisher in gemäßigten Zonen für derartige Züchtungsprogramme benötigte Zeit halbierte. Ende 1947 war es soweit: 10 ‹double crosses› konnten zur Verteilung in der Mesa Central und in Bajio freigegeben werden, während bereits wieder andere Hybriden mit noch besseren Eigenschaften mitten im Prozeß steckten.

Der erste große, sensationelle Erfolg trat 1948 auf. Gutes Wetter zusammen mit der ersten großangelegten Verteilungsaktion für die neuen Arten und einer gesteigerten Düngeranwendung brachte auf einigen Farmen spektakuläre Erfolge. Zum erstenmal seit der Revolution von 1910 mußte Mexiko keinen Mais mehr importieren; tatsächlich konnte sogar eine bescheidene Menge in andere lateinamerikanische Staaten exportiert werden! Doch der Erfolg bedeutete mehr als nur eine Devisenersparnis. Das Vertrauen der Mexikaner war wieder gestärkt: das Selbstvertrauen, das Vertrauen in die ‹Zauberkünste› der Wissenschafter und Forscher, das Vertrauen in die Zukunft und damit in die Aussicht auf eine Lösung des lastenden Nahrungsproblems.

Die Nachricht, daß Mexiko dank intensiver Forschung und Arbeit innert nur 5 Jahren vom Defizitproduzenten zum ‹Exporteur› aufgerückt war, obwohl es erst einen ganz geringen Teil seiner totalen Maisanbaufläche[11] mit dem neuen Saatgut bewirtschaftete, elektrisierte die Nation. Staatsangestellte, allen voran der mexikanische Präsident, besuchten die Demonstrationsfelder und ließen sich überzeugen, daß der Schlüssel zur Lösung des Nahrungsproblems in vermehrter Forschung, besserer Bildung und einem besseren landwirtschaftlichen Informationsdienst liege. Landwirte, vom Großfarmer bis zum ‹ejidero›, kamen und verließen tief beeindruckt die Felder. Mit manchem Besucher ging eine Veränderung vor, viele zeigten sich den neuen Gedanken gegenüber nicht mehr so verschlossen wie zuvor; Gedanken über Düngerverwendung, über Wechselwirtschaft, über Erosionskontrolle, über Pflanzenschutz rüttelten plötzlich am starren, traditionsgebundenen Denken des Bauern. Solche Gedanken können den Weg zum landwirtschaftlichen Fortschritt ebnen, können das traditionale durch ein rationales Denken und Handeln ersetzen.

Dieser erste Erfolg bedeutete für das Maisprogramm aber noch lange nicht das Ende. Obwohl die ersten ertragreichen ‹double crosses› in der erstaunlich kurzen Zeit von 5 Jahren produziert worden waren, hatten nur relativ wenige Farmer davon profitiert, da der Prozeß der Saatgutproduktion Expertenarbeit verlangt und das Saatgut deshalb für viele noch zu teuer zu stehen kam. Daneben versuchten Mexikos Landwirte nach altem Brauch, ihr neues Saatgut von der vorangegangenen Ernte abzusparen; bei Hybriden muß aber jedes Jahr neues Saatgut gezüchtet werden.

Angesichts dieser Tatsachen wurde klar, daß die Aufmerksamkeit vermehrt auf die Entwicklung und Verteilung von Synthetics und speziell auf die

Verbreitung der neuen Erkenntnisse gerichtet werden mußte. Die klimatische, topographische und geographische Vielfalt des Landes gab den Wissenschaftern zudem eine harte Nuß zu knacken. Noch 1968 äußerte sich der mexikanische Landwirtschaftsminister Roberto Osoyo über die Probleme der Maisproduktion: «Zusätzliche Schwierigkeiten im Hinblick auf die Vermehrung der Maisproduktion bietet der Bedarf an spezifischen Arten für spezifische geographische Breiten, spezifische Meereshöhen und unterschiedliche Aussaatdaten innerhalb der betreffenden Anbaugebiete.»[12]

Trotz den angedeuteten Schwierigkeiten ist der Produktions- und Produktivitätsfortschritt enorm: Mexiko hat seine Maisproduktion innerhalb von 25 Jahren verdreifacht. In der Periode 1941–1945 mußten jährlich durchschnittlich 48 000 Tonnen importiert werden (mit der schon erwähnten Spitze von 162 800 Tonnen im Jahre 1943). 1962–1966 konnte trotz einem Bevölkerungszuwachs von etwa 20 Millionen auf 45 Millionen innerhalb von 25 Jahren nicht nur der Inlandbedarf gänzlich gedeckt werden, sondern im Jahresdurchschnitt auch noch ein Export von 496 000 Tonnen getätigt werden (mit einer Spitze von 1 335 600 Tonnen im Jahre 1965!). Vor 25 Jahren lieferte eine Hektare einen Durchschnittsertrag[13] von 600 kg, heute sind es 1200 kg (in verschiedenen Gebieten sogar noch mehr)[14].

Die an sich spektakulären Erfolge des Maisprogrammes wurden vom Weizenprogramm, das zur selben Zeit und nach einem ähnlichen Schema ablief, noch weit übertroffen[15]. Obwohl der Weizen während der trockenen Wintersaison auf bewässertem Land angebaut wurde und so weder von Dürre noch Überschwemmung noch von Krankheiten, die bei hoher Luftfeuchtigkeit auftreten, bedroht war, brachte er doch sehr schlechte Hektarerträge, die höchstens etwa 60% der damaligen ‹Normalfälle› erreichten. Der Durchschnittsertrag pro Hektare betrug 1943 etwa 0,77 Tonnen, im Vergleich zu 1,28 Tonnen in den USA und Kanada, 1,21 Tonnen in Argentinien und etwa 1,0 Tonnen in Chile.

Vor 1943 wendete Mexiko im Durchschnitt jährlich 20 Millionen $ auf, um das Weizendefizit durch Importe zu decken. Das Rockefellerprogramm vollbrachte ein Wunder: die Weizenproduktion schnellte von 503 000 Tonnen (1949) auf 1 894 000 Tonnen (1958), der durchschnittliche Hektarertrag stieg von 0,94 Tonnen (1949) auf 2,64 Tonnen pro Hektare (1968). Die gesamte Weizenanbaufläche stand bereits 1960 beinahe ausschließlich (97,7%) im Dienste der neuen Weizenarten[16][17].

Der wirklich große technische Durchbruch von internationaler Bedeutung erfolgte 1961, als die beiden Kurzstrohweizenarten (semi-dwarfs) Pitic 62 und Penjamo 62 freigegeben werden konnten[18]. Diese und weitere, später entwickelte Weizenarten[19] brachten im Durchschnitt einen 2½mal so großen Hektarertrag wie die bisher besten Arten; Landwirte, die moderne Bodenbearbeitungsmethoden verwendeten, erzielten gar 7 Tonnen pro Hektare und mehr[20]. Mehr noch: diese Arten hatten eine außergewöhnlich weite geographische Anpassungsfähigkeit, sie waren relativ lichtunempfindlich, d.h., ihr Ertrag war unabhängig von der Tageslänge. Auf Versuchsfeldern lieferten sie allen anderen Arten überlegene Erträge, gleich, ob sie nun 50° nördlich oder 36° südlich des Äquators angebaut wurden. Obwohl speziell für künstliche Bewässerung entwickelt, lieferten sie auch unter natürlicher Regenbewässerung außerordentlich hohe Erträge, die sie sogar bei armer Bodenqualität und spärlicher Düngung ziemlich gut halten konnten. Die Pflanzen waren zudem enorm widerstandsfähig gegen die vorherrschenden Krankheiten. Der erste Vertreter eines ‹*kosmopolitischen Weizens*› war entwickelt und bereit, auch in allen Ländern außerhalb seines Geburtsortes Mexiko zur Erhöhung der Weizenproduktion beizutragen.

Die faszinierende Geschichte der Produktivitätssteigerung der ‹Big Three› (Mais, Weizen und Bohnen) allein hätte schon den Namen ‹Grüne Revolution› verdient – doch dies war erst der Anfang. Der Erfolg übertraf auch die kühnsten Träume und Erwartungen, und so griff das Programm auch bald auf andere lateinamerikanische Staaten über; die GR von Mexiko trat in ihre Internationalisierungsphase ein.

Mexikos Vorgehen diente später in vielen Fällen als Vorbild für andere EL. Am Schluß dieses Abschnittes seien deshalb neun wichtige Punkte im mexikanischen Programm herausgestrichen:

erstens: Für jede Nutzpflanzengattung bestand ein eigenes, klares Forschungs- und Produktionsprogramm.

zweitens: Um den Kern einer zukünftigen Forschergruppe (und Praktikergruppe) zu formen, wurden junge mexikanische Studenten und Wissenschafter den einzelnen Programmen zugewiesen und erhielten so ein ‹in-service training› unter der Führung erfahrener amerikanischer Wissenschafter. Es bildete sich gleichsam ein Pool junger, einheimischer Kräfte, aus dem fähige junge Leute für Forschung, Saatgutproduktion und besonders für die wichtige Aufgabe des landwirtschaftlichen Informationsdienstes rekrutiert werden konnten.

drittens: Sämtliche vorhandenen Plasmen wurden einer systematischen Analyse unterzogen und darauf je nach Eigenschaften für die Züchtung spezifischer, bestimmten Bedingungen angepaßter Nutzpflanzen eingesetzt.

viertens: Spezielle Aufmerksamkeit galt in jedem Programm den agronomischen Problemen, Problemen nämlich, welche die Bodenqualität, Pflanzenkrankheiten, Unkrautvertilgung, Bewässerung usw. betreffen.

fünftens: Man formulierte klare Produktionsziele[21] und beurteilte den Erfolg nach der Steigerung des durchschnittlichen Hektarertrags. Mit andern Worten: jeder produktionshemmende Faktor wurde ausgeschlossen mit dem Vorsatz, eventuell daraus entstehende Nachteile sozialer und politischer Art später, d.h. nach Beseitigung der Produktionslücke, zu korrigieren.

sechstens: Bei den ersten Anzeichen eines Erfolges wurde die betreffende Pflanze der Saatgutproduktion zugeführt.

siebtens: Da die Zeit drängte, legte man in den Forschungsprogrammen (und später auch in den Produktionsprogrammen) von vornherein höchstes Gewicht darauf, nicht nur eine, sondern gleich zwei Pflanzengenerationen pro Jahr zu züchten. Tropische und subtropische Klimaverhältnisse sind natürlich unbedingte Voraussetzung für ein derartiges Unterfangen.

achtens: Um den technischen Fortschritt auf den Feldern in Anwendung zu bringen, mußte ein landwirtschaftlicher Informationsdienst organisiert werden

– hier erwies sich der Pool junger Wissenschafter und Praktiker (vgl. Punkt zwei) von unschätzbarem Wert.

neuntens: Die Regierung unterstützte und förderte die neue Technologie in ihrer Wirtschaftspolitik; besondere Sorgfalt verwendete man auf eine produzentenoriente Preispolitik.

2. INTERNATIONALISIERUNG DER GRÜNEN REVOLUTION

A. *Allgemeines*

Internationalisierung bedeutet in unserem Falle die Verbreitung des gewaltigen landwirtschaftlichen Produktivitätsfortschrittes über die Grenzen von Mexiko hinaus in andere EL; es handelt sich also in jedem anderen EL um einen exogen erzeugten technischen Fortschritt.

Eine direkte Anwendung der Produktionsfaktoren und -methoden (Saatgut, Maschinen, Entlöhnungssysteme usw.) aus den gemäßigten Zonen der IL auf die subtropischen und tropischen Zonen der EL bringt nur in den seltensten Fällen befriedigende Ergebnisse[22] (vgl. S. 41). Dies war eine der ersten Erkenntnisse, zu der die Administratoren des Rockefellerschen Mexikoprogrammes 1943 gelangten, eine Erkenntnis, die für die GR und später gar für die ganze Philosophie der Entwicklungshilfe grundlegend wurde. Die Aufgabe liegt nun zur Hauptsache bei der Forschung[23], welche die neuesten Mittel und Methoden der Wissenschaften aus den IL übernehmen und auf die Probleme der EL anwenden kann.

Dieser Import von Forschungsmethodik und Forschungsergebnissen wurde mit der Zeit immer mehr konzentriert und an bestimmte Institutionen übertragen, die wir in vier Gruppen unterteilen können:

a) agronomische Forschungszentren, hauptsächlich finanziert durch private Stiftungen
   Beispiele: IRRI und CIMMYT (vgl. S. 49f.)

b) multinationale Gesellschaften des Agribusiness
   Beispiel: Standard Oil of New Jersey (ESSO) mit ihrem Agroservicenetz in den Philippinen

c) nationale und internationale Organisationen, die sich auf dem Gebiete der Entwicklungshilfe betätigen
   Beispiele: USDA, AID, FAO...

d) Universitäten
   Beispiel: Zusammenarbeit der Ohio State University mit der Punjab Agricultural University.

Die verschiedenen Institutionen bilden heute ein lose zusammengefügtes internationales Netzwerk, das den Austausch von Forschungsergebnissen, Erfahrungen und neuen Verfahren stark erleichtert und fördert.

Diese ‹Institutionalisierung des Transfers des technischen Fortschrittes› nahm lange vor der Geburt der GR in den USA ihren Anfang, doch waren es die Rockefeller- und die Ford-Stiftung, die diesen Prozeß einen gewaltigen

Schritt vorwärtsrugen und damit auch die Internationalisierung der GR einleiteten.

Es wäre ein äußerst schwieriges Unterfangen, die quantitativen und qualitativen Beiträge der verschiedenen Institutionen zum heutigen hohen Stand der Internationalisierung der GR einzeln zu analysieren und zu würdigen[24]. Wir beschränken uns deshalb auf die Darstellung des Beginns der Internationalisierung und die Rolle der Rockefeller- und der Ford-Stiftung mit ihren internationalen Forschungsinstituten. Aus Übersichtlichkeitsgründen lassen wir alle übrigen Institutionen und deren direkte und indirekte[25] Hilfeleistungen finanzieller, institutioneller und materieller Art – die nach der Gründung des IRRI besonders kräftig einsetzten – unaufgeführt.

B. Stufen der Internationalisierung – Skizzenhafter Überblick

a) Internationalisierung der Programme

In der heutigen Zeit der alles überbrückenden Kommunikationsmittel, wo geographische Distanzen und politische Grenzen für Radio und Fernsehen, für Zeitungswesen und Tourismus kaum mehr wirkliche Hindernisse darstellen, blieben Mexikos landwirtschaftliche Erfolge nicht verborgen. Neidvoll, hoffnungsvoll und erwartungsvoll blickten andere Länder auf Mexiko, allen voran natürlich die lateinamerikanischen Staaten. Die ersten Anzeichen einer Verbreitung des Gedankengutes der GR über die mexikanischen Grenzen hinaus waren schon 1948 spürbar. Aber – andere Länder, andere Probleme. Das Nahrungs-/Bevölkerungsproblem beschäftigte zwar die meisten Länder auf gleiche Art; die Landwirtschaft war nicht imstande, die Bevölkerung des Landes mit adäquater Nahrung zu versorgen, und die Prognose einer Erweiterung der bestehenden Lücke zwischen Nahrung und Bevölkerung verdüsterte die Zukunft überall noch mehr. Nur wenige EL vermochten das Defizit durch Nahrungsmittelimporte zu decken[26]. Hunger, Elend und Krankheiten waren die Folge – die Nationen blieben in einem Circulus vitiosus gefangen. In dieser Hinsicht sah das Problem in allen Ländern gleich aus.

Große Unterschiede bestanden jedoch in Bezug auf die Konsumgewohnheiten und die Produktionsbedingungen – nicht alle Länder brauchen Mais, wollen gerade diesen Weizen oder essen Bohnen. Auch ließen sich am Anfang noch nicht in allen Ländern mexikanischer Weizen, Mais oder Bohnen kultivieren; ganz einfach deshalb nicht, weil die neuen Arten sich unter den fremden Umweltbedingungen nicht zur Zufriedenheit entwickelten[27]. Sollte also die in Mexiko mit Erfolg begonnene GR auf andere Länder übergreifen, so mußte das Züchtungsprogramm erweitert werden.

Die Geschichte dieser Internationalisierung der GR beschreibt eine Kettenreaktion – das mexikanische Beispiel wurde ausgedehnt auf Kolumbien, Chile, Indien und schließlich auf ganz Lateinamerika, Teile Asiens und Afrikas.

Die nationalen Programme in Kolumbien, Chile und in gewisser Weise auch dasjenige in Indien waren wohl Ausleger und Ausläufer des mexikanischen Programmes. Doch mit ihnen begann ein anderes großes Unternehmen für die Rockefeller-Stiftung, denn Kolumbien, Chile und besonders Indien unterschieden sich in jeder nur erdenklichen Hinsicht von Mexiko und stellten ganz neue Probleme und Schwierigkeiten. Die Programme rollten an, jedes für sich, 1950 in Kolumbien, 1955 in Chile und 1956 in Indien. Jedes brachte neue Erfolge, neue Enttäuschungen und neue Erfahrungen – alle wiesen den Weg zu einer leistungsfähigeren Landwirtschaft.

Angesichts der schlagenden Erfolge in Mexiko und des einsetzenden Erfolges in Kolumbien konnte es kaum erstaunen, daß in den frühen fünfziger Jahren fünf der sechs zentralamerikanischen Staaten – El Salvador, Honduras, Nicaragua, Costa Rica und Panama – die Rockefeller-Stiftung formell um Hilfe angingen.

Eine solche Hilfe in Form einer weiteren Ausdehnung des mexikanischen oder kolumbianischen Programmes ließ sich aber weder vom finanziellen noch vom administrativen Standpunkt aus realisieren. Harrar erkannte jedoch sofort die sich ihm bietende Chance: die Anfragen konnten den Beginn zu einer Internationalisierung bedeuten. So wurde also im Januar 1954 das Central America Corn Improvement Project (CACIP) aus der Taufe gehoben[28]. Die Regierungen stellten Land, Arbeitskräfte und ihr eigenes technisches Personal direkt oder in Zusammenarbeit mit der amerikanischen Foreign Operations Administration (der heutigen AID) zur Verfügung. Die Rockefeller-Stiftung und ihre Fachleute unterstützten und koordinierten diese nationalen Anstrengungen ihrerseits mit Rat und Tat und übernahmen die neuen Maisarten und das vielfältige Zuchtmaterial aus den mexikanischen und kolumbianischen Programmen als Grundlage für die neue Aufgabe.

Der Erfolg blieb nicht aus, und bald darauf wurde das Programm zu einem Inter-American Maize Improvement Program ausgebaut, das die verbesserten Arten systematisierte und den Maiszüchtern in allen lateinamerikanischen Staaten leichter zugänglich machte. Man erweiterte die Maisplasmabank von Mexiko und Kolumbien und ergänzte und klassifizierte die Maissammlung.

Zur gleichen Zeit lief eine ähnliche Entwicklung mit Weizen – ein Wheat Improvement Program wurde organisiert. Weizenzüchter aus beiden Subkontinenten der westlichen Hemisphäre erhielten Beistand; Ausläufer des Programmes reichten gar bis in den Nahen und den Mittleren Osten. Die erzielten Erfolge führten 1959 zum Wunsch nach einer noch weiteren und vor allem gleichmäßigeren Verbreitung des Produktivitätsfortschrittes der Grundnahrungsmittel in den beiden Amerika zur Gründung des Inter-American Food Crop Improvement Program mit Sitz in Mexiko. Seine Aufgabe bestand in der Verbesserung und Intensivierung der technischen Hilfe sowie der Koordination von Programmen, die auf die Erhöhung der Produktivität im Mais-, Weizen- und Kartoffelbau[29] ausgerichtet waren. Die Internationalisierung beschränkte sich aber nicht auf Lateinamerika.

Die bisherigen Erfahrungen der Rockefeller-Stiftung zeigten eindeutig, daß das wirksamste Vorgehen bei gegebenen, beschränkten Ressourcen darin bestand, «... sich auf die weltwichtigsten Nahrungsmittel zu konzentrieren und im Hinblick darauf systematische und problemorientierte Forschung und Ausbildung zu betreiben, damit die Ergebnisse eine möglichst weitreichende Wirkung auf das gesteckte Ziel – die Erhöhung des Produktionsniveaus – erreichten».³⁰ Eine logische Erweiterung dieses Konzepts im Kampf gegen den Hunger war seine Ausdehnung auf das Hauptstapelprodukt der Welt: den Reis.

b) Internationale Forschungszentren

1962 nahm die Entwicklung der Internationalisierungsphase mit der Gründung des *International Rice Research Institute (IRRI)* in Los Baños, Philippinen – einem Gemeinschaftswerk der Rockefeller- und der Ford-Stiftung – plötzlich eine Wende. Der Reis, das wichtigste Stapelprodukt der Welt (etwa 60% der Weltbevölkerung ernähren sich davon), ist die Lebensader von Asien, wo rund 90% der Weltreisproduktion kultiviert, geerntet und konsumiert werden. «Mehr Reis pro Hektare zu niedrigeren Produktionskosten» war der Leitspruch des IRRI, und schon 1965 war eine neue, kurz- und starkhalmige, auf intensive Düngung äußerst ansprechende Reissorte ‹konstruiert›³¹, deren Ertrag denjenigen der einheimischen Arten um das Zwei- bis Dreifache übertraf: IR-8, der erste Vertreter eines ‹kosmopolitischen› Reises, das Gegenstück zum ‹kosmopolitischen› Weizen. Gleichzeitig fanden Entomologen effiziente Mittel zur Kontrolle verheerender Schädlinge; Agronomen und Biologen definierten optimale Kultivierungspraktiken betreffend Düngung, Pflanzungsdichte und Methoden der Unkrautvertilgung. Unterdessen arbeitete die AID an Mechanisierungs- und Bewässerungsproblemen, Ökonomen halfen bei der Aufstellung nationaler Produktionsprogramme, und Privatfirmen (hauptsächlich aus den USA) sorgten für ein ausreichendes Düngerangebot. Züchter begannen in Zusammenarbeit mit Pflanzenpathologen widerstandsfähigere Arten gegen gefürchtete Pilz-, Viren- und Bakterienerkrankungen der Reispflanze zu entwickeln. Die Erfolge dieser koordinierten Bemühungen in Asien übertrafen alle Erwartungen. 1967 wurde die neue Reistechnologie auch in der westlichen Hemisphäre eingeführt: das Inter-American Rice Improvement Project nahm damit seinen Anfang.

Der sich stetig verbreitende internationale Rahmen des vorhin erwähnten Inter-American Food Crop Improvement Program (Weizen- und Maisprogramme schossen in vielen EL wie Pilze aus dem Boden, und technische Hilfe sowie Hilfe bei der Programmkoordination ging bereits an Länder weit außerhalb des lateinamerikanischen Subkontinentes) verlangte immer deutlicher nach einer dem IRRI entsprechenden Institution. Die Zeit war in jeder Hinsicht günstig. Im Laufe der Jahre der Entwicklung und Erfolge war Mexiko so weit herangereift, daß es sein Programm ohne fremde wissenschaftliche Hilfe weiterzuführen vermochte. Das Officina de Estudios Especiales (vgl. S. 40) wurde am 31. Dezember 1960 aufgelöst und durch das neu gegründete Instituto Nacional de Investigaciones Agricolas (INIA) ersetzt. Die infolgedessen entlasteten ehemaligen wissenschaftlichen Leiter des mexikanischen Programmes, Dr. Borlaug³² und Dr. Wellhausen, konnten sich nun vollauf der Internationalisierungsphase widmen: am 25. Oktober 1963 erfolgte, gestützt auf die Zusammenarbeit mit der Ford-Stiftung, die Gründung des *International Center for Corn and Wheat Improvement (CIMMYT)*³³, eines autonomen Forschungs- und Trainingsinstitutes unter der treuhänderischen Leitung internationaler Mais- und Weizenkapazitäten³⁴, mit Sitz in Chapingo, Mexiko.

Im Hinblick auf die drängende Notwendigkeit einer Entwicklung der Landwirtschaft in den riesigen, beinahe unangetasteten, feuchtheißen Dschungelgebieten in weiten Teilen der Erde wurde 1968 die Erstellung zweier neuer, autonomer tropischer Forschungsinstitute beschlossen. Die Rockefeller- und die Ford-Stiftung eröffneten am 22. April 1970 gemeinsam das *International Institute of Tropical Agriculture (IITA)*[35] in Ibadan (Nigeria) mit der Aufgabe, technische Information und biologisches Material über die vielen unbekannten Faktoren der tropischen Landwirtschaft zu sammeln und später auf eine Verbesserung der Nutzpflanzen und der Bodenbearbeitung in den Tropen anzuwenden. Besonders die Entwicklung neuer ‹high-protein, high-yielding varieties› wird stark vorangetrieben. Wie in den beiden anderen internationalen Institutionen, soll auch hier ein Trainings- und Ausbildungszentrum geschaffen und die Zusammenarbeit aller interessierten Länder auf dem Gebiet der tropischen Landwirtschaft gefördert werden. Auf lange Sicht hoffen die Wissenschafter des IITA, die Forschungsergebnisse auf die hauptsächlichsten tropischen Gebiete der Erde – etwa 10 Grad nördlich und südlich des Äquators – anwenden zu können; doch «... der Weg von der Forschungsanstalt zur weitverbreiteten praktischen Anwendung auf den Feldern ist lang. Es wird noch manches Jahr brauchen, bis die agrarische Kapazität der feuchten Tropengebiete voll ausgenützt werden kann».[36]

In Palmira (Kolumbien) ist – unter gemeinsamer Anstrengung der Ford-, der Kellogg- und der Rockefeller-Stiftung – das *CIAT*, das *International Center of Tropical Agriculture,* im Bau. Sein Auftrag lautet ähnlich wie der seines afrikanischen Bruders, jedoch auf lateinamerikanische Bedürfnisse zugeschnitten. So konzentriert sich das Institut z.B. auf die Entwicklung eines ganzen Landwirtschaftssystems mit besonderer Betonung der Viehhaltung, welche die Bewirtschaftung der immensen, bis anhin ungenutzten Gras- und Leguminosenreserven Lateinamerikas ermöglichen soll[37].

Die Hauptaufgabe dieser für das Fortschreiten der GR so ungeheuer wichtigen Forschungszentren läßt sich in vier Punkten charakterisieren:

erstens: Entwicklung neuer und Verbesserung bereits bestehender Nutzpflanzen und Techniken zwecks Erhöhung der landwirtschaftlichen Produktivität und fortwährende, weitmöglichste Verbreitung der neuesten Ergebnisse von Forschung und Experiment. In beschränktem Maße können diese Zentren die in vielen EL noch fehlende wissenschaftliche Kapazität vorläufig ersetzen.

zweitens: Ausbildung und ‹in-service training› einer möglichst großen Anzahl Wissenschafter und Techniker verschiedenster Nationalitäten im Hinblick auf ihren eventuellen späteren Einsatz in den betreffenden nationalen Programmen und Organisationen.

drittens: Koordination und Unterstützung von verschiedenen nationalen Forschungsprogrammen, die sich mit Agrarproblemen von vielseitigem Interesse befassen.

viertens: Demonstration der Wichtigkeit und der hohen Rentabilität von Forschung, Bildung und Schulung, mit der Absicht, die verschiedenen Regierungen zur vermehrten finanziellen und politischen Unterstützung ihrer eigenen, nationalen wissenschaftlichen Institutionen anzuregen.

Teil II Fortschritt – ‹Toward the Conquest of Hunger›

4. Kapitel Die Grüne Revolution und ihre Integration in die Entwicklungspolitik

1. DIE GRÜNE REVOLUTION – EINE METAPHER

Die Grüne Revolution ist eine durch William Gaud (vgl. S. 12) vor knapp 3 Jahren geprägte Metapher und umfaßt den landwirtschaftlichen Fortschritt einiger EL, der mit außergewöhnlicher, den üblichen Rahmen des Evolutionsprozesses sprengender Geschwindigkeit vorrückt, der eine Unzahl vielfältiger Multiplikatorprozesse in Bewegung setzt und eine enorm hohe Katalysatorwirkung ausstrahlt. Doch Glanz und Glorie unserer Metapher werden langsam von düsteren Nebenproblemen überschattet.

Die GR begann sich auf internationaler Ebene auszubreiten, sobald die High Yielding Varieties (HYV) in genügender Quantität und Qualität zur Verfügung standen. Und doch darf der spektakuläre Produktivitätserfolg einiger EL nicht nur den genetischen Verbesserungen des Pflanzenmaterials allein zugesprochen werden – radikale Änderungen in der bisher stark traditionsgebundenen Kultivierungspraxis bilden den zweiten Faktor! Ohne den komplementären Input von Wasser, Dünger, Pestiziden..., ohne die Anwendung moderner Bebauungsmethoden ganz allgemein sind die HYV[1] nämlich nicht wesentlich produktiver als die vorher verwendeten sog. Local Varieties (LV). Mit andern Worten: *Produktion und Produktivität erfahren bei entsprechender Kultivierung der HYV einen außergewöhnlichen Fortschritt, der dank verschiedensten Katalysatorwirkungen und Multiplikatorprozessen eine Gesamtbewegung induziert, die wir als ‹Grüne Revolution› bezeichnen.* Ob diese Gesamtbewegung nun groß oder klein, positiv oder (was unter Umständen auch möglich sein könnte) negativ ausfallen wird, hängt hauptsächlich vom Entwicklungsstand und der Wirtschaftspolitik[2] des betreffenden Landes ab. Es sei nochmals betont: die Einführung von HYV garantiert keineswegs ein automatisches Aufblühen der GR, aber sie ermöglicht eine GR.

Es läßt sich weiter präzisieren: viele für den Fortschritt unerläßliche Elemente existieren oft schon vor dem technologischen Durchbruch ganz oder zumindest in Bruchstücken; es bestehen z.B. schon Teile eines institutionellen Apparates – Agrarkreditbanken, landwirtschaftlicher Informationsdienst, sogar einige Landwirtschaftsuniversitäten; es gibt vielleicht auch vereinzelte Spezialisten, die sich in amerikanischen oder europäischen Universitäten ausgebildet haben; und auch Bruchstücke eines Verteiler- und Marktnetzes sind meist vorhanden. Ein Produktionssystem zur Bereitstellung moderner Produktionsfaktoren steht zumindest in den Kinderschuhen: Dünger und chemische Pflanzenschutzmittel werden angeboten, Bewässerungsanlagen befinden sich im

Bau oder funktionieren bereits... All diese Elemente formen einen lockeren Rahmen, in welchem sich der landwirtschaftliche Produktionsprozeß zu vollziehen hat. Die agrarische Produktionsentwicklung hinkt hauptsächlich aus drei Gründen hinter der Nachfrageentwicklung her:

a) weil die Entwicklung der Landwirtschaft in den wenigsten Fällen begünstigt, ja in einigen Ländern gar durch exzessive Förderung der Industrie gehindert wurde[3];
b) eine traditionsgebundene Kultivierungsweise vorherrschte und
c) ein sog. ‹biologischer Flaschenhals› die Anwendung moderner Bebauungsmethoden verhinderte.

Den HYV gelang endlich der unerhörte Streich, den biologischen Flaschenhals aus dem Wege zu schaffen und mit ihrer verblüffenden Zündwirkung die Ketten der traditionellen Landwirtschaft zu sprengen. Damit forderten sie den Wandel in der Entwicklungspolitik heraus, der der stiefmütterlichen Behandlung der Landwirtschaft ein Ende bereitete und die Förderung und Entwicklung der agrarischen Produktion einleitete – einen Wandel, der von den meisten Geberorganisationen der IL in der Selbsthilfeklausel als Grundbedingung gestellt wird.

Und gerade die HYV belohnen die induzierten Selbsthilfeanstrengungen frühzeitig mit substantiellen Erträgen. Doch verlangt dies von den betreffenden EL (und den Geberorganisationen) einen gewaltigen finanziellen wie organisatorischen Aufwand. Sie müssen die oben erwähnten Bruchstücke ergänzen und mit den teilweise vorhandenen Elementen koordinieren, bis sich alles zu einem gewaltigen, funktionsfähigen und produktiven Ganzen zusammenfügt und den gegebenen technischen Fortschritt zur wirklichen Grünen Revolution führt.

2. BIOLOGISCHER FLASCHENHALS, HYV UND KOMPLEMENTÄRWIRKUNG – BEISPIEL REIS

A. Der biologische Flaschenhals

Vergleichen wir die Lage der asiatischen Reisproduktion[4] vor der Ära der kosmopolitischen Reisarten mit der Situation in gemäßigten Zonen, so fallen uns – mit Ausnahme von Japan und Taiwan – zuerst die äußerst niedrigen Hektarerträge auf (Tabelle 8).

Botanisch lassen sich die verschiedenen Reissorten in zwei Unterarten, die Indica und die Japonica, einteilen. Die Indica umfassen die herkömmlichen Reissorten des tropischen Asien, charakterisiert durch «... ein langes, nicht klebriges Korn, einen hohen, schlanken Wuchs mit einer verschwenderischen Fülle von schmalen, welken, hellgrünen Blättern, eine späte Blütezeit und eine lange Reifedauer».[5] Diese Eigenschaften machen sie den vorherrschenden Umweltbedingungen im tropischen Asien gegenüber besonders geeignet: starke Regengüsse und Überschwemmungen schaden den langstieligen Pflanzentypen weniger; im Kampf um Licht, Nahrung und Platz sind sie dank ihrem frühen und starken vegetativen Wachstum gegenüber allem Unkraut sehr im Vorteil; späte Blüte und lange Reifezeit sorgen dafür, daß der auf starker Photosynthese beruhende Prozeß der Fruchtbildung erst nach dem Ende der Monsunzeit einsetzt, wenn wieder genügend und intensive Sonnenenergie vorhanden ist...

Tabelle 8
Durchschnittliche Hektarerträge (t/ha) für ‹rough rice›, 1960–1962

Land	Ertrag t/ha	Land	Ertrag t/ha	Land	Ertrag t/ha
Australien	6,29	Burma	1,65	Korea (S)	2,93
Italien	5,27	Kambodscha	1,14	Malaysia	2,43
Japan	4,84	Ceylon	1,86	Pakistan	1,59
Taiwan	3,45	Indien	1,50	Philippinen	1,18
USA	3,92	Indonesien	1,89	Thailand	1,41

Quelle:
Venegas, E. (IRRI), abgedruckt in The Rockefeller Foundation Program in the Agricultural Sciences, 1965/66, S. 72

Aber gerade diese Eigenschaften, die ein Überleben unter den schweren Monsunbedingungen ermöglichen, sind für moderne Bebauungsmethoden ein großes Hindernis: moderne Bewässerungswirtschaft kombiniert mit kräftiger Düngung bewirkt hauptsächlich eine üppigere Blattentwicklung und gesteigerte Pflanzengröße, anstelle eines erhöhten Körnerertrages. Im Gegenteil – Düngung vermindert hier den Totalertrag sogar sehr häufig, weil die nun noch höher gewachsene Pflanze sehr leicht umfällt, und außerdem führt – so nützlich die Eigenschaft im Konkurrenzkampf mit anderen Pflanzenspezies sein kann – «das rasche vegetative Wachstum und die verschwenderische Blätterfülle zu einem gegenseitigen Abdecken der Sonne, was seinerseits eine verminderte Effizienz im photosynthetischen Prozeß der Stärkeproduktion bewirkt».[6]

Die Japonica sind jüngeren Ursprungs und stammen wahrscheinlich aus in Japan mit Indicatypen durchgeführten Selektionen. Sie kommen in allen gemäßigten Zonen vor. Ihr kräftiger, relativ kurzer Stengel läßt sich viel weniger leicht umbiegen, was die durch Winde, Regen und Stürme verursachten Schäden beträchtlich verringert; zudem vermag er auch die dank einer wesentlich verbesserten Reaktion auf Düngerzufuhr erhöhte Körnerlast besser zu tragen. Die Durchschnittserträge der Japonica liegen infolgedessen beträchtlich höher als diejenigen der Indica-Arten. Leider sind aber die Japonica aus verschiedenen Gründen für die im tropischen Asien vorherrschenden Bebauungsmethoden nicht besonders geeignet.

Mit andern Worten: *eine Produktivitätssteigerung des Reisbaues[7] im tropischen Asien scheiterte wegen eines biologischen Flaschenhalses:*

a) bei den ‹alten› Arten fördert die Düngung hauptsächlich den Stengel- und Blattwuchs und nicht den Körnerertrag [7a];

b) die relativ lange Reifezeit verunmöglicht in den meisten Fällen ein ‹multiple cropping› (d.h. eine mehrfache Ernte pro Anbaufläche und Jahr).

Neue Bebauungsmethoden und gesteigerter Produktionsaufwand bringen bei den herkömmlichen Arten folglich (wenn überhaupt) nur einen sehr bescheidenen Mehrgewinn, so daß der durchschnittliche Bauer sich kaum für eine Modernisierung und Rationalisierung seiner vorwiegend traditionellen Anbautechnik gewinnen läßt.

B. Kosmopolitischer Reis

Es wird schon seit mehreren Jahren an einer Verbesserung beider Unterarten gearbeitet. Versuche mit Japonica datieren in Japan sogar mehr als ein halbes Jahrhundert zurück, wobei besonders Taiwan von den erzielten Erfolgen profitieren konnte: zwischen 1925 und 1940 wurden in Taiwan 50% der Reisanbaufläche auf Japonica-Arten umgestellt[8].

1950 unternahm die FAO im Rahmen ihres Indienprogrammes systematische Versuche, die beiden Unterarten Japonica und Indica miteinander zu kreuzen. Die Resultate entsprachen im allgemeinen nicht den Erwartungen, obwohl eine Sorte (ADT-27) mit einem durchschnittlichen Hektarertrag von 2 Tonnen einen wesentlichen Fortschritt gegenüber den LV erzielte[9] und im Tanjore District (Madras) weite Verbreitung fand.

Bei Versuchen mit Indica-Arten gelang es taiwanesischen Wissenschaftern eigentlich zum ersten Male, den biologischen Flaschenhals im tropischen Asien aufzusprengen: eine ‹semi-dwarf›-Indica-Art konnte isoliert werden. Dieser Erfolg basierte auf einer von chinesischen Wissenschaftern vor längerer Zeit entdeckten spontanen Mutation ‹Dee-geo-woo-gen› mit folgenden Eigenschaften: kleiner Wuchs (nur etwa 60 cm hoch); kräftige, aufgerichtete Blätter, die eine maximale Aufnahme der Sonnenenergie ermöglichen; unempfindlich gegenüber der Tageslänge (dank dem das ganze Jahr hindurch kultiviert werden kann); keine naturbedingt notwendige Ruhezeit des Samenkorns, sodaß ein Teil der Ernte sich sofort wieder für die nächste Aussaat verwenden läßt[10]. Durch Kreuzung mit einer langen Indica-Art (Tsai-yuen-Chung) wurde Taichung Native 1 (TN-1) entwickelt, die erste, äußerst erfolgreiche ‹kurze› Indica, die Taiwans Reisbau zu revolutionieren versprach[11].

Der wahre technologische Durchbruch gelang aber erst den Wissenschaftern des Internationalen Reisinstitutes auf den Philippinen (IRRI). IR-8, der sog. Wunderreis, wurde innert knapp 4(!) Jahren entwickelt. Seine Erträge übertrafen die einheimischen Arten um das Zwei-, ja gar um das Dreifache, so unwahrscheinlich es auch klingen mag. Im Juli 1965 wurde der überraschende Durchschnittsertrag von 5300 kg pro Hektare gemessen – ein außergewöhnlicher Erfolg für die Monsunzeit, während welcher normalerweise das Pflanzenwachstum infolge der dichten Bewölkung und ungenügenden Sonnenbestrahlung sehr stark zurückhält. In der darauffolgenden Trockenzeit ergaben Testversuche unter Anwendung moderner Kultivierungsmethoden Durchschnittserträge von 5350–7130 kg pro Hektare mit Spitzen, die bis zu 8900 kg pro Hektare reichten. Mehr noch – bald fand man heraus, daß diese sensationellen Erträge nicht nur auf den Philippinen und in ganz Südostasien, sondern genausogut in Lateinamerika, Afrika, Indien und Pakistan erzielt werden konnten. Eine

Reisart mit hoher Ertragskapazität und weiter geographischer Anpassungsfähigkeit war gefunden[12]. Im November 1966 gab das IRRI die neue Art offiziell frei und taufte sie IR-8.

Der hohe Ertrag war den genetischen Eigenschaften von IR-8 zu verdanken, welche die Anwendung modernster und intensivster Anbaumethoden endlich mit einem positiven Resultat belohnten. Der kurze, kräftige Halm von 90–105 cm Länge hindert die Pflanze am Umsinken. Hohe Stickstoffdüngung steigert den Körnerertrag und nicht den Blätter- und Stengelwuchs. Dank der relativen Unempfindlichkeit gegenüber der Sonnenbestrahlung wächst und produziert die Pflanze auch ohne den blauen und sonnigen Himmel der Trockenzeit; die Aussaat ist also unabhängig von der Jahreszeit und erlaubt in Verbindung mit der relativ kurzen Reifezeit (etwa 120 Tage im Gegensatz zu 140–180 Tagen bei den LV) und der kurzen, naturbedingten Ruhezeit des Samenkorns in den meisten Fällen ein ‹multiple cropping›[13]. Einer seiner Hauptnachteile, der etwas kalkige Geschmack, stößt leider auf der Konsumentenseite auf einigen Widerstand. Zudem ist IR-8 ein mittelkörniger Reis, der beim Schälen und Dreschen höhere Verluste bringt als der begehrte langkörnige Reis[14]. Er ist auch noch relativ anfällig auf alle möglichen Reiskrankheiten.

Mit IR-8 war der erste gewaltige Schritt zu einer gefüllten Reisschale für die asiatische Bevölkerung getan[15] – aber es war nur ein Anfang. «... Die heute bestehenden neuen Reisarten müssen als provisorisch betrachtet werden, da sie noch nicht in jeder Beziehung zufriedenstellend sind, besonders im Hinblick auf die Widerstandsfähigkeit gegen Krankheiten, die Mahlqualität und Schmackhaftigkeit, und auch noch nicht den großen geographischen Anwendungsbereich des mexikanischen Weizens aufweisen.»[16] Eine weitere Verkürzung der Reifezeit steht z.B. ziemlich am Anfang der Liste; verschiedene nationale Forschungsstellen (besonders in Indien, Pakistan und auf den Philippinen) arbeiten mit dem IRRI zusammen an der weiteren Verbesserung der neuen Arten[17]. Mit IR-5, BPI-76-1 und IR-400 ist man dem Ziel schon etwas näher gerückt – so erlaubt z.B. die 90 Tage dauernde Reifezeit von IR-400 in geeigneten Anbaugebieten ohne Schwierigkeiten 3 Ernten pro Jahr –, und für die nächsten 2–3 Jahre lassen sich, aus dem gegenwärtigen Stand der Forschung zu schließen, gewaltige weitere Fortschritte erwarten. Sind erst einmal alle wünschenswerten Eigenschaften in einer einzigen Pflanze vereint, so können wir wirklich von einem Wunderreis sprechen.

C. Komplementärwirkung zwischen den HYV und modernen Kultivierungsmethoden

Wie schon auf S. 53 bemerkt, führen die HYV allein noch nicht zu einer GR – es ist das *‹richtige› Zusammenwirken der HYV mit den modernen Kultivierungsmethoden, welches derart spektakuläre Produktivitätsfortschritte hervorbringt.*

In Gegenden mit für Regenschwemmgebiete so charakteristischem, unkontrollierbarem Wasserspiegel[18], wo die LV dank ihrem langstengligen Wuchs überleben können, sind die Kurzstroh-Reisarten z.B. nicht groß von Nutzen. Deshalb wird hier die Regulierbarkeit der Wassermenge auf den Feldern zur unbedingten Voraussetzung für den erfolgreichen Anbau der HY-Reise.

Die verkürzte Reifezeit verlangt im Hinblick auf das nun möglich gewordene ‹multiple cropping› die Mechanisierung verschiedener Vorgänge, zu deren Ausführung früher vielleicht mehrere Tage, heute jedoch aus zeitlichen und klimatischen Gründen nur noch einige Stunden zur Verfügung stehen – Beispiele im Reisbau sind Aussaat, Dreschen und Trocknen[19].

Auch im Kampf mit all dem Unkraut – das dank der Düngerzufuhr natürlich um so üppiger gedeiht – sind die HYV den LV mit ihrem hohen, schlanken Wuchs und der verschwenderischen Fülle von schmalen, welken, hellgrünen Blättern weit unterlegen und müssen unbedingt durch eine wirksame Unkrautkontrolle unterstützt werden, wenn ihr Ertrag nicht rapid sinken soll.

Zudem sind die neuen Arten noch nicht resistent gegen alle Pflanzenkrankheiten[20] und werden ständig von Schädlingen bedroht. Die Anwendung chemischer Pflanzenschutzmittel ist daher unerläßlich[21].

Die genetisch eingebaute hohe Ansprechbarkeit auf starke Stickstoffbeigabe muß bei der Düngung natürlich speziell berücksichtigt werden, wenn man von der stark gesteigerten Ertragskapazität der HYV wirklich profitieren will.

Zu guter Letzt setzt der gesamte Komplex der ‹modernen Kultivierung› ein bis ins kleinste Detail organisiertes Programm, eine äußerst präzise qualitative, quantitative und zeitliche Koordinierung aller Elemente und Faktoren voraus, damit die erreichten Gewinne nicht etwa weit hinter den erwarteten und möglichen Erfolgen zurückbleiben oder der stark gestiegenen Produktionskosten wegen gar Verluste auftreten. Entspricht das Resultat den Erwartungen nicht, so wird der Bauer kaum einen zweiten Versuch mit den HYV unternehmen, was sehr nachteilig für die weitere Verbreitung der GR wäre.

Die enorm starke Komplementärwirkung zwischen den HYV und all dem, was wir schlechthin unter dem Begriff ‹moderne Anbaumethoden› zusammenfassen, demonstriert die Untersuchung von A. Y. Allan[22] am besten. Sie zeigt am Beispiel von HY-Mais, der zu Versuchszwecken auf sechs Farmen in der Umgebung von Kitale (Kenya) angebaut und getestet wurde, daß zu einer großen Steigerung der Produktion außer den Eigenschaften des HY-Maises und entsprechendem Dünger auch noch eine ganze Gruppe komplementärer ‹Produktionsfaktoren› nötig sind. Mit andern Worten: ein spektakulärer Produktionserfolg mit HYV läßt sich nur auf dem Wege eines sog. ‹*package approach*›[23] erzielen.

Das Versuchsprogramm umfaßte eine 2^6-Versuchsanordnung mit folgenden Faktoren: a) neue Maissorte im Vergleich zur althergebrachten Maissorte, b) rechtzeitige im Vergleich zu später Aussaat, c) gute im Vergleich zu schlechter Wuchspflege, d) gute im Vergleich zu ungenügender Unkrautkontrolle, e) 56 kg pro Hektare P_2O_5-Düngung im Vergleich zu keiner P-Düngung, f) 78 kg pro Hektare N-Düngung im Vergleich zu keiner N-Düngung[24].

Figur 1 auf Seite 59 veranschaulicht die Resultate. Der Durchschnittsertrag von lokalen Maisarten unter den herkömmlichen Bebauungsmethoden betrug 1,97 Tonnen pro Hektare. Der durchschnittliche Ertrag von HY-Mais mit Phosphat- und Stickstoffdüngung war 1,30 Tonnen pro Hektare höher und brachte unter den damals herrschenden lokalen Preisverhältnissen ein zusätzliches Einkommen von $ 16,13 pro Hektare ein. Im Vergleich dazu führte ein

Figur 1

Gegenseitige Abhängigkeit von HYV und modernen Bebauungsmethoden – Ergebnis einer 2^6-Versuchsanordnung in Kitale, Westkenya, 1966

Traditionelle Maisproduktion
(Westkenya)
1,97 t/ha

Neue Maissorte und
N + P-Anwendung

3,27 t/ha
$ 56,55 zusätzl. Einkommen
$ 40,42 Kosten
$ 16,13 Nettoeinkommen

Verbesserte
Kultivierungsmethode:
– rechtzeitige Aussaat
– gute Wuchspflege
– gute Unkrautkontrolle

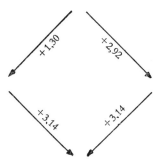

Verbesserte
Kultivierungsmethode:
– rechtzeitige Aussaat
– gute Wuchspflege
– gute Unkrautkontrolle
-4,89 t/ha
$ 127,02 zusätzl. Einkommen
$ 9,74 Kosten
$ 117,28 Nettoeinkommen

Neue Maissorte und
N + P-Anwendung

Neue, verbesserte
Maisproduktion
8,03 t/ha
$ 263,61 zusätzl. Einkommen
$ 50,16 Kosten
$ 213,45 Nettoeinkommen
alle Faktoren

Quelle:
nach Eberhart, S. 28

Figur 2

Ertragsabnahme als Funktion verspäteter Aussaat – Kenya Hybrid, 1966 und 1967, Kitale

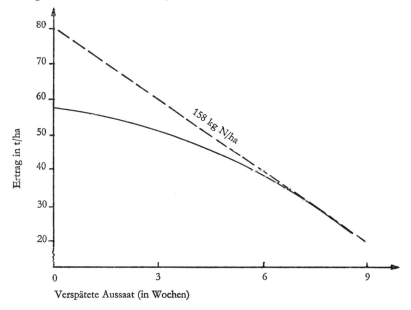

Quelle:
Eberhart, S. 29

frühzeitiges Pflanzen (mit Beginn der Regenzeit) kombiniert mit der richtigen Pflanzungsdichte und einer wirksamen Unkrautkontrolle auch ohne Verwendung der neuen Maissorten zu einer Ertragssteigerung von 2,92 Tonnen pro Hektare und einem Zusatzprofit von $ 117,28. Die Komplementärwirkung zwischen HY-Mais und den modernen Bebauungsmethoden fällt im nächsten Versuch auf, wo HY-Mais mit entsprechender Düngung und ‹modernen Kultivierungsmethoden›[25] einen Zusatzertrag von 3,14 Tonnen pro Hektare erzielte, im Gegensatz zu den 1,30 Tonnen pro Hektare bei Anwendung von ‹unimproved agricultural practices›. Umgekehrt steigt der Ertrag mit frühzeitigem und richtigem Anbau und effizienter Unkrautkontrolle bei den LV ohne Dünger um 2,92 Tonnen pro Hektare, beim HY-Mais mit Dünger hingegen um 4,76 Tonnen pro Hektare.

Ähnlich demonstriert Figur 2 den gegenseitigen Einfluß von Düngung und rechtzeitiger Aussaat. Erfolgt die Pflanzung nämlich erst 6 Wochen nach Beginn des Regens – was laut dem Aufsatz in Kenya recht häufig der Fall war –, so vermag eine Stickstoffdüngung von 158 kg pro Hektare den Ertrag nur um etwa 270 kg pro Hektare zu steigern, im Vergleich zu den zusätzlichen 2000 kg pro Hektare bei gleicher Düngung, aber rechtzeitiger Pflanzung.

Trotz seiner relativen Kompliziertheit hat der ‹package approach› aber doch bei vielen traditionsgebundenen Semisubsistenz- und Subsistenzlandwirten Aussicht auf Erfolg – und auch der Wandel von der traditionellen zur rationellen Landwirtschaft vollzieht sich in manchen Regionen der Dritten Welt unerwartet rasch. Der Grund dafür liegt nicht nur in der gewaltigen Ertrags- bzw. Einkommenssteigerung, sondern auch in der Natur der HYV selbst. Hat sich ein Bauer erst einmal für einen Versuch mit den neuen HYV entschieden, so muß er Saatgut kaufen und damit eine persönliche Geldleistung erbringen, was seine Einstellung der Neuerung gegenüber gründlich ändert: das Saatgut geht auf sein bestes Land, erhält Düngmittel, wird rechtzeitig angesät und das Unkraut daneben vernichtet. Durch diese beträchtliche Auslage und all die Anstrengungen gewinnt die neue Sorte gegenüber den LV sehr an Wertschätzung und Beachtung. Diese Reaktion verstärkt sich bei gewissen Nutzpflanzenarten – wie z.B. den Hybriden der Mais-, Sorghum- und Hirsegruppe – noch wesentlich, weil der Bauer sein neues Saatgut jedes Jahr von der Saatgutstelle beziehen muß und es nicht einfach von der alten Ernte absparen kann. Zweitens wird der Wandel zur rationellen Agrarwirtschaft durch das neuartige, fremde und ungewohnte Aussehen der kleinwüchsigen ‹semi-dwarfs› unterstützt, welche doch beim Nachbarn oder im Versuchsfeld ihre Überlegenheit eindeutig bewiesen haben. Es ist nicht einfach Reis, den man pflanzt, es ist etwas Neues, etwas anderes. Vielleicht ist er besser als der herkömmliche Reis – versuchen wir's einmal! Der Rest, die neue Anbaumethode, gehört eben dazu… und dank der verheißungsvollen Neuheit nimmt der Bauer die ‹Unannehmlichkeiten› beim Anbau der HYV eben in Kauf und gewöhnt sich daran.

Der Wandel in der Kultivierungspraxis wird aber in den Ländern, die mit den HYV erste Erfolge erzielt haben, bestimmt auch bald auf die LV übergreifen und darf als Beitrag zur Lösung des Nahrungsproblems keineswegs unterschätzt werden[26].

3. VERFLECHTUNG DER LANDWIRTSCHAFT MIT DER GESAMTWIRTSCHAFT

Was ist Landwirtschaft? Wir wollen uns hier nicht in Definitionen verlieren, sondern nur kurz die Definitionstypen charakterisieren und auf diesem Wege die Verflechtungen der Landwirtschaft mit der Gesamtwirtschaft etwas beleuchten[27]. Ein erster Definitionstyp mag unter Landwirtschaft einfach die ‹Kultivierung von Nutzpflanzen und die Viehhaltung› verstehen. Ein zweiter Definitionstyp beschreibt die Landwirtschaft als «... Anwendung biologischer Prozesse auf landwirtschaftlichen Betrieben zwecks Produktion von Nahrungsmitteln und anderen, für den Menschen nützlichen Rohstoffen».[28] Hier wird die Natur des Produktionsprozesses angegeben und die Idee der Farm als Produktionsstätte vermittelt. Ein dritter, hauptsächlich in den USA verwendeter Typ räumt dem Begriff einen wesentlich weiteren Umfang ein, indem er auch die landwirtschaftlichen Zulieferungsindustrien[29] mit einbezieht. Ein letzter Definitionstyp geht noch einen Schritt weiter, indem er auch das «... generelle Klima der Möglichkeiten, Hemmungen und Motive sowie der für die Landwirtschaft durch Natur und Regierung in jedem Lande andersgegebenen allgemeinen Spielregeln mit einkalkuliert».[30]

Zum besseren Verständnis der landwirtschaftlichen Verflechtungen und Beziehungen – und somit zur Demonstration der gewaltigen Beitragsmöglichkeiten der Landwirtschaft zur allgemeinen Entwicklung – müssen wir zunächst einmal die drei folgenden Komponenten einzeln betrachten:

a) Agri-Kultur
b) Agri-Support[31]
c) Agri-Klima

A. Agri-Kultur: Die landwirtschaftliche Produktion

Grundsätzlich basiert der landwirtschaftliche Produktionsprozeß auf der Fähigkeit der Pflanze, Sonnenenergie durch Photosynthese in pflanzliches Wachstum umzuwandeln. Durch Anwendung moderner Verfahren ist es dem Menschen gelungen, diesen Vorgang bis zu einem gewissen Grade unter Kontrolle zu bringen, vollständig kann er ihn jedoch nicht regulieren. Die Sonnenenergie schwankt von Ort zu Ort, Luft- und Bodentemperaturen variieren mit Klima und Wetter, die Bodenfeuchtigkeit ist enorm von der Niederschlagsmenge abhängig. In ähnlicher Weise variieren Struktur, Textur und Nährwert des Bodens. Moderne Technologie kann viele dieser Faktoren beeinflussen oder modifizieren und – wie wir wissen – gar den Charakter der Pflanze genetisch verändern, doch «die Landwirtschaft ist trotzdem immer noch auf den Prozeß des pflanzlichen Wachstums und die Sonnenenergie angewiesen».[32]

Die Möglichkeit einer Beeinflussung der verschiedenen Faktoren hängt vom Stand der Technik, die Intensität jedoch vom Typ des Betriebssystems ab, d.h., es kommt darauf an, ob es sich um einen Subsistenzbetrieb, einen Übergangsbetrieb oder einen vollkommerzialisierten Betrieb handelt. Meist ist die heutige Entwicklung der Landwirtschaft durch eine zunehmende Annäherung der Betriebsart der Farm an die industrielle Form gekennzeichnet.

Einzig in einer primitiven Landwirtschaft ist es denkbar, daß sich der Bauer immer noch ausschließlich auf diejenigen Produktionsfaktoren beschränkt, die ihm die Natur auf der eigenen Farm zur Verfügung stellt, wie z.B. natürliche Nährstoffe, LV, selbstgefertigte Geräte und Werkzeuge usw. Mit zunehmender Modernisierung (lies Produktivitätssteigerung) ist der Farmbetrieb immer weniger auf diese ‹natürlich› vorkommenden Produktionsfaktoren angewiesen, wird aber dafür immer stärker abhängig von Produktionsfaktoren und Dienstleistungen, die aus anderen Wirtschaftszweigen stammen. Die Landwirtschaft muß die Hilfe des ‹Agri-Support› immer häufiger in Anspruch nehmen; außerdem hat sich die Produktion dem vom ‹Agri-Klima› bestimmten Rahmen je länger je mehr anzupassen.

B. *Agri-Support: Die Leistungen des sekundären und tertiären Sektors*

Agri-Supportleistungen können wir allgemein unterteilen in industrielle oder kommerzielle Leistungen, für die der Farmer direkt aufkommt, und in solche, die hauptsächlich vom Staat geliefert werden und die der Farmer im allgemeinen nicht direkt bezahlen muß, nämlich Forschung[33] und Bildung[34].

‹Economies of Scale› unterscheiden sich in jedem Betrieb, der Agri-Supportleistungen produziert, beträchtlich. Da jede Leistung wieder von einer anderen, industriellen oder kommerziellen Unternehmung geliefert wird, kann der einzelne Betrieb seine Leistung so rationell als möglich, d.h. unter optimalen Produktionsbedingungen, produzieren. Die individuelle Organisation und Leitung dieser vielen Betriebe birgt aber die Gefahr in sich, ‹out of phase› zu geraten und dadurch die Gesamteffizienz der Leistungen des Agri-Supportsektors zu beeinträchtigen. Die beiden Subsektoren Agri-Kultur und Agri-Support werden einerseits durch den Preismechanismus des Marktes und anderseits durch wirtschaftspolitische Maßnahmen aufeinander abgestimmt.

a) Industrielle und kommerzielle Leistungen

Die Saatgutproduktion und -verarbeitung ist ein äußerst wichtiges Element in der Entwicklung einer effizienten, kommerzialisierten Landwirtschaft. Während der Bauer in einer traditionellen Landwirtschaft sein Saatgut einfach von der Ernte abzweigt, ist der progressive Farmer gezwungen, sein Saatgut zu kaufen; im Falle von Hybriden muß jedes Jahr neues Saatgut bezogen werden, bei den anderen HYV empfiehlt sich dies, wenn auch nicht jährlich, so doch in regelmäßigen Intervallen, weil der Farmer dadurch einerseits auf Qualität und Reinheit zählen kann und anderseits immer wieder neue, widerstandsfähigere oder sonstwie verbesserte Arten erhält. Das Saatgut selber wird auf hochspezialisierten Farmen produziert, während Verarbeitung, Reinigung, Behandlung, Lagerung und Verpackung sehr viele nicht-landwirtschaftliche Arbeiten verlangen.

Die Fabrikation von Dünger, chemischen Pflanzenschutzmitteln und landwirtschaftlichen Maschinen lohnt sich normalerweise nur in kapitalintensiven Großbetrieben des sekundären Sektors[35]; so bedingt z.B. besonders die Herstellung von Düngmitteln – neben einer angemessenen Energiezufuhr – im allgemeinen große Ausgaben für den Hertransport von Rohmaterialien. Mit zunehmender Entwicklung der landwirtschaftlichen Produktion nimmt die Wichtigkeit der Tierfuttermittelindustrie zu. Industrielle Betriebe können durch die Verwertung von Neben- und gar Abfallprodukten den Nährwert des Tierfutters so verbessern, wie es dem Farmer selbst nie gelingt.

Ein außergewöhnlich wichtiges Glied in der Agri-Supportkette ist das allzuoft vernachlässigte Verteilungs- und Marketingnetz! Die landwirtschaftlichen Produktionsmittel werden nur an relativ wenigen, konzentrierten Orten eines Landes hergestellt oder müssen gar vom Ausland eingeführt werden; der Verbrauch hingegen verteilt sich der Natur der Landwirtschaft entsprechend über das ganze Land. Eine individuelle Versorgung aller Landwirtschaftsbetriebe durch die Produzenten oder Importeure fällt daher außer Betracht. Dies macht ein Netzwerk von lokalen Absatz- und Verteilungssystemen notwendig. In die gleiche Kategorie gehört aber auch das Marketing von Farmprodukten. Der Beitrag eines einzelnen Farmers ist im Vergleich zur Gesamtproduktion sehr klein, und Ort von Produktion und Konsum liegen oft weit auseinander. Der Hauptteil der Landwirte ist deshalb auf ein Netz von Händlern angewiesen, die die Produkte auf oder nahe der Farm einsammeln, sie lagern und schützen und den großen Markt- und Konsumzentren nach Bedarf zuführen.

Nur wenige Produkte verlassen die Farm in ihrer endgültigen Konsumform. Der Subsektor ‹Verarbeitung von Farmprodukten› umfaßt alle Tätigkeiten vom Mahlprozeß über Konservierungsvorgänge bis zur Fabrikation von Produkten mit den agrarischen Roh- und Halbfabrikaten als Ausgangsbasis.

Der Organisation des Agrarkreditwesens kommt eine spezielle Bedeutung zu, ganz besonders dann, wenn eine Produktivitätssteigerung mittels Einführung einer neuen Technologie angestrebt wird, welche die Anschaffung entsprechender Produktionsmittel voraussetzt.

b) Forschung und Bildung

Die Forschung ist die Triebkraft einer erfolgreichen landwirtschaftlichen Entwicklung. Stetig steigende Produktivität und wachsender Ausstoß sind nur möglich, wenn die angewandte Technologie unter Anwendung der neuesten Forschungsergebnisse laufend verbessert wird. Die Forschung konzentriert sich im allgemeinen auf drei Punkte:

a) Entwicklung neuer Technologien zur Steigerung der landwirtschaftlichen Produktivität (Pflanzengenetik, Bodenhaushalt, Krankheits- und Seuchenkontrolle, Zucht und Ernährung von Vieh, Bewässerung usw.);
b) Volks und betriebswirtschaftliche Untersuchungen der Kosten- und Ertragsverhältnisse der neuen Techniken, denn neue Produktionsverfahren werden nur angewandt, wenn sie sich auch lohnen;
c) Steigerung der Wirtschaftlichkeit von Leistungen außerhalb des landwirtschaftlichen Sektors.

Mit fortschreitender Entwicklung der Landwirtschaft übernehmen die im ‹Agribusiness› tätigen Unternehmungen die Durchführung eines großen Teils der Forschung häufig selber. Es muß aber erwähnt werden, daß ohne öffentlich finanzierte und durchgeführte Forschungsprogramme in keinem Lande ein wesentlicher landwirtschaftlicher Fortschritt erzielt worden wäre.

Ebenso wichtig wie die Forschung selbst ist die Anwendung der neuen Ergebnisse und Techniken. Die Rolle eines gut ausgebauten landwirtschaftlichen Informationsdienstes und einer dauernden Weiterbildung der Farmer kann nicht genügend herausgestrichen werden[36]. Der Einsatz geeigneter Spezialisten im Extensions- und Bildungswesen ist für den breiten – d.h. nicht nur produktionstechnischen, sondern auch sozialen – Erfolg der GR lebenswichtig.

C. Agri-Klima: Die dritte Dimension

Diese dritte Komponente, welche die Produktionsmöglichkeiten durch Verbote, Ansporn und ‹Spielregeln› allgemein bestimmt, setzt sich wiederum aus folgenden drei Faktoren – dem ökonomischen, dem politischen und dem kulturellen Klima – zusammen.

a) Ökonomisches Klima

Die Entwicklungsmöglichkeiten innerhalb einer Subsistenzwirtschaft sind gering. Landwirtschaftliche Entwicklung größeren Ausmaßes ist nur innerhalb einer Marktwirtschaft möglich, in welcher eine kaufkräftige Bevölkerung eine große Effektivnachfrage nach Farmprodukten entfaltet. Im allgemeinen hängt die inländische Marktnachfrage nach landwirtschaftlichen Produkten stark vom Industrialisierungsgrad der Volkswirtschaft ab. Ohne hier näher auf die Verflechtungen von Landwirtschaft und Industrie einzugehen, dürfen wir die Beziehung zwischen den beiden Sektoren als Symbiose bezeichnen. Die Landwirtschaft ist in zweifacher Hinsicht auf den industriellen Sektor angewiesen: erstens braucht sie seine Produkte, und zweitens muß sie auf seine Nachfrage nach landwirtschaftlichen Produkten zählen können. Der Industriesektor wiederum benötigt die Nahrungsmittel und Rohmaterialien der Landwirtschaft und außerdem die zunehmende Entfaltung der Nachfrage des Agrarsektors nach Industrieprodukten, die anderseits wieder durch steigende Farmeinkommen und eine zunehmende Nachfrage nach Produktionsfaktoren für die landwirtschaftliche Produktion bedingt ist.

b) Politisches Klima

Die politische Lage innerhalb eines Landes beeinflußt die landwirtschaftliche Entwicklung in mehrfacher Weise. Gesetz und Ordnung bestimmen u.a. die Erwartungen in die zukünftige ökonomische und politische Stabilität. Des weiteren beeinflussen sie die generelle Einstellung von Volk und Regierung zur wirtschaftlichen Entwicklung im allgemeinen und die besondere Einstellung im Hinblick auf die zu spielende Rolle der Landwirtschaft innerhalb dieser Entwicklung im speziellen. Sie entscheiden weitgehend über Ausmaß und Unterstützung langjähriger Traditionen und ihre Änderung im Interesse des Fortschrittes. Ganz allgemein ausgedrückt setzt das politische Klima (mit der Wirtschaftspolitik als Spiegelbild) die Grenzen, zwischen denen sich die Landwirtschaft entwickeln kann. Besonders wichtig sind u.a. die Preis- und Steuerpolitik und das System der Grundbesitzverfassung mit seinem Einfluß auf Einkommen, durchzuführende Produktionsentscheidungen und die Konzentration politischer Kräfte.

c) Kulturelles Klima

Wohl kann die Politik die Spielregeln mit einem Male ändern – Traditionen und Werte einer Kultur jedoch sind fest verankert, lassen sich nur langsam umwandeln und beeinflussen noch lange das Denken und Handeln der Bevölkerung. «In den meisten Ländern, in denen eine Erhöhung der Nahrungsproduktion dringend nötig ist, entwickelten sich diese Werte und Traditionen in einer Ära, in der sich technologische Veränderungen nur langsam vollzogen, in der kaum ein Überschuß über das bare Subsistenzminimum erzielt wurde und in der der Schutz gegen die Katastrophe eines totalen Produktionsausfalles und somit gegen ein Verhungern weit wichtiger war als jegliche Anstrengung, durch Experimentieren eine Produktionssteigerung zu erzielen.»[37] Bis die bisher von der Natur gelenkte, traditionsgebundene Verhaltensweise geändert und durch die neue, rationelle Denkart ersetzt ist, bestimmt sie aber weiter den Rahmen für den landwirtschaftlichen Fortschritt. Die Bindung zur alten Sozialstruktur und die Verknüpfung mit der bisherigen Lebensweise sind ähnlich bedingt.

Im allgemeinen wird jeder Neuerung zähester Widerstand entgegengesetzt, bis der Erfolg des Neuen das Alte unmißverständlich in den Schatten stellt.

4. DIE INTEGRIERTE ZIELSETZUNG

Bei der Zielsetzung eines Programmes ‹Grüne Revolution im Lande X› ist man im ersten Moment vielleicht versucht, analog zum ersten Rockefellerschen Mexikoprogramm nur die möglichst rasche Schließung der Nahrungslücke ins Auge zu fassen. Bestimmt muß am Anfang eines derartigen Programmes je nach Dringlichkeit der Lage das Gewicht mehr oder weniger auf ein Nahrungssofortprogramm gelegt werden. Doch ist eine Zielsetzung, welche z.B. nur die baldmöglichste Selbstversorgung vorsieht, nicht nur kurzsichtig und irreführend, sondern vom Standpunkt einer gesunden Entwicklungspolitik aus auch falsch, da

a) eine Verbesserung der Ernährungsverhältnisse (d.h. ein Anstreben des Zustandes Effektivverbrauch $\geq$ Sollverbrauch) nicht nur von der Produktionsseite abhängt, sondern ebenso von der Kaufkraftentwicklung der Bevölkerung, welche die vermehrt produzierten Nahrungsmittel kaufen soll; und

b) dabei die meisten entwicklungspolitischen und katalytischen Auswirkungen der GR unberücksichtigt bleiben.

Die bisherigen Ausführungen zeigen genügend, daß die durch die HYV ausgelöste GR ein Zündfunke ist: zur Auswertung der hohen Ertragskapazität der HYV braucht es viel Dünger, chemische Pflanzenschutzmittel und gewisse Maschinen, einen vermehrten Arbeitsaufwand bei der Kultivierung und Ernte der HYV, Erweiterungen und eventuell Modernisierung der Bewässerungsanlagen und nicht zuletzt auch neue oder erweiterte Institutionen für Bildung, Forschung und landwirtschaftliche Information. Die dank den HYV erzielte

Mehrproduktion erfordert ein besseres Marketing-, Transport- und Lagerungssystem, neue Administrationsorgane und effizientere wirtschaftspolitische Institutionen und Maßnahmen. Außerdem schafft sie aber auch landwirtschaftliches Einkommen, das nicht nur zur Deckung der gestiegenen Produktionskosten, sondern auch für die Anschaffung von langersehnten Gütern oder für Investitionen in Haus und Hof verwendet wird. Das Mehreinkommen bleibt in der Folge nicht nur auf den Agri-Kultursektor beschränkt, sondern überträgt sich auch auf den Sektor Agri-Support – die katalytische Wirkung der HYV beginnt über ein ganzes System von Multi-Multiplikatoreffekten einzusetzen.

Es liegt in der Natur des agronomischen, technischen Fortschrittes, daß er sich von Region zu Region, von Bauer zu Bauer ganz unterschiedlich auswirken kann. Hier muß die Wirtschaftspolitik im Sinne einer gesunden sozialen und politischen Entwicklung regulierend eingreifen. Je weiter endlich die Neuerung ein Land erobert, um so mehr wird der Komplex des traditionellen Handelns und Denkens durchdrungen, um so eher faßt die rationale, pragmatische Denkweise der westlichen Welt in der Bevölkerung Fuß.

Die GR ist in der Tat ein Zündfunke, der – wenn richtig erkannt und genutzt – eine Explosion auslöst, welche über den notwendigen ‹critical minimum effort› hinauswirkt, die Volkswirtschaft dadurch aus ihrem ‹circulus vitiosus› und der damit zusammenhängenden ‹low-level equilibrium trap› befreit und ihr zum ‹take-off› und einem ‹self-sustained growth› verhilft[38]. Und dies meinen wir, wenn wir von einer integrierten Zielsetzung im Zusammenhang mit der GR sprechen.

Die GR kann in der Dritten Welt zum selben Erfolg führen wie in Europa die Industrielle Revolution. Die Betonung liegt auf dem Wörtchen KANN – die Möglichkeiten müssen richtig erkannt und ausgeschöpft, die Lage und die Aussichten eines jeden Landes analysiert werden. Die GR – und mit ihr die ‹kurzfristige› Zielsetzung eines Nahrungssofortprogramms – muß ‹richtig› ins ganze Entwicklungsprogramm eingebaut werden und mit den allgemeinen wirtschafts- und sozialpolitischen Zielsetzungen übereinstimmen.

5. Kapitel   Produktionserfolg und neuer Problemkreis

1. ALLGEMEINES

Nicht alles ist Gold, was glänzt – und nicht alles bringt nur Segen, was grünt! Neben den Großerfolgen wirft die GR eine ganze Serie von Problemen und neuen Fragen auf und macht prinzipielle und maßgebende Entscheidungen nötig, Entscheidungen, die u.a. auch Grundfragen der industrialisierten Länder berühren und die Beziehungen zur Dritten Welt betreffen.

Bei der Analysierung der erfolgten und möglichen Auswirkungen der GR auf ökonomischer, sozialer und politischer Ebene läßt sich folgende Gruppierung vornehmen:

erstens: positive und konstruktive Auswirkungen
zweitens: Auswirkungen, die sich als Probleme offenbaren, nämlich:

a) Kapazitäts- und Institutionsprobleme
b) erfolgsinduzierte Probleme

Unter die positiven Effekte fallen in erster Linie die Produktionserfolge und der ‹yield take-off› (Phase des rapiden Anstieges der Hektarerträge). Die Ursache der Kapazitäts- und Institutionsprobleme liegt weit weniger in technisch-organisatorischen Mängeln der verschiedenen HYV-Programme als vielmehr im Ungleichgewicht, das die unerwartete Produktionsexplosion in den betreffenden Organisationen, Institutionen und Produktionsanlagen des Agri-Supports plötzlich hervorruft; ein Ungleichgewicht, das sich in der Lagerung, im Transportwesen, im Marketing, in der Zulieferungsindustrie, im Kreditwesen usw. auswirkt. Das Ausmaß dieser Probleme hängt natürlich von Wirtschaftslage und Entwicklungsstadium des einzelnen Landes ab; aus diesem Grunde lassen wir von einer eingehenden Behandlung dieser Kapazitäts- und Institutionsprobleme ab und konzentrieren uns im weiteren auf die zweite Problemgruppe.

Unter den erfolgsinduzierten Problemen[1] verstehen wir Probleme, die erst im Laufe des Produktivitätsfortschrittes auftreten, Probleme, die u.a. die demographische Wachstumsrate, den Arbeitsmarkt und die internationalen Agrarmärkte betreffen und das soziopolitische Klima der nächsten fünfzig oder mehr Jahre beeinflussen.

Solche Probleme sind heute größtenteils erst latent vorhanden, da die meisten HYV-Programme erst vor 5–6 Jahren einsetzten (wobei eine Großproduktion auf kommerzieller Basis erst seit 2, 3 oder 4 Jahren besteht) und viele Länder sogar erst in oder noch knapp vor der Versuchsphase mit den HYV stehen.

Aber sie sind vor der Tür und rollen unaufhaltbar auf die Regierungen aller Länder – EL wie IL – zu. Ihre weltweite Bedeutung und die Suche nach einer befriedigenden Lösung wird die Zukunft der ganzen Menschheit prägen. Wir müssen uns auf ihr Erscheinen vorbereiten und dürfen uns nicht überraschen lassen, wie im Falle der Kapazitätsprobleme. Eine verpaßte Gelegenheit wäre hier unverzeihlich und schwer wiedergutzumachen, die Nebenwirkungen ungeheuerlich viel größer und schwerwiegender. Die wichtigsten dieser Probleme aufzugreifen und – soweit im Rahmen einer Globalbetrachtung möglich – zu analysieren, ist Aufgabe des dritten Teils.

2. POSITIVE EFFEKTE

A. Produktionserfolg und ‹Yield Take-Off›

a) Produktionserfolg

Zur Abschätzung des bisherigen Produktionserfolges der GR ist eine exakte Definition bzw. Abgrenzung der HYV unumgänglich. Doch schon hier stoßen wir auf Schwierigkeiten: wir stehen einer verwirrend großen Zahl von Arten gegenüber, die alle mehr oder weniger aktiv an der Metapher GR Anteil haben. Allein die Durchsicht der verschiedenen Forschungsberichte und -pläne der internationalen Institute läßt uns die Schwierigkeiten ahnen. Erstens blieb – wie wir wissen – die Forschung nicht bei der genetischen Verbesserung von Mais, Weizen, Reis und ‹frijoles› stehen – die Ideen des ‹biological engineering› griffen bald über auf Kartoffeln, weitere Leguminosen, Sorghum und Hirse[2], Futtergräser, tropische Früchte[3] usw. Zweitens gibt es von einer Nutzpflanze nicht nur eine HYV, sondern Dutzende, wenn nicht gar Hunderte, die sich alle gering voneinander unterscheiden – und immer wieder sind neue Arten im Entstehen.

In unserer Erfolgsübersicht beschränken wir uns aber auf die neuen, von CIMMYT und IRRI entwickelten Weizen- und Reisarten, behandeln also mehr oder weniger nur den kosmopolitischen Weizen und Reis. Eine ganze Anzahl Gründe erheischt bzw. erleichtert diese Einschränkung:

a) an der Anbaufläche gemessen sind die übrigen HYV bis jetzt relativ unbedeutend (dies heißt aber gar nicht, daß derartige HYV national gesehen auch eine solch geringe Bedeutung haben wie international; Beispiel Sorghum und Hirse in Indien; Mais in Mexiko, Kenya, Sambia, Thailand usw.);
b) gutes Informationsmaterial ist rar und sehr schwierig zu erhalten; viele Untersuchungen sind nicht publiziert, oder dann sind die Quellen aus irgendwelchen Gründen nicht zugänglich;
c) die verschiedenen Statistiken sind ungenau und nicht vergleichbar (erhebungstechnisch und/oder organisatorisch bedingt);
d) es ist nicht möglich, zufriedenstellende und allgemeingültige Kriterien zur Definition aller HYV zu finden.

In unseren summarischen Tabellen halten wir uns an die bisher einzige

Globaluntersuchung, ausgeführt von Dana Dalrymple[4]. Die in diesem Zahlenwerk zusammengefaßten HYV werden dabei folgendermaßen definiert: «... Kurz- und Halbkurzstroh-Getreidearten, die am CIMMYT in Mexico City und am IRRI auf den Philippinen entwickelt wurden. Sie sind im allgemeinen als mexikanische Weizen und IRRI-Reise bekannt (z.B. IR-8).»[5] Außerdem zählt Dalrymple auch noch jene neuen Arten dazu, die in Indien durch den Indian Council of Agricultural Research und die FAO[6] und auf den Philippinen von verschiedenen nationalen Forschungsprogrammen entwickelt worden sind[7]. Verbesserte LV sind nicht berücksichtigt[8]. Deshalb sind die unter den Auspizien der Rockefeller-Stiftung in den fünfziger Jahren in verschiedenen lateinamerikanischen Staaten entwickelten Arten nicht mit einbezogen (vgl. S. 48). Die durch nationale Forschungsinstitute in Taiwan (vgl. S. 56) und Ceylon[9] entwickelten Arten fehlen ebenfalls. Es sei nochmals betont: diese auf den ersten Blick vielleicht etwas merkwürdig und unlogisch-willkürliche Abgrenzung beruht auf rein statistisch-technischen Überlegungen und Gegebenheiten.

Mexikos gesamte Weizenanbaufläche wird schon seit mehr als 10 Jahren praktisch gänzlich mit den neuen Weizenarten bepflanzt und ist, um den dramatischen Fortschritt der GR nach Ablauf ihrer ‹Probezeit› in Mexiko zu verdeutlichen, nicht in unserer Tabelle enthalten[10].

Eine statistische Erfolgsanalyse der GR auf Grund der verschiedenen HYV wird von Jahr zu Jahr unmöglicher. Viele Nationen unterhalten eigene Forschungs- und Kreuzungsprogramme, was für die Sicherung eines anhaltenden Erfolges der GR absolut notwendig ist. Die darin entwickelten Produkte sind zwar größtenteils auf Material aufgebaut, das ursprünglich aus den internationalen Instituten stammt, doch ist diese Verbindung meist nur dem Fachmann bekannt; eine statistische Ausscheidung ist aus praktischen Gründen unmöglich. Abgesehen davon können sich erstklassige HYV durch vermehrten Gebrauch auf den Farmen mit LV mischen[11], was eine statistische Ausscheidung überhaupt verunmöglicht.

Die Daten über die Anbaufläche in Tabellen 9, 10 und 11 entstammen meist unveröffentlichten Berichten, «... die sich meist auf Meldungen von AID-Stationen oder amerikanischen Landwirtschaftsexperten in den verschiedenen Ländern stützen»[12] und oft auf offiziellen oder inoffiziellen Schätzungen verschiedenster Organisationen der betreffenden Länder beruhen. Daraus erklärt sich, weshalb sich keinerlei Angaben über die Genauigkeit und Zuverlässigkeit dieser Werte machen lassen – sie sind strikte als Annäherung zu verstehen. Nichtsdestoweniger demonstrieren sie die ungeheure Ausdehnungsgeschwindigkeit der neuen HYV.

Oberflächlich gesehen ergibt sich beim Weizen (Tabelle 9, S. 70) ein eher uneinheitliches Bild: der Prozentanteil der HYV an der Gesamtweizenanbaufläche (1968/69) schwankt in den aufgeführten Ländern zwischen weniger als 1% (Marokko) und 40% (Pakistan), während ihr Anteil in Mexiko bekanntlich etwa 90% beträgt. Einigermaßen deutlich geht nur hervor, daß bis jetzt hauptsächlich südostasiatische Länder (mit Afghanistan als Übergang zu Westasien) als Erfolgsländer zu betrachten sind. Eine vollständige und sinnvolle Analyse ließe sich einzig vornehmen, wenn wir die verschiedenen nationalen HY-Weizenprogramme genauestens im Zusammenhang mit den jeweilgen wirtschaftsgeographischen, ökonomischen, politischen, sozialen und kulturellen Hintergründen untersuchten. Dies ist aber nicht der Ort dafür, da eine derartige Analyse Rahmen und Umfang der Arbeit sprengen würde und zudem unseres Wissens bis jetzt keine neueren oder besser vergleichbaren Informationen auf internationaler Basis bestehen als die von der AID in ihrer ‹Spring Review›[13] von 1969 verwendeten Unterlagen, welche im Hinblick auf eine solche Erfolgsanalyse von sehr bescheidenem Wert sind.

Tabelle 9

Anbaufläche von HY-Weizen in Ländern mit fortgeschrittenen HYV-Programmen (ohne Mexiko), 1965/66–1969/70

Region und Land	HY-Weizenfläche in 1000 Acres					Gesamtweizenanbaufläche in 1000 Acres		HY-Weizen in % der gesamten Weizenanbaufläche (1968/69)
	1965/66	1966/67	1967/68	1968/69	1969/70[1]	Schnitt 1960/61 bis 1964/65	1968/69	
Südasien								
Afghanistan	–	4,5	65,0	300,0	360,8	NA	5 500,0	5
Indien	7,4	1278,0	7 269,0	10 000,0	15 100,0	33 123,0	39 432,0	25
Nepal	3,5	16,2	61,3	133,0	186,5	330,0	371,0	36
Ostpakistan	–	–	–	20,0	} 7 000,0	12 301,0[2]	14 977,0[2]	} 40
Westpakistan	12,0	250,0	2 365,0	6 000,0				
Westasien								
Iran	–	–	–	25,0	222,4	4 925,0	NA	NA
Libanon	–	–	–	1,1	4,2	142,0	151,0	1
Türkei	–	1,5	420,0	1 780,0	1 540,0	19 243,0	20 015,0	9
Afrika								
Marokko	–	–	0,5	12,1	98,8	3 905,0	4 885,0	.
Tunesien	–	–	2,0	32,0	131,0	2 611,0	1 619,0	2
Total	22,9	1550,2	10 182,8	18 303,2	24 643,7	76 580,0	86 950,0[3]	21[3]

Anmerkungen:
[1] vorläufige Schätzung (AID, War on Hunger, Vol. V, No. 4, S. 18)
[2] Praktisch befindet sich die gesamte Weizenproduktion in Westpakistan
[3] ohne Iran

Quelle:
Dalrymple, Imports, S. 4, 5 und 30

Ganz allgemein ist zu bemerken, daß bei einer Erfolgsbetrachtung zwei Punkte besonders wichtig sind: Erstens ist seit dem Beginn der HYV-Programme (vielleicht mit Ausnahme von Mexiko) eine allzu kurze und je nach Ländern sehr unterschiedliche Zeitspanne verstrichen, und zweitens waren Art, Umfang und Intensität des Programmes wiederum von Land zu Land verschieden. So hatten einige Länder (z.B. Mexiko und Kolumbien) mit intensiven nationalen Züchtungs- und Forschungsprogrammen begonnen, die über die Jahre hinweg eine große Zahl von HYV entwickelten, die sich sehr gut für die lokalen Verhältnisse eigneten, während andere gleich massenweise Saatgut von in Mexiko hergestellten kosmopolitischen Weizenarten einführten[14] und ihr HYW-Programm auf diese Weise aufbauten. Einige Länder betrieben Forschung im Hinblick auf noch bessere Anpassung an die verschiedenen lokalen Verhältnisse (Pakistan, Indien) entweder vor und/oder während des Beginns des auf Großimporten von Saatgut basierenden HYV-Programms, während andere Länder wiederum gar keine oder nur wenig Information über das Verhalten der neuen Weizenarten sammelten (z.B. Türkei). In den meisten Nationen kümmerte sich die Regierung um Beginn und anfängliche Durchführung des HYV-Programms, nur in einigen wenigen Ländern führten progressive Bauern die Kampagne an (z.B. Türkei). Der Umstand, daß die technische bzw. wissenschaftliche Kompetenz der verschiedenen bei der Einführung von HYV beteiligten Institutionen wie auch deren Einsatz und Koordination international gesehen stark differieren, erschwert die Arbeit des Analytikers. Auch spielen die verschiedenen Stapelprodukte in jedem Lande wieder eine andere Rolle; so trägt z.B. der Weizen in der Türkei 58% zur täglichen Kaloriendeckung bei, in Kolumbien jedoch nur etwa 5%.

In jenen Ländern, in denen der Weizen als Hauptnahrungsmittel gilt und wo nach der Mitte der sechziger Jahre eingetretenen Krise in der nationalen Getreideversorgung das HYW-Programm eingeführt wurde, ist trotz einigen Schwierigkeiten in den Sektoren Agri-Support und Agri-Klima den HYW bis jetzt produktionstechnisch ein außerordentlicher Erfolg beschieden. Bedenken wir z.B., daß die kommerzielle Großproduktion von HYW in Indien 1966/67, in Pakistan und in der Türkei 1967/68 begann und die mit HYW angebaute Weizenfläche in der kurzen Zeit bis 1968/69 von praktisch Null[15] auf 25% bzw. 40% bzw. 9% angeschnellt ist, so dürfen wir dies wahrlich als einen Großerfolg bezeichnen. Fügen wir – unter Bezugnahme auf die wenigen und unsicheren Produktionswerte[16] – ferner an, daß in diesen Ländern 1967/68, also praktisch im selben Jahr, in dem die kommerzielle Großproduktion begann, der Anteil der HYW an der Gesamtweizenfläche schon 16% bzw. 17% bzw. 2%, ihr Anteil an der Weizenproduktion jedoch 32% bzw. 33% bzw. 9% betrug (!), so ist leicht einzusehen, weshalb wir von einer Produktionsexplosion sprechen.

Generell gesehen gilt ähnliches für den HY-Reis, obwohl er keine so spektakulären Fortschritte zu verzeichnen hat wie der HY-Weizen. Tabelle 10 (S.72) bestätigt diese Aussage: obwohl sich die HY-Reisanbaufläche seit Beginn der kommerziellen Großproduktion[17] in verschiedenen Ländern ebenfalls außerordentlich erhöhte, stehen die Prozentanteile der HYR in keinem Verhältnis zu denjenigen der HYW. Einzig die Philippinen bilden eine Ausnahme, was wohl der Anwesenheit des IRRI zuzuschreiben ist. Corty[18] zählt als Grund für die im Vergleich mit dem Weizen relativ geringere Ausbreitungsgeschwindigkeit elf zusätzliche Schwierigkeiten auf:

1. Auftreten von Pflanzenkrankheiten; 2. unzweckmäßige Aussaat- und Kultivierungspläne; 3. schlechte Kornqualität und niedrige Preise; 4. ungeeignete landwirtschaftliche Institutionen, u.a. in Bezug auf Bildung, Forschung und Informationswesen; 5. keine entsprechenden Märkte und Infrastrukturen,

inklusive Transport- und Nachrichtenwesen; 6. Fehlen von Trocknern und Mühlen; 7. Pachtbeschränkungen; 8. geringe Bestrebungen unter den Reisbauern; 9. Lethargie; 10. Fehlen von Investitionskrediten und Betriebskapital; 11. fehlende Geschicklichkeit im Umgang mit modernen Produktionsmethoden[19].

Tabelle 10

Anbaufläche von HY-Reis in Ländern mit fortgeschrittenen HYV-Programmen, 1965/66–1969/70

Region und Land	HY-Reisanbaufläche in 1000 Acres					Gesamtreisanbaufläche in 1000 Acres		HY-Reis in % der gesamten Reisanbaufläche (1968/69)
	1965/66	1966/67	1967/68	1968/69	1969/70[1]	Schnitt 1960/61 bis 1964/65	1968/69	
Südasien								
Ceylon	–	–	–	17,2	65,1	1 239,0	1 657,0	1
Indien	13,0	2142,0	4409,0	6 500,0	10 800,0	86 359,0	91 344,0	7
Nepal	–	–	–	105,0	123,0	2 800,0	2 766,0[3]	4
Ostpakistan	–	0,5	166,0	381,5	1 890,7	24 955,0[2]	27 235,0[2]	4
Westpakistan	–	0,2	10,0	761,0				
Ostasien								
Burma	–	–	7,2	470,0	355,9	12 000,0	12 297,0	4
Indonesien	–	–	–	416,5	1 850,4	17 530,0	20 950,0[3]	2
Laos	–	0,9	2,5	3,8	4,9	1 606,0	1 550,0[3]	–
Malaysia	–	104,5	157,0	224,7	316,0	851,0	1 182,0	19
Philippinen	–	204,1	1733,4	2 500,0+	3 345,6	7 821,0	7 904,0	32
Vietnam	–	–	1,2	109,0	498,0	6 054,0	5 528,0[3]	2
Total	13,0	2452,2	6486,3	11 488,7	19 249,6	161 215,0	172 413,0	7

Anmerkungen:
[1] vorläufige Schätzung (AID, War on Hunger, Vol. V, No. 4, S. 18)
[2] Der Großteil der Reisanbaufläche (etwa 85%) liegt in Ostpakistan
[3] 1967/68

Quelle:
Dalrymple, Imports, S. 13, 14 und 30

Tabelle 11 faßt den ungeheuren Fortschritt der HYV in der Dritten Welt – gemessen an der jährlichen Zunahme der Anbaufläche – nochmals zusammen. Ein noch weit eindrücklicheres Bild ergäbe sich, wenn wir die Fortschritte aller HYV unter Verwendung der in Anmerkung 8, S. 179, angetönten Definition vergleichen könnten – doch läßt sich dies aus schon genannten Gründen nicht durchführen. Beschränkten wir uns zudem auf Zerealien – ließen also all die am Rande erwähnten genetischen Fortschritte bei Leguminosen, Futtergräsern, tropischen Früchten usw. außer Betracht –, so umfaßte unsere neue Tabelle nebst den gewaltigen Erfolgen im Maisbau (besonders in Mexiko, Kenya, Nigeria, Thailand), im Kartoffelbau (hauptsächlich auf bestimmte Gebiete in Lateinamerika beschränkt) und im Anbau von Sorghum und Hirse (besonders in den trockenen Gebieten von Indien und Pakistan) auch eine wesentlich umfangreichere Sammlung auf den Sektoren Reis und Weizen. Es gehörten alle HY-Reisarten dazu, die in den verschiedenen nationalen Forschungsprogrammen von

Japan, Taiwan und Ceylon usw. entwickelt wurden – also nicht auf IRRI-Forschung beruhen – und weit über die betreffenden Landesgrenzen hinaus verbreitet sind. Die begehrten langkörnigen Exportreissorten von Thailand und die in Brasilien (Rio Grande del Sul) entwickelten Arten, welche sogar höhere Hektarerträge erzielen als IR-8, fielen ebenfalls unter die umfassendere Definition der HYR[20].

Tabelle 11

Totale Anbaufläche von HY-Weizen und HY-Reis, 1964/65–1968/69 (nur Länder mit fortgeschrittenen HYV-Programmen)

Anbaujahr	HY-Weizen[1] in Acres (gerundet)	HY-Reis[2]	Total
1964/65	unbedeutend	unbedeutend	unbedeutend[3]
1965/66	23 000	13 000	36 000
1966/67	1 550 000	2 452 000	4 002 000
1967/68	10 183 000	6 486 000	16 669 000
1968/69	18 303 000	11 489 000	29 792 000
1969/70[4]	24 644 000	19 250 000	43 894 000

Anmerkungen:
[1] Ausgenommen Mexiko; 1965 waren etwa 90% der gesamten Weizenanbaufläche von Mexiko mit HYW bepflanzt; dieser Prozentsatz blieb über die nachfolgenden Jahre mehr oder weniger konstant. Die Weltziffer würde also noch um etwa 2 Millionen Acres höher. Nach Dalrymple, CCP, Mex., S. 11
[2] ohne die sog. ‹improved local varieties› in Ceylon und Taiwan
[3] etwa 200 Acres
[4] vorläufige Schätzung (AID, War on Hunger, Vol. V, No. 4, S. 18)

Quelle:
Tabellen 9 und 10

Beim Weizen zählten nicht nur die Erfolge in Mexiko dazu, sondern auch die im Rahmen des Inter-American Food Crop Improvement Program und seiner Vorläufer entwickelten verbesserten Arten – Weizen, die heute speziell in Kolumbien, Brasilien und Paraguay angebaut werden.

Eine entsprechende, trotz allen Schwierigkeiten für Asien (ohne Rotchina) aufgestellte Schätzung[21] rechnet mit folgender Ausdehnung der Anbaufläche von HY-Zerealien:

1964/65	200 Acres
1965/66	37 000 Acres
1966/67	4 800 000 Acres
1967/68	20 000 000 Acres
1968/69	34 000 000 Acres

Unter der Annahme, daß jeder durch HYV ersetzte Acre einer herkömmlichen Art einen Mehrertrag von einer halben Tonne abgibt – was als konservative Annahme angesehen wird –, brächten die 34 Millionen Acres HYV-Kulturfläche in Asien allein eine Steigerung der Nahrungsmittelproduktion von 17 Millionen Tonnen, nach Brown «etwa 2 Milliarden US$ Wert in Getreide».

Auf eine umfassende Erfolgsanalyse der neuen Weizen- und Reisarten, die auch die Produktions- und Hektarertragswerte, die Anteile der HYV an der Produktions- bzw. Hektarertragssteigerung usw. einschließt, müssen wir zurzeit leider verzichten. Wir stoßen nämlich wiederum auf die schon bei der Anbaufläche genannten Schwierigkeiten (insbesondere die Definition der HYV und die statistisch-technischen Probleme); außerdem finden wir nur in den allerwenigsten Fällen Angaben über die Produktionswerte der HYV selbst; vor allem aber ist die erfolgte Produktionssteigerung nicht nur den HYV allein zu verdanken – die vielen ‹Fremdeinflüsse› (z.B. das Wetter usw.) müßten zuerst isoliert werden, was einen ausgezeichneten statistischen Apparat verlangt, eine Voraussetzung, die bis jetzt nicht erfüllt ist.

Die Kernfrage einer Erfolgsanalyse der GR – wie groß der Anteil der verschiedenen HYV an der erfahrenen Produktionssteigerung wirklich ist – bleibt somit vorerst noch unbeantwortet. Willet[22] ist unseres Wissens der erste, der den Beitrag der HYV von Reis und Weizen an die Gesamtproduktion in Asien geschätzt hat[23]. Demzufolge erhöhten die HYV die totale Reisproduktion in Asien um 9% oder 14 Millionen Tonnen, die asiatische Weizenproduktion um 20% oder 8 Millionen Tonnen – was etwa 8% der Weltproduktion von Reis und nur etwa 3% derjenigen von Weizen entspricht[24].

Willetts Schätzungen mögen vielleicht etwas hoch erscheinen, wenn wir uns vergegenwärtigen, daß die Reisproduktion in Asiens Entwicklungsländern 1968/69 nur etwa 15 Millionen Tonnen über dem Durchschnitt von 1960/1964 und die Weizenproduktion etwa 13 Millionen Tonnen über dem Durchschnitt von 1960/1964 liegt. Mit Sicherheit läßt sich jedoch keine Aussage machen, besonders auch, weil der Wettereinfluß äußerst schwierig zu berechnen ist[25].

Wie sehr uns die vorangegangenen Tabellen über die Ausdehnung der Anbaufläche einerseits faszinieren mögen, so eindeutig müssen wir anderseits daraus schließen, daß bisher nur einige Länder von der GR profitiert haben. Tatsächlich ist der Segen der GR geographisch – auf internationaler und noch mehr auf nationaler Ebene – äußerst stark differenziert. Mit andern Worten: die GR konzentriert sich heute hauptsächlich auf Weizen und Reis und innerhalb dieser Arten hauptsächlich auf die Länder in Süd- und Ostasien, in beschränkterem Maße auch auf Westasien und nur auf ganz wenige Länder in Afrika und Lateinamerika (mit Ausnahme von Mexiko). In den betreffenden Ländern beschränkt sie sich wiederum hauptsächlich auf Regionen mit genügend Wasser.

Tabelle 12 auf S.75 soll uns eine Vorstellung vom internationalen Stand des ohne Zweifel angetretenen Siegeszuges der kosmopolitischen Weizen- und Reisarten[26] vermitteln. Die mit ‹Erfolg› betitelte Kolonne zeigt, in welchen Ländern die HYV schon einen Großteil der Gesamtanbaufläche des betreffenden Stapelproduktes in Anspruch nimmt oder die HYV-Programme zumindest schon über das Versuchsstadium hinausgewachsen sind. Die mit ‹Versuch› betitelte Kolonne weist auf jene Länder, welche Versuche mit HYV unternehmen und also in Zukunft eventuell auch unter den ‹Erfolgsländern› eingereiht werden können. Die Jahreszahl deutet auf die Kultivierungsperiode hin, in der die in Klammern angegebene Menge (in metrischen Tonnen) Saatgut

Tabelle 12

Übersicht über die regionale Ausbreitung der CIMMYT-Weizen (W) und IRRI-Reise (R); Stand: Herbst 1969

Region und Land	Erfolg[1] W	R	Versuch[2] W	R
Südasien				
Afghanistan	+			
Indien	+	+		
Nepal	+	+		
Ostpakistan		+	1968/69	
Westpakistan	+	+		
Ceylon		+		
Westasien				
Iran	+			
Libanon	+			
Türkei	+			
Irak			1968/69 (800)	
Syrien			1969/70 (200)	
Saudiarabien			1969/70 (200)	
Ostasien				
Burma		+	1969/70 (300)	
Indonesien		+		
Laos		+		
Malaysia (West)		+		
Philippinen		+		
Südvietnam		+		
Afrika				
Marokko	+			
Tunesien	+			
Algerien			1969/70 (10)	
Ägypten			1969/70 (15)	1968/69 (100)
Sudan			1969/70 (5)	
Tanzania			1969/70 (3)	
Zambia			1969/70 (0,2)	
Ghana				1968/69 (2)
Liberia				1968/69 (3)
Lateinamerika				
Mexiko	+			
Bolivien			1968/69 (50)	
Panama				1968/69 (10)
Venezuela				1968/69 (10)

Anmerkungen:

[1] Erfolg: Ein beträchtlicher Teil der betreffenden Gesamtanbaufläche ist schon mit HYV bepflanzt, oder zumindest ist das HYV Programm über das Versuchsstadium hinausgewachsen.

[2] Versuch: Es werden Versuche mit HYV unternommen, doch erfolgt noch keine kommerzielle Produktion auf HYV-Basis. Die Jahreszahl deutet auf die Kultivierungsperiode hin, in der die in Klammern angegebenen Mengen (metrische Tonnen) Saatgut importiert wurden. (Importmengen nach Dalrymple, Imports, S. 4, 5, 13 und 14)

importiert wurde[27]. Über den Gebrauch von HYV in Rotchina lassen sich leider keinerlei Angaben machen, doch bestehen Anzeichen dafür, daß die neuen HYV auch im kommunistischen Block der Entwicklungsländer verwendet werden[28].

b) ‹Conquest of Hunger›?

Die Kardinalfrage, ob und wie sich die Ernährungslage der Dritten Welt verbessert habe und zu welchem Grade dabei die GR ‹schuld› sei, kann mangels statistischer Unterlagen nur teilweise beantwortet werden. Es bestehen zwar Produktionsindizes, doch läßt sich auf Grund fehlender Produktionsangaben über die HYV der Anteil der GR an der Bewegung der einzelnen Indizes wiederum nicht angeben. Zudem sagt ein Produktionsindex (und der begleitende Prokopfproduktionsindex) noch nicht viel über die wirkliche Verbesserung der Ernährungslage der Bevölkerung aus. Er gibt uns u.a. keine Antwort auf die Frage: a) ob die zusätzlich erzeugte Nahrung auch wirklich den Hungerleidenden zukam; b) wieviel von der Extraproduktion nach der Ernte durch Verderb verlustig ging; c) ob in einigen Regionen eine Zunahme und in anderen Regionen gleichzeitig eine Abnahme der Kaloriendeckung festzustellen war; d) ob der Anteil jener Menschen mit einer täglichen Kaloriendeckung von z.B. nur 1500 cal zu- oder abnahm; e) in welcher Weise sich die Qualität der Nahrung veränderte, ob z.B. Kinder aufbauwichtige Proteine erhielten; f) ob genügend ökonomischer Ansporn dafür besteht, daß die Farmer im kommenden Jahr gleich viel oder gar mehr anbauen; g) ob Verbesserungen im Markt- und Verteilungssystem vorgenommen wurden, so daß ein Teil der Extranahrung auch zu

Tabelle 13

Index der Nahrungsproduktion, Entwicklungsländer (ohne Kommunistisch-Asien), 1960–1969 (1957–1959 = 100)

Jahr	Lateinamerika		Ostasien[1]		Südasien[2]		Westasien		Afrika		Total	
	Prod.[3]	PKP[4]	Prod.	PKP	Prod.	PKP	Prod.	PKP	Prod.	PKP	Prod.	PKP
1960	105	99	109	103	111	106	101	96	107	102	107	102
1961	110	101	111	103	115	107	107	99	104	97	111	103
1962	115	102	115	104	111	101	111	100	111	101	113	102
1963	122	106	119	104	118	105	116	102	114	101	118	104
1964	126	105	127	108	121	105	117	101	117	101	122	105
1965	133	109	126	105	111	94	120	101	117	98	121	102
1966	135	106	135	109	108	89	124	102	117	96	122	100
1967	143	109	133	105	122	98	132	105	121	97	130	104
1968	143	107	139	107	132	104	132	103	123	96	134	104
1969	145	106	151	113	138	106	132	100	124	95	140	106

Anmerkungen:
[1] Burma, Kambodscha, Indonesien, Südkorea, Westmalaysia, Philippinen, Taiwan, Thailand, Südvietnam
[2] Ceylon, Indien, Pakistan
[3] gesamte Nahrungsmittelproduktion
[4] Prokopfproduktion

Quelle:
War on Hunger, Vol.IV, No.3, March 1970, S.18
Unterschiedliches Quellenmaterial verunmöglicht den Vergleich von Tabelle 13 mit Tabelle 6, S.23

den speziell Hungerleidenden in z.B. Städten und Dürregebieten gelangen konnten; und h) ob die hungerleidende Bevölkerung genügend Kaufkraft besitzt, um die zusätzlichen Nahrungsmittel zu erstehen. Während die Durchschnittsproduktionsindizes ein optimistisches Bild entwerfen mögen, können immer noch Millionen der Bevölkerung Hunger leiden[29].

Betrachten wir – unter Vorbehalt des eben Gesagten – die Nahrungsproduktionsindizes der Dritten Welt[30], so läßt sich in Übereinstimmung mit dem Titel der betreffenden Quelle feststellen: «Food: Better in Asia; Spotty Elsewhere.»

Der durchschnittliche Mann in Süd- und Ostasien erhielt 1969 zum dritten Male hintereinander mehr Nahrung als im betreffenden Jahr zuvor – nicht so seine Brüder in Lateinamerika, Afrika und Westasien. Der Index zeigt für die Dritte Welt im Kalenderjahr 1969 einen durchschnittlichen Anstieg der Nahrungsmittelproduktion von 4,4%, einen Anstieg, der die 1967 vom President's Science Advisory Committee geforderte Minimalzuwachsrate von 4% immerhin leicht überrundete. Die Prokopfproduktion stieg dagegen nur um etwa 2%. Große Ernteerträge, besonders von Weizen, Reis, einigen anderen Getreidearten und Zucker, sind für den äußerst bemerkenswerten Fortschritt in Süd- und Ostasien verantwortlich.

Ostasiens Produktion stieg 1968/69 um 8,6%; und obwohl die Bevölkerungsvermehrung das Wachstum der Prokopfproduktion auf 5,6% beschränkte, fiel es doch mehr als doppelt so groß aus wie im Vorjahr[31].

In Südasien war 1969 der Produktionsanstieg mit 4,5% ebenfalls recht beachtlich, trotzdem aber geringer als 1968 (8%). Die Steigerung der Prokopfproduktion betrug nur 2%, gegenüber 6% im Jahre 1968.

Weniger brillant ist das Bild in Lateinamerika: die Gesamtproduktion stieg 1969 etwas weniger als 1,5%, während die Prokopfproduktion um etwa 1% abnahm[32].

Ähnlich verhält es sich in Afrika. Afrikas Bild ist sogar besonders trübe, weil die Gesamtproduktion während der letzten 10 Jahre um 24% zugenommen hat, die Prokopfproduktion jedoch um 5% gesunken ist.

In Westasien stagniert die Produktion seit den letzten 3 Jahren; die Prokopfproduktion hat 1969 um etwa 3% abgenommen.

Obwohl wir nicht in der Lage sind, den Einfluß der GR zu quantifizieren, paßt das Bild der Bewegung der Gesamtproduktion ausgezeichnet zu Tabelle 12, S. 75: die ‹langjährigen› Erfolgsländer liegen weitaus zum größten Teil in Süd- und Ostasien.

Wie sieht wohl die Zukunft aus? Darüber lassen sich keine sicheren Aussagen machen – die GR ist im Fortschreiten begriffen, und Anzeichen sind vorhanden, daß sie ihren Erfolg bald auch auf andere Kontinente und Subkontinente übertragen wird. Ob der Hunger aber besiegt werden kann – und danach nicht wieder neue, noch schlimmere Probleme am Horizont aufziehen –, hängt nicht nur von der Produktion, sondern weitaus mehr von der Frage ab, ob das ‹integrierte Ziel› verfolgt und erreicht wird. Die Variablen, die dabei eine Rolle spielen, sind tausendfältig und unberechenbar. Jegliche Voraussage stützt sich auf die wackeligen Beine anderer Voraussagen, Annahmen und Hypothesen (besonders über das wirtschaftspolitische Verhalten). Im Verlauf der Arbeit werden wir viele dieser Variablen treffen und kennenlernen – es sei hier deshalb von weiteren Ausführungen abgesehen.

c) Der ‹Yield Take-Off›

Vielleicht noch eindrücklicher als die Ausdehnung der Anbaufläche der HYV weist die *Entwicklung der durchschnittlichen Flächenerträge* auf das Geschehen einer agrarischen Revolution hin. Diese Entwicklung gibt uns auch eine Antwort auf die oft gestellte Frage, ob die GR wirklich eine Zukunft habe, ob die GR tatsächlich eine neue Sonne und nicht nur ein Meteor oder eine Supernova am Himmel der Hoffnungslosigkeit sei. Zwei Gründe, von denen wir hier einen etwas näher betrachten wollen, erfüllen den Ökonomen mit Optimismus:

a) In den bisherigen ‹Erfolgsländern› läßt sich eindeutig ein sog. ‹yield take-off›, d.h. ein abrupter Übergang von während Jahrzehnten beinahe statisch verbliebenen niedrigen Hektarerträgen zu einem schnellen und kontinuierlichen Anstieg, feststellen.

b) Dieser ‹yield take-off› hat sich bereits für Millionen von Farmern als äußerst vorteilhaft erwiesen, was – dank dem Demonstrationseffekt – anderen Farmern genügend Ansporn und Grund zum Versuch mit der neuen Technologie gibt.

Technischer Fortschritt bewegt sich nicht geradlinig und stetig, sondern in Sprüngen[33] – weshalb wir eben von einem technologischen Durchbruch oder von einem ‹take-off› sprechen[34]! Die großen Hektarerträge und die enorme Verbreitungsgeschwindigkeit der HYV führen vereint zum beschriebenen ‹yield take-off›. Ein besonders eindrückliches und gutes Beispiel dafür ist der Weizen in den drei Ländern Mexiko, Indien und Pakistan (West) (Figur 3, S. 79).

Der raketenhafte Anstieg der Kurve in Mexiko – eine Verdreifachung des nationalen Durchschnittsertrages innerhalb von 15 Jahren (!) – spiegelt nicht nur die rasche Verbreitung der HYV und die wachsende Düngeranwendung auf allen Weizenfarmen in Mexiko wider, sondern auch die Tatsache, daß der größte Teil der Weizenanbaufläche innerhalb der Jahre 1950–1960 unter künstliche Bewässerung gebracht wurde[35].

Die Weizengebiete in Indien und Pakistan stehen unter den selben klimatischen Bedingungen, so daß die Ähnlichkeit in der Bewegung der Hektarerträge kaum weiter verwundert. Viel wichtiger ist die Übereinstimmung ihrer Tendenz mit den mexikanischen Erträgen nach der Einführung der HYV. Ihr Anstieg innerhalb der wenigen Jahre seit Programmbeginn übertrifft denjenigen der letzten Dezennien!

Die übrigen Länder, in denen die HYV rasche Verbreitung finden (vgl. Tabelle 9, S. 70) – darunter speziell Tunesien, Afghanistan, Marokko, Türkei und Iran –, scheinen an der Schwelle eines ähnlichen ‹yield take-off› zu stehen.

Beim Reis ist das Bild noch nicht ganz so klar und eindeutig wie beim Weizen – der Grund liegt hauptsächlich darin, daß der Prozentanteil der mit HYR bepflanzten totalen Reisanbaufläche wesentlich kleiner ist als beim Weizen und

Figur 3

Darstellung des ‹yield take-off› von Weizen und Reis in einigen Ländern
1000 lbs/acre

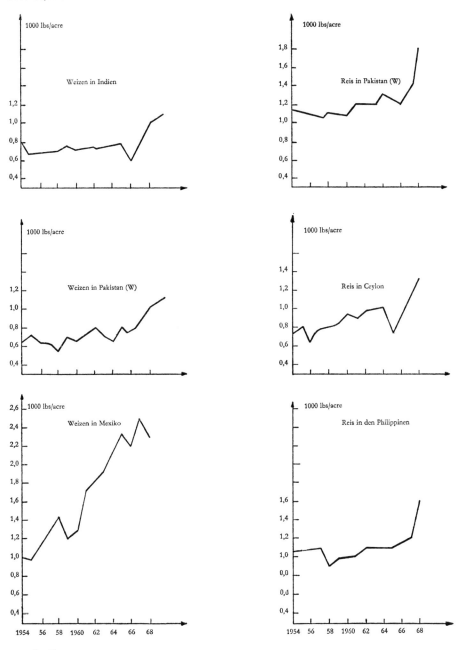

Quelle:
Reis, Philippinen: CCP, Philippines, Rice, Appendix, S. 1
Weizen, Mexiko: CCP, Mexico, Wheat and Corn, S. 7
Rest: Schertz, Food Supplies, S. 8

zudem im Durchschnitt ein größerer Prozentsatz der Weizenkulturen unter künstlicher, individuell regulierbarer Bewässerung steht, als das beim Reis der Fall ist. Nichtsdestoweniger zeichnet sich besonders in Pakistan (West), Ceylon und auf den Philippinen der Beginn eines ‹yield take-off› ab[36] – und Länder wie Indien, Burma, Thailand, Ostpakistan, Indonesien usw. stehen nicht weit davon entfernt.

Dieser ‹yield take-off› als sicheres Anzeichen einer agrarischen Revolution erfolgt in den verschiedenen EL in einem wesentlich früheren Entwicklungsstadium als vergleichbare technische Durchbrüche in Europa und Nordamerika (Tabelle 14, S. 81). In verschiedenen EL, in denen die neuen HYV mit Erfolg angepflanzt werden, können erst 25% der Bevölkerung lesen und schreiben, und das jährliche Prokopfeinkommen liegt unter 100 $ pro Jahr. Diese beiden konventionellen Meßziffern für den Entwicklungsstand waren in den heute industrialisierten Ländern beim Beginn ihres ‹take-off› wesentlich höher. Mit andern Worten: die EL haben heute dank dem gewaltigen Potential der GR die Aussicht, einen Großteil des ökonomischen Fortschrittes innerhalb weniger Jahre verwirklichen zu können, wozu es anderswo Jahrzehnte gebraucht hatte. Ob sie von dieser Möglichkeit Gebrauch machen werden, hängt von verschiedenen Faktoren ab: der Erfolg der GR läßt sich – in Übereinstimmung mit unseren Ausführungen über die Sektoren Agri-Kultur, Agri-Support und Agri-Klima – als Funktion der beiden großen Variablengruppen Wirtschaftspolitik und Kultivierungsmethoden verstehen. Randolph Barker vom IRRI führt neun Faktoren auf, die für die Ausdehnungsgeschwindigkeit der HYV und somit indirekt für den Erfolg der GR verantwortlich sind[37]:

a) Wasserkontrolle auf dem Felde
b) Pflanzenschutz
c) Erhältlichkeit der zu den HYV komplementären Produktionsfaktoren für den einzelnen Farmer (Saatgut, Dünger, Pestizide, Arbeit, Maschinen, Kredit usw.)
d) Qualität des Farmmanagements
e) institutionelle Struktur des Agri-Kultursektors
f) Überlegenheit der neuen über die alten Arten
g) Qualität des neuen Produktes und sein Anklang auf dem Konsummarkt
h) Organisation und Kapazität des Marketingsystems
i) Struktur des Regierungsapparates, Wirtschaftspolitik und Initiative

Diese kurze Aufzählung von Barker leitet uns zum neu entstandenen Problemkreis über – doch werfen wir zuerst noch einen Blick auf weitere positive Effekte.

B. Weitere positive Auswirkungen

Abgesehen davon, daß die HYV in einigen Ländern bei gewissen Stapelprodukten einen beträchtlichen Produktionsanstieg bewirken und dadurch erstens im malthusianischen Rennen wertvolle Zeit erkaufen und zweitens eine verstärkte allgemeine ökonomische Entwicklung erst ermöglichen, ohne daß gleichzeitig eine vom Nahrungssektor her induzierte Inflation droht[38], stellen

Tabelle 14
Zeitpunkt des ‹yield take-off› in einigen ausgewählten Ländern

Land	Nutzpflanze	Jahr
Japan	Reis	1900
Taiwan	Reis	1915
USA	Mais	1940
Mexiko	Weizen	1953
Philippinen	Reis	1965
Pakistan	Weizen	1967
Indien	Weizen	1967
Ceylon	Reis	1967
Afghanistan	Weizen	1969
Indien	Reis	1969*
Türkei	Weizen	1969*
Indonesien	Reis	1970*
Iran	Weizen	1970*
Marokko	Weizen	1970*

Anmerkung:
* bedeutet Schätzung

Quelle:
Brown, Seeds, S. 40

wir noch verschiedene andere positive Auswirkungen fest, die alle in der auf S. 165 f. beschriebenen Richtung einer integrierten Zielsetzung, eines allgemeinen ‹take-off› wirken.

Die Grüne Revolution bringt innert kurzer Zeit eine beträchtliche *Ausdehnung der Beschäftigung*, und zwar in allen Sektoren der Wirtschaft, die direkt oder indirekt von der Reorganisation der Landwirtschaft betroffen werden[39]. Hand in Hand damit geht eine wesentliche *Einkommensverbesserung* in verschiedenen Kreisen der Bevölkerung[40]. Weiter macht sich in großen Teilen der Welt eine nicht zu unterschätzende *Vertrauensfestigung* auf dem Lande bemerkbar, eine Festigung des Vertrauens in sich selbst, in die moderne Agrartechnik und in die Zukunft[41]. Die spektakulären Erfolge der HYV wecken in beinahe allen Regierungskreisen der Dritten Welt ein *wachsendes Eigeninteresse*[42] an der Entwicklung und Förderung einer gesunden Landwirtschaft. Und langsam sickert die Erkenntnis durch, daß ein dominierender primärer Sektor den ökonomischen Fortschritt gar nicht unbedingt hindert, sondern vielmehr substantielle Beiträge zur Gesamtentwicklung beizusteuern vermag. So spricht man im Zusammenhang mit den HYV nicht nur von der Grünen Revolution, sondern auch von der Revolution der Hoffnung.

Noch in einer anderen Hinsicht begünstigt die Grüne Revolution die Wirtschafts- bzw. Entwicklungspolitik auf das beste: a) Durch die Verbesserung der Ernährungslage ergibt sich meist auch eine *Verbesserung der Zahlungsbilanzlage*, falls die durch Wegfall von Nahrungsmittelimporten gesparten Devisen nicht durch Importe von Agrochemikalien, komplizierten und teuren landwirtschaftlichen Maschinen usw. wettgemacht werden. b) Die stark gestiegenen Hektarerträge pro Zeiteinheit ermöglichen eine *Freisetzung von Ressourcen* für andere Zwecke bzw. eine größere Verfügbarkeit industrieller Rohmaterialien.

Die *privaten Investitionen*[43] im Sektor ‹Agri-Kultur› haben stark zugenommen und sich in vielen Fällen sogar sprunghaft vervielfacht. Millionen von Farmern haben gelernt, daß der Ackerbau dank den HYV und der Anwendung moderner Bebauungsmethoden ein äußerst profitables Geschäft sein kann und im eigenen Betrieb investierte Gelder sich mit einem ansehnlichen Satz verzinsen. Dadurch – und im Zusammenhang mit einer fördernden Wirtschaftspolitik – hat auch die Investitionstätigkeit im Agri-Supportsektor stark zugenommen.

Naturgemäß hat die *agrobiologische Forschung* infolge der überzeugenden Resultate der HYV viel an Bedeutung und Anerkennung gewonnen; heute ist allgemein bekannt, daß der Weg zu einer modernen und produktiven Agrarwirtschaft unbedingt über die Anwendung der neuesten Forschung und Technologie führt[44]. Auch bürgert sich langsam die Erkenntnis ein, daß neue Nutzpflanzenarten – wie eben die HYV – oft eine gänzlich neue Agrartechnologie mit sich bringen. Brown schreibt dazu: «Vielleicht wichtiger als die wirkliche Menge des importierten neuen Saatgutes ist die Tatsache, daß ein Prototyp von Saatgut eingeführt wurde, der von einheimischen Pflanzenzüchtern verfeinert und genau den lokalen Bedingungen angepaßt werden kann. Die neuen Arten streichen damit die Bedeutung der Agronomen heraus und mögen so eine Renaissance des landwirtschaftlichen Forschungswesens einleiten.»[45]

Schließlich demonstriert die GR die *Untrennbarkeit von ländlicher und urbaner, von landwirtschaftlicher und industrieller Entwicklung* aufs schönste.

All die positiven Auswirkungen bringen neue Dynamik und vermehrt Aussicht auf Verwirklichung in die Entwicklungsplanung und -hilfe, und die enormen Anstrengungen internationaler, staatlicher und privater Geberorganisationen erscheinen unter einem neuen, etwas optimistischeren Licht.

3. KAPAZITÄTS-[46] UND INSTITUTIONSPROBLEME

A. Erhöhte Abhängigkeit von gekauften Produktionsfaktoren

Ein großes (eher momentanes) Problem entspringt der rapid zunehmenden und sich immer weiter vertiefenden Abhängigkeit der Agrarproduktion von Produktionsfaktoren wie Saatgut, Dünger, Pestiziden, landwirtschaftlichen Maschinen und Geräten, welche außerhalb des landwirtschaftlichen Betriebes fabriziert werden. Diese zunehmende Abhängigkeit ist ein Indikator der Modernisierung und Kommerzialisierung der Landwirtschaft, ein Zeichen für die Abwendung vom uneffizienten System der Subsistenzwirtschaft.

Die *Saatgutproduktion*[47] stellt einige technische, nicht zu unterschätzende Probleme, doch die zu erwartenden Resultate und Gewinne wirken sehr stimulierend. Das durch die klimatischen Bedingungen oft ermöglichte ‹multiple cropping› wie auch die Gelegenheit, einige Male erstklassiges Saatgut zu vorteilhaften Preisen[48] und Bedingungen in großen Mengen einzuführen, lösen die Kapazitäts- und Organisationsprobleme meist innert kürzester Frist[49].

Die gewaltigen *Düngermengen* – und in geringerem Maße auch die chemischen Pflanzenschutzmittel –, die als Komplementärfaktoren für den erfolgreichen Anbau der HYV plötzlich in großen Quantitäten nötig werden, stürzen die betreffenden Länder in enorme Probleme. Ein ausreichendes Düngerangebot[50] erfordert entweder sehr hohe Investitionen in einheimische Produktionsanlagen oder sehr hohe Devisenbeträge zur laufenden Einfuhr von Düngmitteln oder gar beides, wenn eine einheimische Produktion vorgezogen wird, die Rohstoffe jedoch eingeführt werden müssen. Nicht nur in der Produktion, sondern vor allem auch beim Verteilernetz ist die Kapazitätsgrenze aber bald erreicht, ein Nachteil, der sich auch mit allen Importen nicht beseitigen läßt.

Die vielen infolge der neuen Anbautechnik erforderlich gewordenen *landwirtschaftlichen Geräte und Maschinen* bilden einen besonderen Problemkreis. Die einen stecken entweder noch im Planungs- oder Versuchsstadium (wie z.B. die ‹multiple cropping› im Reisbau benötigten Reistrockner), oder aber ihre Produktion vermag wegen Zulieferungsschwierigkeiten von Halbfabrikaten (z.B. von hochwertigem Getriebestahl oder Reifen für die Traktoren in Indien) die Nachfrage nicht zu decken. Elektrische Maschinen wiederum können erst in elektrifizierten Gebieten betrieben werden; außerdem ist die einheimische Produktionskapazität bei gewissen Maschinen und Geräten schon längst überschritten (elektrische Pumpen für die dringend benötigte Bewässerung in Pakistan und Indien).

Ganz allgemein stellen wir fest, daß die unerwartet rasche Verbreitung der HYV gewaltige Kapazitätsprobleme im Agribusiness (besonders im Düngersektor) hervorruft und weitere Produktionsanstiege im Nahrungsmittelsektor vor allem von Programmen abhängig sind, die die bestehenden Engpässe in der Bereitstellung der komplementären Produktionsfaktoren beseitigen.

B. Erhöhung der Produktionskosten

In engstem Zusammenhang mit der erhöhten Abhängigkeit von gekauften Produktionsfaktoren steht die ganz beträchtliche Steigerung der Produktionskosten, was natürlich nicht ausschließt, daß das Einkommen aus der Produktion für den Einzelnen sowie für die ganze Volkswirtschaft sogar um ein Vielfaches steigen kann[51]. Eine solche zusätzliche Einkommenssteigerung erfolgt aber nur dann, wenn entsprechende Ausgaben vorangehen, was wiederum eine enorme *Expansion und Verbesserung des Farmkredit-, Banken- und Finanzierungswesens bedingt.*

C. Marketing-, Lagerungs-, Verarbeitungs- und Transportwesen

Wie schon die Produktionsfaktoren- und Finanzierungsmärkte sind auch diejenigen Institutionen und Organisationen der Produktionsexplosion einfach nicht gewachsen, die sich mit den landwirtschaftlichen Produkten auf dem Wege vom Produktionszentrum zum Konsumenten befassen[52]. Es handelt sich dabei u.a. um Sammelzentren, Transport- und Verarbeitungsinstitutionen und hauptsächlich um geeignete und verkehrstechnisch richtig situierte Lagerungsmöglichkeiten. – Die GR faßte bis jetzt beinahe ausnahmslos nur dort Fuß, wo solche Institutionen zum größten Teil schon bestanden, und auch dort stieg die Produktion über die Kapazität des Marketing-, Lagerungs-, Transport- und Verarbeitungssektors hinaus und löste damit beträchtliche Schwierigkeiten aus.

D. Sektor der öffentlichen Dienste

Jede moderne Landwirtschaft stützt sich auf eine ganze Reihe öffentlicher Dienstleistungen. Wo diese inadäquat oder überhaupt nicht vorhanden sind, wird der Fortschritt der GR gefährdet, verzögert oder gar verhindert. In diesen Bereich gehören: a) die *Erschließungsstraßen*, auf denen die Farmerzeugnisse zu den Markt- bzw. Verbraucherzentren und umgekehrt die Produktionsfaktoren auf die Landwirtschaftsbetriebe gelangen; b) das ganze Ressort der von der Öffentlichkeit zu bauenden *Bewässerungs- und Entwässerungsanlagen*[53]; c) ein gut eingespielter *landwirtschaftlicher Informationsdienst,* der die möglichst weite Verbreitung der neuesten Agrartechnik garantiert; d) eine wirksame *Marktinformation,* die den Produzenten über die gegenwärtigen und zukünftig zu erwartenden Preise auf dem laufenden hält; e) ein guter, moderner *statistischer Apparat* als Grundlage für wirksame wirtschaftspolitische Entscheidungen usw., und f) eine *flexible und pragmatische Agrarpolitik*[54].

Zudem ist der Ausbau eines nationalen *Agrarforschungsinstitutes* zur Verbesserung der Anpassungs- und Schutzeigenschaften der kosmopolitischen Getreidearten an die lokalen Bedingungen unbedingt nötig, damit der zukünftige Erfolg der GR und ein weiteres ‹self-sustained› Wachstum der Landwirtschaft gewährleistet ist[55]. Die vier internationalen Institute können wohl Forschungsgrundlagen und Ausgangssaatgut (wie z.B. IR-8 und IR-5) liefern und Pflanzenmaterial züchten, das sich unter einer Vielzahl von lokalen Bedingungen höchst erfolgreich kultivieren läßt, aber sie sind nicht in der Lage, «... die notwendigen Forschungsarbeiten weiterzuführen, um einerseits aus dem stetigen Kampf mit neuen Schädlingen und Krankheitserregern siegreich hervorzugehen und anderseits die gegebenen verschiedenen regionalen Bedingungen von Bodenqualität, Wasser, Marktlage, Straßennetz usw. optimal auszunützen».[56] Konsequenterweise bedarf es in jedem Lande eines gut organisierten und integrierten Forschungsprogrammes.

Die Lösung all dieser hier nur kurz angetönten Probleme erfordert in jedem Land gewisse Umstellungen und Neuorganisationen, Anstrengungen, Geduld und Geld – das ‹know-that› und ‹know-how› ist jedenfalls vorhanden, und Mittel und Wege zur Beseitigung der verschiedenen Flaschenhälse sind mehr oder weniger überall gefunden.

Im Zusammenhang mit der Verbreitung der HYV sei angedeutet, daß Kapazitätsprobleme zur Zeit der Einführung der neuen Nutzpflanzen (Versuchsprogramme und Beginn einer gewissen kommerziellen Produktion) eine relativ geringe Rolle spielen, da die HYV im allgemeinen nur auf dem besten Land und von den modernsten Farmern angebaut werden, die die neuesten Produktionsmethoden anwenden, und zweitens bis zur Erreichung eines bestimmten Prozentanteils der HYV an der Anbaufläche eine gewisse Kapazitäts- und Lagerreserve vorhanden ist. Der kritische Moment kommt erst, wenn dieser gewisse Prozentsatz überschritten wird. Die Probleme häufen sich natürlich sofort, wenn die breite Masse der ‹traditionellen› Bauern plötzlich begierig ist, auf die HYV umzustellen – eine große, weit verstreute Menge von Leuten ohne Kapital, ohne Bildung, ohne ‹know-how›, ohne Produktionsmittel...

Teil III Erfolgsinduzierte Probleme – ‹After the Hunger›

6. Kapitel   Einleitung zu Teil III – Wirtschaftliche und politische Revolution

"For a strategy of technological improvement to succeed on a sustained basis, it must include plans to cope with the consequences of its success."[1]

Eine Arbeit, die zur Zeit der Welthungerlage 1966 eine wirkliche Grüne Revolution prophezeit hätte, wäre unter der drückenden Beweislast des durch das President's Science Advisory Committee zusammengestellten, monumentalen und ausführlich ausgezeichneten ‹World Food Problem› als phantastisch abgetan worden. Und doch erwähnte William Gaud, der damalige AID-Administrator, schon im März 1968 die ‹Green Revolution› – sprechen heute die meisten Fachleute angesichts der unglaublichen, unerwarteten explosionsartigen Erfolge der HYV von einer Grünen Revolution.

«Der zur Ernährung der hungernden Welt noch 1967 durch das President's Science Advisory Committee ausgearbeitete Plan hat heute keine Gültigkeit mehr – er muß in drastischer Weise geändert werden...»[2]

Noch etwas anderes muß revidiert werden, nämlich das immer noch vorherrschende stereotype Bild vom Durchschnittsbauer in den EL, vom mexikanischen ‹ejidero›, vom schwarzen Maispflanzer aus Kenya, vom asiatischen Reisbauer. Ihre Traditionsgebundenheit ist bis anhin überschätzt, ihre Neigung

Tabelle 15

Gründe, die einen Bauern zur Planzung der neuen Reissorten bewegten. Laguna, Philippinen, 1967, Regenzeit

	Anzahl Farmer, die den betreffenden Grund nannten	Anzahl Farmer, die den betreffenden Grund als Hauptfaktor herausstrichen
a) erwarteter hoher Ertrag	105	97
b) Entscheidung des Grundeigentümers	55	6
c) auf Anraten des landwirtschaftlichen Informationsdienstes	68	0
d) erwarteter hoher Preis	41	1
e) auf Anraten des Nachbarn	11	0
f) andere	21	6
Total		110

Quelle:
IRRI: Agricultural Economics, IRRI, Philippines, 1967; zitiert nach Symposium, S.191

zur Einhaltung kultureller und institutioneller Gesetze überwertet und überdies der mangelnden Bildung als fortschritthemmendem Element zu hohes Gewicht beigemessen worden[3].

Der Hauptgrund für die bisher eher negative Einstellung des ‹traditionsgebundenen› Bauern in den EL gegenüber allen landwirtschaftlichen Neuerungen lag wohl darin, daß die Ertragssteigerung bei sämtlichen in seinem ökonomischen Bereich liegenden Investitionsmöglichkeiten zu gering ausgefallen wäre[4]. Bei der Beurteilung dieser Aussage sind wir leicht versucht, zu übersehen, wie horrend hoch z.B. der Zinssatz des ‹middleman› ist (manchmal über 100%!), welcher bis jetzt trotz großen Fortschritten im Agrarkreditwesen immer noch den Hauptharst landwirtschaftlicher Kredite vermittel[5].

Daß unsere Vorstellung einer Revision bedarf, beweist u.a. die rasche Verbreitung der HY-Reise in Asien – und schon die ersten spärlichen Untersuchungen über die Gründe, die den einzelnen Farmer zum Versuch mit den HYV bewegten, weisen auf das rationale Element in seinem Denken und Handeln hin.

Alles deutet darauf hin, daß diese sog. ‹ungebildeten, traditionsgebundenen Analphabeten› recht geschäftstüchtig und ‹grenzkostenbewußt› sind – jedenfalls wesentlich stärker, als bisher von Ökonomen und Spezialisten angenommen. Der ökonomische Ansporn muß einfach groß genug sein!

Es wäre gar nicht zu verwundern, wenn das durch die GR geförderte Denken bald auch ein verstärktes politisches und soziales Bewußtsein weckte, dem immer stärker vordringenden Element des ‹homo oeconomicus› also ein Element des ‹homo politicus› folgte.

Damit wird die Frage nach den politischen Konsequenzen der GR aufgeworfen. Führt die erfolgreiche Verbreitung der neuen Arten «... zu einer ökonomisch gestärkten Landbevölkerung – einem Bevölkerungsteil, der in EL beinahe ausnahmslos eine große Mehrheit darstellt? Werden aus dieser Schicht politische Parteien entstehen und die heutige Dominanz der Stadt zu Gunsten des Landes verschieben?»[6] Bringt die GR politische Stabilität oder Instabilität? Erhalten bei der GR die Optimisten Recht mit ihrer Annahme, daß der ökonomische Fortschritt zu größerer, weiterverzweigter Bedarfsbefriedigung und politischer Stabilität führt, oder gibt die Zukunft den Pessimisten Recht, welche (Bauern-)Revolten als Folge von zunehmenden Einkommensdisparitäten voraussagen?

In einer Analyse verschiedener Revolutionstheorien schreibt Lawrence Stone: «Der fundamentale Kern all dieser Analysen – ob von Historikern wie Brinton und Gottschalk oder von Politologen wie Johnson und Eckstein durchgeführt – liegt in der *Erkenntnis, daß das soziale System nicht mit dem politischen System harmoniert,* die Disharmonie entspringt einem Entwicklungsprozeß, in dem sich gewisse soziale Subsysteme vernachlässigt oder unterdrückt sehen. *Schnelles ökonomisches Wachstum, imperialistische Eroberung, neue metaphysische Anschauungen* und *wichtige technologische Änderungen* sind – in der genannten Reihenfolge – die vier häufigsten Ursachen solcher Divergenzen. Geht die Änderung in relativ bescheidenem Maße und genügend langsam vor sich, so ist weniger wahrscheinlich, daß die entsprechenden Mißstimmigkeiten zu gefährlicher

Größe anwachsen... Ist die Veränderung aber groß und rasch, dann mag sie das Gefühl der Unterdrückung, der Entfremdung und Ungerechtigkeit sehr schnell und gleichzeitig in viele Sektoren der Gesellschaft tragen – was vom bestehenden politischen System meist kaum verkraftet werden kann.»[7]

Unseren bisherigen Darstellungen zufolge erfüllt die Grüne Revolution Stones erstes und viertes Kriterium (schnelles ökonomisches Wachstum und wichtige technologische Änderungen), und der bisherige – und in begrenztem Sinne auch der zu erwartende – Änderungsprozeß ist außerdem eher ‹rasch› und ‹groß›.

Doch verbirgt sich hinter dem durch die GR erzeugten schnellen ökonomischen Wachstum wirklich eine latente Gefahr soziopolitischer Instabilität und Spannung? Laut Davies[8] kann (aber muß nicht) schnelles ökonomisches Wachstum Spannungen hervorrufen. Steigt der allgemeine Lebensstandard ebenfalls schnell und hält vor allem mit den Erwartungen der Individuen Schritt, so ist eher unwahrscheinlich, daß kurzfristige soziale Spannungen zu schweren Unruhen, ja zur Revolution führen. Hingegen ist der *Moment für eine potentielle Revolution bald erreicht, wenn das Wachstum stark hinter den Erwartungen herhinkt,* d.h. wenn in einer Phase des erwarteten Wachstums plötzlich eine Stagnation oder gar ein Rückschlag eintritt.

Bei der GR könnten zwei Gründe zu einer eventuell gefährlichen Diskrepanz zwischen Erwartungen und Erfüllungen führen: a) eine einseitige oder falsche Wirtschaftspolitik oder b) Natur und Prozeß der GR selbst. Konzentriert sich die Wirtschaftspolitik ausgesprochen auf Produktionserfolge, vernachlässigt also die ‹integrierte Zielsetzung›, und läßt mehr oder weniger jegliche soziopolitischen Fragen außer acht, so können sich einerseits zwischen reichen und armen Bauern innerhalb einer Region und andererseits zwischen Regionen mit unterschiedlichem Potential gefährliche Zwiespältigkeiten ergeben. Einige Erwartungen werden erfüllt oder gar übertroffen, die übrigen enttäuscht. Diese Politik der einseitigen Förderung der Produktion überwiegt naturgemäß in jedem Lande zu Beginn des nationalen HYV-Programmes (vgl. dazu die Punkte in Mexikos HYV-Programm, S. 45) – es stellt sich heute nur die Frage, wie schnell die Regierung wieder davon abkommt, wie bald sie die GR eben zu einem integrierenden Bestandteil der Entwicklungspolitik machen will und kann.

Aus dem bisherigen Verlauf der GR zu schließen, muß sich die Verbreitungsgeschwindigkeit der HYV nach dem anfänglichen explosionsartigen ‹take off› verlangsamen. Einerseits wird bald die gesamte bewässerte Anbaufläche mit HYV bebaut, andererseits ist das (leicht) bewässerbare Land innert kurzem erschöpft. Zudem werden die unumgänglichen Flaschenhälse besonders im Agri-Supportsektor ebenfalls eine Verlangsamung des Prozesses erzwingen.

Auf der anderen Seite tritt von einem bestimmten Entwicklungsstadium an eine Nivellierung des Gewinnes ein, weil die Produktivitätssteigerung (oder zumindest das Farmereinkommen) durch Produktepreissenkungen wettgemacht wird. Dieser Annahme liegen hauptsächlich folgende zwei Überlegungen zugrunde: a) vermutlich wächst die Produktion schneller als die Effektivnachfrage, und die Exportmöglichkeit nimmt zu gleicher Zeit ab (vgl. Kapitel 9); b) wahrscheinlich muß die Regierung im Laufe der Zeit aus verschiedenen Gründen von der produzentenbegünstigenden Preispolitik (und, wenn überhaupt durchgeführt, von der Produktionsfaktorensubventionierung) ablassen (vgl. S. 144 f.).

Die Regierung befindet sich in einem Dilemma; um die effektive Nachfrage dem Angebot anzupassen, muß sie entweder die gesamtwirtschaftliche Entwicklung stark beschleunigen (Kaufkraftschaffung) oder ein breites Sozialprogramm (Welfare) aufstellen. In beiden Fällen werden die Ressourcen, die dem landwirtschaftlichen Sektor zukommen, stark beschnitten. Mit andern Worten: die Wachstumsrate des landwirtschaftlichen Einkommens nimmt ab, die Lücke zwischen Erwartungen und Realisierung vergrößert sich, die Gefahr sozialer und politischer Unrast steigt.

Politisch-soziale Spannungen infolge einer Modernisierung dürften allerdings kaum größer sein als solche, die auf Grund von Stagnation, Enttäuschung und Hoffnungslosigkeit entstehen.

Unsere kurze Betrachtung soll die in die junge GR gesetzten Hoffnungen aber nicht etwa mit einer Wolke des Pessimismus verdüstern, sondern einfach Nachteile und Gefahren einer falschen Entwicklung beleuchten und dadurch auch den Rahmen zu einer geeigneten Wirtschaftspolitik entwerfen helfen; eine Wirtschaftspolitik also, welche die Erwartungen und Erfüllungen der einzelnen Individuen möglichst in Einklang bringt und die GR im Sinne einer ‹integrierten Zielsetzung› zu lenken versteht[9]. Die beste Garantie für eine friedliche politische, soziale und wirtschaftliche Entwicklung ist jedenfalls, daß die politischen Führer sich über Potential und Gefahren der GR im klaren sind und sich bereit erklären, auf den Wellen dieser Revolution zu reiten – hier bietet sich für jene Staaten und Organisationen, welche Entwicklungshilfe leisten, die einmalige Gelegenheit, die Entwicklung im Interesse von internationalem Frieden und Sicherheit in positivem Sinne zu beeinflussen.

In den nächsten Kapiteln wenden wir uns den wichtigsten erfolgsinduzierten Problemen und ihren wirtschafts- und sozialpolitischen Implikationen zu.

7. Kapitel Grüne Revolution und Bevölkerungsdynamik

1. ALLGEMEINES

Im folgenden Kapitel wollen wir versuchen, die *möglichen Auswirkungen* der GR auf die Bevölkerungsdynamik herauszukristallisieren[1] und auf diesem Wege u.a. Richtlinien für die Bevölkerungspolitik zusammenzustellen. Unsere Untersuchung unterliegt allerdings verschiedenen Einschränkungen:

a) Wir können unsere Aussagen nicht quantifizieren, da aa) keine demographischen Modelle existieren, die eine klare, uneingeschränkte und allgemeingültige Analyse der Beziehungen und Auswirkungen jeglicher arbiträr angenommener Altersverteilungen, Geburten- und Sterbewerte und ihrer Veränderungen erlauben; ab) wir uns in andere Wissensgebiete (Medizin, Ernährungswissenschaften) vorwagen müßten und ac) die Forschung über die Zusammenhänge Ernährung, Gesundheit, Sterblichkeit ganz allgemein noch in den Kinderschuhen steckt.

b) Unsere Aussagen lassen sich (noch) nicht kontrollieren, da ba) die GR noch zu jung ist, um schon spürbare Auswirkungen dieser Art zu zeitigen, und bb) im allgemeinen der statistische Apparat fehlt, mit dessen Hilfe solche Veränderungen festgehalten, isoliert und mit Erscheinungsformen der GR korreliert werden könnten.

Trotzdem läßt sich eine klare Forderung an die Wirtschaftspolitik richten: äußerste Anstrengung auf dem Gebiet der Familienplanung! Die Erfolge der GR befreien uns keinesfalls davon. Im Gegenteil, gerade auf Grund dieser Erfolge müssen sich unsere Anstrengungen auf bevölkerungspolitischem Gebiet vervielfachen – die GR kauft bestenfalls etwas Zeit im ‹malthusianischen Rennen›[2].

2. EINFLUSS VON FRUCHTBARKEIT UND STERBLICHKEIT
   AUF BEVÖLKERUNGSWACHSTUM UND ALTERSAUFBAU

Um sämtliche unerwünschten Einflüsse auf die Wachstumsrate durch sog. ‹built-in changes› im Altersaufbau auszuschalten, um die Auswirkung arbiträr angenommener Veränderungen von Fruchtbarkeits- und Sterblichkeitswerten auf die ‹wahre Wachstumsrate› zu isolieren, bedienen wir uns des Modells der stabilen Bevölkerung[3]. Wir vergleichen dabei zwei stabile Bevölkerungen mit unterschiedlichen Fruchtbarkeits- und Sterblichkeitswerten. Trotz den Einwänden gegen dieses Bevölkerungsmodell scheint seine Verwendung für unsere

Zwecke nicht ungeeignet zu sein: a) es demonstriert die endgültigen Auswirkungen arbiträr angenommener Fruchtbarkeits- und Sterblichkeitswerte und unterstreicht damit die Dringlichkeit bevölkerungspolitischer Maßnahmen doppelt; b) die in den EL angetroffenen Altersverteilungen unterscheiden sich nicht wesentlich von einem stabilen Altersaufbau[4].

A. Das typische Bild eines Sterblichkeitsrückganges

Bei der Untersuchung kommt uns zu Hilfe, daß historischen Erfahrungen gemäß die Verbesserung der allgemeinen Sterblichkeit – d.h. die Verbesserung der gesamten altersspezifischen Sterblichkeitsziffern – sich normalerweise im Rahmen eines bestimmten Musters vollzieht[5], das sich mit großer Sicherheit auch auf die weiteren, zukünftigen Sterblichkeitsverbesserungen der Dritten Welt anwenden läßt.

Diese Sterblichkeitsverbesserung – ausgedrückt als logarithmiertes Verhältnis der altersspezifischen Sterblichkeiten zweier Absterbeordnungen – kann als Summe dreier einfacher Komponenten verstanden werden. Die drei Komponenten A, B und C sind in Figur 4 schematisch dargestellt, wobei Kurve D die Summenwirkung charakterisiert. Das typische Sterblichkeitsrückgangsmuster setzt sich aus einem relativ scharfen Anstieg des $\log_e (l'_a/l_a)$ vom Alter Null mit leicht abnehmender Steigung bis ins Alter der frühen Kindheit (B-Komponente), einem beinahe linearen Anstieg der Kurve vom Alter 5–50 oder 60 (A-Komponente) und einem wiederum zunehmenden Anstieg der Kurve im Alter über 50 bzw. 60 (C-Komponente) zusammen.

Figur 4

Typisches Bild eines Sterblichkeitsrückganges, dargestellt durch das logarithmierte Verhältnis der altersspezifischen Sterblichkeitsziffern zweier Absterbeordnungen

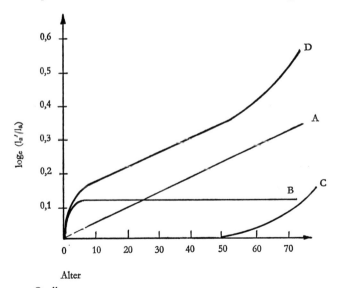

Quelle:
nach *Coale*, Ansley J.: The Effects of Changes in Mortality and Fertility on Age Composition, in: The Milbank Memorial Fund Quarterly, Vol. XXXIV, No. 1, January 1956, S. 89

B. Demographische Variablen und Altersaufbau

Die Auswirkungen sich verändernder Sterblichkeits- und/oder Fruchtbarkeitswerte auf den Altersaufbau demonstriert Figur 5. Sie vergleicht die verschiedenen stabilen Altersverteilungen einer weiblichen Bevölkerung unter Annahme der folgenden vier Kombinationen:

a) hohe Fruchtbarkeit – hohe Sterblichkeit
b) hohe Fruchtbarkeit – niedrige Sterblichkeit
c) niedrige Fruchtbarkeit – hohe Sterblichkeit
d) niedrige Fruchtbarkeit – niedrige Sterblichkeit[6]

Figur 5

Altersaufbau stabiler Bevölkerungen mit den vier Kombinationen von hoher bzw. niedriger Fruchtbarkeit und hoher bzw. niedriger Sterblichkeit

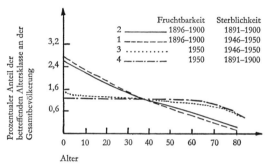

Quelle:
Coale, Effects, S. 94

Es geht allgemein daraus hervor, daß sinkende Sterblichkeit zusammen mit sinkender Fruchtbarkeit eine ‹Überalterung› der Bevölkerung bewirkt (Kurve 2 zu 3), daß aber eine Verbesserung der Sterblichkeit allein eine – wenn auch geringe – ‹Verjüngung› des Altersaufbaues ergibt (Kurve 2 zu 1 bzw. 4 zu 3). *Die Abnahme der Fruchtbarkeit ist also für den starken ‹Überalterungseffekt› verantwortlich* (Kurve 2 zu 4 bzw. 1 zu 3); bei gleichzeitigem Rückgang der Sterblichkeit überkompensiert sie gar den leichten ‹Verjüngungseffekt› des Sterblichkeitsrückgangs bei weitem[7][8].

C. Demographische Variablen und Wachstumsrate[9]

Unter Annahme einer konstant bleibenden Absterbeordnung bewirkt eine Veränderung der Fruchtbarkeit – unter der zusätzlich vereinfachenden Voraussetzung, daß die beiden Fruchtbarkeitsordnungen dieselbe Form aufweisen[10] – eine Veränderung der Wachstumsrate von

$$\triangle r \approx \frac{\log_e K}{T}$$

T ist der durchschnittliche Generationenabstand, und K bestimmt sich aus $m'_a = K \cdot m_a$, wobei m die altersspezifische Fruchtbarkeit in der Altersklasse a darstellt.

Bleibt die Fruchtbarkeit konstant und verändert sich lediglich die Sterblichkeit nach dem bekannten Muster, so ergibt eine relativ einfache geometrische Konstruktion die Veränderung in der Wachstumsrate (Figur 6).

Figur 6

Bestimmung der Veränderung der wirklichen Bevölkerungswachstumsrate bei konstanter Fruchtbarkeit und sich ändernder Sterblichkeit

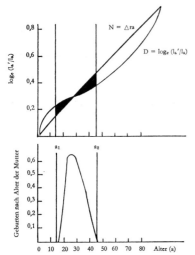

Quelle:
Coale, Effects, S. 87

Die Differenz der Wachstumsrate ($\triangle$ r) erhalten wir durch die Steigung der durch den Nullpunkt zu legenden Geraden N unter Zuhilfenahme der Kurve D (Logarithmus naturalis der Verhältnisse der altersspezifischen Sterblichkeiten, vgl. Figur 4): begrenzen wir die Kurve D mit zwei durch die Abszissenpunkte[11] $a_1 = 15$ und $a_2 = 45$ laufenden Parallelen zur Ordinate und legen die Gerade N so, daß die beiden entstehenden schraffierten Flächen, gewichtet mit der altersspezifischen durchschnittlichen Geburtenzahl, einander gleich sind.

Aus dieser Konstruktion geht hervor, daß der Einfluß der B-Komponente auf das Bevölkerungswachstum viel größer ist als derjenige der A-Komponente[12].

3. MANGELERNÄHRUNG UND DEMOGRAPHISCHE VARIABLEN

A. Allgemeines

Nicht adäquate Ernährung ist eng verknüpft mit einem suboptimalen Lebensstandard und führt zu einer Kette von Reaktionen: «... mangelhafte Ernährung – dadurch geringere Arbeitsleistung – kleinere Produktion – nur die Subsistenzkosten deckendes Einkommen – schlechte Erziehung und Ausbildung – verminderte Widerstandsfähigkeit gegenüber Krankheiten – hohe Kinder- und Säuglingssterblichkeit – niedrige Lebenserwartung...»[13] Doch was heißt adäquate Ernährung? Unter dem nicht klar definierten, dafür um so mehr verwendeten Ausdruck ‹Hunger›[14] verstecken sich drei verschiedene Bedeutungen:

a) Unterernährung: quantitativ unzureichende Ernährung während einiger Zeit; d.h., der tägliche Kalienverbrauch liegt unter dem täglichen Kalorien-Soll;
b) Fehlernährung: qualitativ unzureichende Ernährung während eines längeren Zeitraumes; es herrscht also Mangel an wichtigen Wirk- und Nährstoffen[15];
c) von Mangelernährung sprechen wir ganz allgemein, wenn wir nicht spezifizieren wollen oder können.

Der Sprung von einer mangelhaften Ernährung auf den Stand einer genügenden, richtigen Ernährung hat ökonomisch gesehen hauptsächlich zwei Folgen: a) er verbessert die körperliche und geistige Leistungsfähigkeit des Menschen und b) verändert gewisse demographische Variablen. Der Einfluß auf die körperliche und geistige[16] Leistungsfähigkeit ist äußerst wichtig und interessant, für uns im Augenblick jedoch von geringerer Bedeutung[17]. Wenden wir uns deshalb dem Zusammenhang Ernährung – demographische Variablen zu.

B. Sterblichkeit – die kritische Variable

Die Wachstumsrate einer stabilen Bevölkerung ist bekanntlich alleinige Funktion der altersspezifischen Fruchtbarkeiten und Sterblichkeiten sowie ihrer Veränderungen. Der Einfluß von Mangelernährung auf die altersspezifische Fruchtbarkeitsziffer wirkt zur Hauptsache auf dem Umweg über die Verbesserung der Sterblichkeit, indem nämlich a) mehr Frauen das Reproduktionsalter erreichen, b) mehr Frauen ihre volle Reproduktionsphase überleben und c) die vorgeburtliche Sterblichkeit abnimmt[18]. Wenden wir uns deshalb direkt der Beziehung Sterblichkeit – Ernährung zu.

Die Ernährung beeinflußt hauptsächlich die Sterblichkeit und dabei wiederum vor allem unsere B-Komponente (S. 92). Die Säuglings- und Kindersterblichkeit ist wegen der auftretenden Säuglings-, Kinder- und Mangelkrankheiten in der Dritten Welt besonders hoch. Lange Zeit glaubte man, daß allein das tropische Klima dafür verantwortlich sei; unzählige Untersuchungen widerlegten jedoch diese Annahme.

Die gefährlichen Krankheiten mit tödlichem Ausgang sind im Gegenteil nicht die spezifisch tropischen, sondern die kosmopolitischen Krankheiten, jene also, die vor 50–150 Jahren in den heute entwickelten Ländern die häufigste Todesursache darstellten. Infektionen wie Diarrhöe, Erkrankung der Atmungsorgane (besonders Tuberkulose, Lungenentzündung und Keuchhusten), Masern ..., gewiß auch oft noch verstärkt durch typisch tropische Infektionen, wie z.B. Malaria[19], halten in Asien, Afrika und Lateinamerika die Sterblichkeit aller Altersklassen, zur Hauptsache aber wiederum der Klassen von 0–5 Jahren, enorm hoch.

Es ist nicht schwer einzusehen, warum Diarrhöe und Erkrankung der Atmungsorgane gerade dort häufig einen tödlichen Ausgang nehmen, wo keine Wasserversorgung existiert, wo Haushaltabfälle und Fäkalien auf unhygienischem Weg beseitigt werden und die Behausungen übervölkert sind und keinen genügenden Schutz vor den extremen tropischen Klimas gewähren. Aber warum sterben Tausende von Menschen im Kindesalter an gewöhnlichen Kinderkrankheiten, wie Masern und Keuchhusten, Krankheiten, die doch in den IL nicht letal verlaufen? Heute gilt als allgemein erwiesen, daß die Mangelernährung der Hauptgrund für die übermäßig hohen Sterblichkeitsziffern bei Säuglingen und speziell bei Kindern ist. Die Sterbeziffern der 0–1jährigen können in den EL bis 10mal so hoch sein wie in den USA oder in Westeuropa; die Rate der Kindersterbeziffern für das Alter von 1–5 ist bis 40mal (!) so hoch. *Die Hauptschuld an dieser enorm hohen Sterblichkeit trägt die ungünstige Kombination von Erkrankung und Mangelernährung,* Faktoren, die sich gegenseitig schüren und verstärken[20].

Anfänglich mag es verlockend erscheinen, bei den Einflüssen der Ernährung auf die demographischen Variablen zu unterscheiden, ob es sich um Unter- oder Fehlernährung handelt. Zahllose Interdependenzen verunmöglichen jedoch ein solches Vorhaben. Die wohl günstigste Methode zur Veranschaulichung des ganzen Problemkreises ist die Unterteilung in:

a) spezifische, durch Fehlernährung hervorgerufene Krankheiten,
b) Protein-Kalorien-Mangelernährung (PCM) und
c) Infektionen und Mangelernährung.

Ohne näher auf Probleme der typischen Mangelkrankheiten[21] einzugehen, stellen wir die PCM und die Zwischenbeziehungen von Mangelernährung und Infektionen kurz und in groben Zügen dar.

a) Protein-Calorie Malnutrition (PCM)
Viele neue Untersuchungen zeigen, daß die heute gefährlichste und weitverbreitetste Mangelerscheinung der Protein-Kalorien-Mangel bei kleinen Kindern ist[22]. Die Erscheinungen von Protein- und Kalorienmangel sind beinahe untrennbar miteinander verbunden.

Die chronische Mangelernährung in den EL betrifft jene Gruppen am schwersten, die auf Protein- und/oder Kalorienmangel besonders reagieren, nämlich eben Säuglinge und Kinder im Vorschulalter sowie schwangere und stillende Frauen. Hauptopfer sind die Kleinkinder während und einige Monate nach der Entwöhnungsphase, zu einer Zeit also, in welcher der Bedarf des Körpers an Aufbaustoffen wie eben Kalorien und ganz besonders Proteinen enorm hoch ist. In den wenigsten EL – vor allem nicht in den armen und ärmsten Bevölkerungsschichten – erhält das junge Menschlein in dieser wichtigen Lebensphase die richtige Nahrung und, was besonders hervorzuheben ist, die richtige Nahrung in der richtigen Form. Daran ist nicht immer nur ein Mangel an ‹richtigen› Nahrungsmitteln, sondern oft auch mangelndes Wissen um gesunde Ernährung schuld.

Demzufolge leidet das Kind schon nach der Entwöhnung an einem leichten bis mittleren Kalorienmangel und außerdem – was weitaus schlimmer ist – an einem beträchtlichen Proteinmangel. Der Ernährungszustand bewegt sich also in einem kontinuierlichen Spektrum, das vom ‹Normalzustand› über leichte und mittlere Mangelernährung bis zu den schweren Syndromen von

Kwashiorkor und Marasmus reicht. Deshalb wurde in neuerer Zeit der Ausdruck PCM eingeführt, welcher das ganze Spektrum klassifizierbarer und nichtklassifizierbarer Mangelerscheinungen zusammenfaßt.

Unter Kwashiorkor[23] – der Folge von starkem bis chronischem Eiweißmangel – leidet hauptsächlich das Kleinkind im Alter von 6–36 Monaten[24]. Marasmus ist eine Kombination von Protein- und Kalorienmangel – zuwenig von allem oder ‹balanced starvation›. Er kann in allen Altersklassen vorkommen, betrifft aber am häufigsten das Kleinkind während der ersten Lebensmonate. In den meisten Fällen wird er ausgelöst durch einen Mangel an Muttermilch[25] oder durch eine Krankheit – vornehmlich Diarrhöe –, die die richtige Nahrungsaufnahme oder -verwertung verhindert.

Für Kwashiorkor und Marasmus lassen sich bis heute noch keine Letalitätsziffern ermitteln. Die spärlichen Angaben über einzelne Regionen sind ziemlich sicher unterschätzt, weil a) eine hohe, medizinisch noch nicht gänzlich abgeklärte Interdependenz zwischen PCM und interkurrenten Infektionen besteht und deshalb viele Sterbefälle gar nicht der wirklichen Ursache – nämlich der Mangelernährung – zugeschrieben werden[26] und b) man über die wirkliche Verbreitung von PCM zu wenig unterrichtet ist[27].

b) Interdependenzen zwischen Mangelernährung und Infektion[28]
Die Beziehungen zwischen Mangelernährung und Infektion können synergetischer[29] oder antagonistischer Natur sein, doch überwiegt beim Menschen anscheinend der Synergismus ziemlich stark[30]. Die Abwehrkraft des menschlichen Körpers wird durch Mangelernährung enorm herabgesetzt, der geschwächte Zustand der Haut, der Schleimhäute... des ganzen Körpers erhöht die Infektionsgefahr bedeutend, und die verminderte oder gar verhinderte Produktion von Abwehrstoffen vermag den Verlauf einer Infektion zuwenig oder gar nicht einzudämmen.

Anderseits kann eine Infektion den Ernährungszustand eines Menschen auf verschiedene Arten beeinflussen. Bei einem Patienten mit leichten Anzeichen einer allgemeinen Mangelernährung führt eine Infektion innert relativ kurzer Zeit zu einem Zustand schwerer PCM: Appetitverluste bis Nahrungsverweigerung, Verminderung bis Aussetzen der Fähigkeit des Körpers, die aufgenommene Nahrung richtig zu verwerten, wachsender Eiweißbedarf und -verlust bei fiebriger Infektion usw. sind einige Beispiele direkter Einflüsse der Infektion auf den Ernährungsstatus, die bei entsprechender Behandlung[31], vor allem aber für den wohlgenährten Patienten, ohne ernste Folgen bleiben. «Der größte Teil der Auswirkungen chronischen Protein-Kalorien-Mangels der jüngsten Altersklassen ist – wie die Masse eines Eisbergs – überdeckt und wird nur in den hohen Erkrankungs- und Sterblichkeitsziffern für Säuglinge und Kinder in der Dritten Welt offenbar.»[32]

Obwohl es noch zu früh ist, um aus den wenigen bisher durchgeführten Studien schon allgemeine quantitative Folgerungen zu ziehen, stellt der WHO-Monograph No. 57 doch wenigstens fest, daß «... Synergismus zwischen Mangelernährung und Infektion zu einem großen Teil für die hohe Sterblichkeit der Kinder und Säuglinge in EL verantwortlich ist».[33]

c) Überblick

Kommen wir nach erfolgtem Abstecher wieder auf unser ursprüngliches Problem zurück. Vier Punkte lassen sich bis jetzt festhalten:

a) Die Verbesserung der Ernährung – d.h. zumindest ein Angleichen des Ist- an den Sollverbrauch – bewirkt nicht nur eine die allgemeine ökonomische Entwicklung stark beeinflussende Steigerung der körperlichen und geistigen Leistungsfähigkeit, sondern auch eine enorme *Senkung der Sterblichkeit*. Der quantitative Einfluß kann heute noch nicht eruiert werden[34], doch ist sicher, daß nebst einer mäßigen Beeinflussung der A-Komponente eine äußerst starke Verbesserung der Säuglings- und Kindersterblichkeit (B-Komponente) eintritt. Da sich eine Verbesserung der Ernährung zur Hauptsache und in einem wesentlichen Maße auf die B-Komponente auswirkt und die B-Komponente zudem einen viel größeren Einfluß auf die Wachstumsrate ausübt als die A-Komponente, müssen wir ‹ceteris paribus› mit einem enormen Anstieg der Wachstumsrate rechnen.

b) Die Senkung der Sterblichkeit (besonders die Verbesserung der B-Komponente) ist zwar eine Funktion der Verbesserung der Nahrung, hängt aber ebenso von Ernährungssitten und -bräuchen (Bildungsfaktor) und der öffentlichen und privaten Hygiene (u.a. dem allgemeinen Stand der Entwicklung) ab.

c) Mit der Verbesserung der Ernährung ist nicht nur ein erhöhter Zerealienkonsum, sondern vor allem auch ein vermehrter Konsum hochwertigerer Nahrung, besonders animalischer Proteine (Einkommensfaktor), gemeint.

d) Daraus geht hervor, daß die HYV in ihrer heutigen Form allein einen relativ geringen Einfluß auf die Sterblichkeit hätten, daß sie aber als Grundstein in der ‹Grünen Revolution› bei Verfolgung des beschriebenen integrierten Zieles und in Verbindung mit der ‹neuen Strategie der landwirtschaftlichen Entwicklung›[35] zu einer unerhörten Sterblichkeitsreduktion führen können, einer Reduktion, die das Sterblichkeitsniveau der EL innert relativ kurzer Zeit dem Stand der IL angleichen könnte.

C. Grüne Revolution und Bevölkerungspolitik – Modellbetrachtung

Die Abnahme der Fruchtbarkeit, welche in der industrialisierten, ‹entwickelten› Welt vor etwa 100 Jahren einsetzte, in vielen Ländern immer noch im Gange ist und in jüngster Zeit auch besonders in Osteuropa und Japan erfolgte[36], basierte vollständig auf der persönlichen Initiative der betreffenden Eheleute, ihre Familiengröße zu begrenzen; zu diesem Zwecke kamen vielfach althergebrachte, oft schon seit Jahrhunderten bekannte Verhütungsmittel (inklusive Abtreibung) zur Anwendung. Meist opponierten organisierte Gesellschaftsgruppen – allen voran die Kirchen –; es wurden Gesetze gegen den Verkauf und Vertrieb von Verhütungsmitteln erlassen, jegliche befürwortende Bewegung womöglich im Keime erstickt – und doch senkte sich die Geburtenrate. Industrialisierung und Verstädterung wie auch die fortschreitende Emanzipation des weiblichen Geschlechts ließen die ‹europäische› Kleinfamilie zur Norm werden. Diese bedeutungsvolle Wendung vollzog sich in einem wesent-

Tabelle 16
Gewünschte Familiengröße und tatsächliche Kinderzahl (nach einer Zusammenstellung im WFP)

(1) Land	Bevölkerung	(2) Durchschnittlich gewünschte Kinderzahl	(3) Prozent derjenigen Eltern, die 4 oder mehr Kinder wünschen	(4) Prozent der Eltern mit lebenden Kindern, die nicht mehr als X Kinder wollen				(5) Durchschnittliche Lebendgeburten einer Frau	(6) Überschuß Lebendgeburten, in % der totalen Fruchtbarkeit	(7) Kindersterblichkeit auf 1000 Lebendgeburten
				2	3	4	5 und mehr			
Puerto Rico	Städtisch und ländlich	3,0	19	NA	NA	87	93	4,9	39	45–51
Ceylon	Ländlich	3,2	25	29	57	69	88	5,5	42	(53)
Türkei	Städtisch und ländlich	3,5	42	5	23	44	66	5,8	40	(165)
Thailand	Nicht erhältlich	3,8	54	48	71	86	96	6,0	37	(145)
Jamaica	Städtisch und ländlich	3,8	48	56	68	80	84	5,5	31	50
Taiwan	Städtisch	3,9	62	24	54	76	88	5,8	33	(30)
Pakistan	Städtisch	4,0	65	22[1]	44[1]	62[1]	68[1]	6,4	39	(160)
Indien	Städtisch und ländlich	4,1[2]	58[2]	27[3]	42[3]	75[3]	85[3]	5,4	24	(140)
Chile	Städtisch	4,1	58	NA	NA	NA	NA	4,5	9	111
Indonesien	Ländlich	4,3	66	17	23	37	41	5,9	27	125
Südkorea	Ländlich	4,4	76	NA	NA	NA	NA	5,7	23	(100)
Philippinen	Städtisch und ländlich	5,0	71	42	56	68	85	6,4	22	(73)
Ghana	Städtisch	5,3	88	NA	NA	NA	NA	6,6	20	(113)
Ungewichtetes Mittel		4,0	56	31	48	68	79	5,7	32[6]	86
10 europäische Länder[4]	Städtisch und ländlich	2,7	18	85[5]	92[5]	95[5]	93[5]	2,6	−4	25
Japan	Städtisch und ländlich	2,8	22	76	95	98	97	2,0	−40	20
USA	Städtisch und ländlich	3,3	40	NA	NA	NA	NA	3,3[7]	0	25

[1] Durchschnitt für Ost- und Westpakistan — [2] gewichtetes Mittel ländlicher und städtischer Erhebungen in Mysore (1952); eine städtisch/ländliche Stichprobe in Zentralindien (1958) und eine ländl. che Stichprobe aus der Gegend von Delhi (1957–1960) — [3] nur Zentralindien — [4] Österreich, Westdeutschland, Tschechoslowakei, Ungarn, Großbritannien, Frankreich, Schweiz, Norwegen, Italien, Holland — [5] nur Ungarn — [6] Länder mit nur städtischen Erhebungen ausgelassen — [7] berechnet aus Daten der Tabellen 5 und 17 des Demographischen Jahrbuches 1964 (UN)

Quellen:
Kolonnen 1–4: Sample survey results reported in Population Council Studies in Family Planning No. 7, June 1965. Kolonne 5: Cho, L.J., Estimated refined measures of fertility for all major countries of the world. Demography 1 (1):359–374. 1964. Kolonne 7: Our estimates, based on data given in United Nations, Statistical Office, Demographic Yearbook, 1964, New York 1965, Table 19. Zitiert nach WFP, Vol. II, S. 33

lich ungünstigeren Rahmen als die heutigen Familienplanungsprogramme der EL (vgl. S. 27 ff.), die aus innerer Einsicht, aus ökonomischen Gründen oder auf äußeren Druck hin zustande kommen und mehr oder weniger (öffentliche) Unterstützung genießen – und doch fehlt in den angesprochenen Bevölkerungsschichten häufig jegliches Interesse an Familienplanung, sind die Erfolge oft recht zweifelhaft und rechtfertigen die Anstrengungen der betreffenden Regierungen in keiner Hinsicht. Allerdings lassen sich die Verhältnisse der EL nicht mit denjenigen von z.B. Osteuropa vergleichen: das Bildungsniveau lag dort wesentlich höher, das Fruchtbarkeitsniveau etwa halb so hoch wie heute in den EL, und der innere Wille der Eheleute zu einer Beschränkung der Kinderzahl war sehr groß.

Untersuchungen haben ergeben, daß auch in den EL ein starker Wille zu einer gewissen Begrenzung der Kinderzahl anzutreffen ist[37]. Viele Eltern wollen keine zusätzlichen Kinder mehr und sind sehr stark an Verhütungsmethoden interessiert (vgl. Tabelle 16). Die Hälfte bis zwei Drittel aller Eltern in den EL wünschen 4 Kinder – doch auch 4 sind in Anbetracht der heutigen Weltlage noch zuviel, denn unter Berücksichtigung des Trends der demographischen Verhältnisse entspräche dies einer Verdoppelung der Bevölkerung innerhalb von ungefähr 30–35 Jahren. Die meisten Ehepaare in den industrialisierten Ländern wollen 2–4 Kinder, Ehepaare in den EL wünschen sich 3–5 Kinder; während nun aber die tatsächliche Familiengröße in der industrialisierten Welt leicht unter der gewünschten liegt, steigt sie in den EL um etwa 30% darüber hinaus.

In Ungarn und Japan wollen 95% bzw. 98% aller Eltern mit 4 lebenden Kindern, 92% bzw. 95% mit 3 und 85% bzw. 76% mit 2 lebenden Kindern keinen weiteren Nachwuchs mehr (Tabelle 16). Weit niedriger stehen die Werte in den untersuchten EL; die niedrigsten Prozentwerte finden wir in den vorwiegend islamischen Ländern (Türkei, Pakistan und Indonesien) vor. Diese Unterschiede zwischen der industrialisierten Welt und den EL können nur in Anbetracht der sozialen, ökonomischen und kulturellen Unterschiede richtig verstanden werden[38]. An erster Stelle steht die Notwendigkeit, mehr Kinder auf die Welt zu setzen, damit – unter Berücksichtigung der hohen Säuglings-, Kinder- und Jugendlichensterblichkeit – wenigstens die gewünschte Zahl Kinder überlebt.

«Bei hoher Säuglings- und Kindersterblichkeit müssen viele Kinder gezeugt werden, damit einige von ihnen mit Sicherheit die gefährlichen Altersklassen überleben und später für die alternden Eltern sorgen können.»[39]

Um das Bevölkerungsproblem und die Zwischenbeziehungen GR – Bevölkerung besser zu verstehen, schlagen wir vor, im folgenden zwischen gewünschter Kinderzahl, effektiv notwendiger, erfahrungsgemäß notwendiger, unerwünschter und tatsächlicher Geburtenzahl zu unterscheiden.

Die tatsächliche Geburtenzahl einer Ehe mit abgeschlossener Fruchtbarkeitsphase ist eine Funktion mit folgenden Komponenten:

a) Gewünschte Anzahl überlebender Kinder. Mit ‹überlebenden Kindern› meinen wir diejenigen Kinder, die das Reproduktionsalter erreichen, also die gewünschte Vermehrung der Familie sichern und den Unterhalt und die Versorgung der Eltern in späteren Jahren garantieren. Diese Zahl ist durch soziale, kulturelle, religiöse und ökonomische Überlegungen oder Bindungen bestimmt. Obwohl sie individuell verschieden ist, lassen sich doch gewisse charakteristische Durchschnittswerte verschiedener ethnischer und ökonomischer Gruppen unterscheiden. Die gewünschte Kinderzahl kann z.B. in den EL u.a. darum höher liegen, weil – wie in allen vorindustriellen Gesellschaftssystemen – der ganze Lebensprozeß auf eine große Familie abgestimmt ist.

b) Effektiv notwendige Anzahl Lebendgeburten zur Erreichung des unter a) gesteckten Ziels, im Hinblick auf die hohe Sterblichkeit in jungem Alter.

c) Den Erfahrungen der Eltern gemäß notwendige Anzahl Lebendgeburten zur Erfüllung des unter a) gesetzten Ziels. An einem Beispiel ausgedrückt: Möchte die Familie, daß mindestens 1 Sohn das Mannesalter erreicht[40], so müssen – unter der Annahme, daß von 2 Söhnen mindestens 1 vor Erreichung des Mannesalters stirbt, und unter Berücksichtigung der Sexualproportion (etwa 1:1) – 4 Kinder gezeugt werden. Dieser Wert stimmt normalerweise mit demjenigen von b) überein; eine Diskrepanz tritt höchstens in Zeiten mit (stark) ändernden Sterblichkeitsverhältnissen auf.

d) Unerwünschte Anzahl Lebendgeburten, die zusammen mit c) die tatsächliche Geburtenzahl ergibt. Die Differenz zwischen der den Erfahrungen der Eltern nach notwendigen Anzahl Lebendgeburten c) und der tatsächlichen Geburtenzahl ist allein auf ein mangelndes ‹know-how› in der Verhütungstechnik und eventuell auf die unzureichende Erhältlichkeit empfängnisverhütender Mittel zurückzuführen.

Diese Aufteilung setzt das Bestehen einer stark positiven Korrelation zwischen erwarteter Säuglings- und Kindersterblichkeit und Fruchtbarkeit voraus. Dürfen wir einen derartigen Zusammenhang einfach annehmen? – Verschiedene Untersuchungen stützen diese Hypothese, so u.a. Frederiksens Regionalvergleiche von Ceylon, Mauritius und Britisch-Guayana, wobei der Autor allerdings anstelle der Kindersterblichkeit nur die allgemeine Sterblichkeitsziffer verwenden konnte. Verglichen werden die allgemeinen Geburtenraten nach 1950 mit den allgemeinen Sterblichkeits- und Geburtenraten und den natürlichen Wachstumsraten während einer Periode vor 1950. Obwohl die Geburtenrate in allen drei Ländern in der unmittelbaren Nachkriegszeit aus verschiedenen Gründen[41] kurzfristig zugenommen hatte, ließ sich ein eindeutiger Zusammenhang feststellen: Die relative Änderung der Fruchtbarkeit korrelierte stärker mit der ursprünglichen Geburtenüberschußrate (negative Korrelation) als mit dem ursprünglichen Niveau der Geburtenrate (negative Korrelation) oder mit dem ursprünglichen Niveau der Sterblichkeitsrate (positive Korrelation)[42].

Tabelle 17, S.102, faßt die für uns wichtigen Daten zusammen. In allen drei Ländern registrierte man in jüngster Zeit für jene Regionen, die vor 1950 eine relativ hohe Sterblichkeit und eine relativ niedrige Wachstumsrate aufwiesen, einen Anstieg der Geburtenrate. In Ceylon und Mauritius zeigten die

Regionen mit relativ niedriger Sterblichkeit und hoher Wachstumsrate vor 1950 in neuerer Zeit, d.h. 1960 bzw. 1964, eine deutliche Abnahme der Geburtenraten. Für Britisch-Guayana sind keine Daten nach 1955 erhältlich. In jenem Jahr standen die Geburtenraten allgemein leicht höher als 1945–1949, doch war der Anstieg in den Regionen mit niedriger Sterblicnkeit (1945–1949) wesentlich geringer als in denjenigen mit hoher Sterblichkeit.

Tabelle 17

Sterbeziffer, Wachstumsrate und Geburtenziffer in Ceylon, Mauritius und Britisch-Guayana für je eine Region mit niedrigem und mit hohem Sterblichkeitsniveau

	Ceylon	Mauritius	Britisch-Guayana
Regionen mit relativ hohem Sterblichkeitsniveau			
Demographische Werte vor 1950			
Geburtenziffer	35,3[1]	39,0[3]	36,2[3]
Sterbeziffer	33,4[1]	31,3[3]	17,0[3]
Wachstumsrate	1,9[1]	7,7[3]	19,2[3]
Geburtenziffer nach 1950	46,1[2]	39,6[4]	42,7[5]
Regionen mit relativ niedrigem Sterblichkeitsniveau			
Demographische Werte vor 1950			
Geburtenziffer	40,3[1]	44,3[3]	43,8[3]
Sterbeziffer	21,0[1]	25,0[3]	13,1[3]
Wachstumsrate	19,3[1]	19,3[3]	30,7[3]
Geburtenziffer nach 1950	37,5[2]	38,8[4]	45,5[5]

Anmerkungen:
[1] Durchschnittswert auf 1000 Personen für 1930–1945
[2] Durchschnittswert auf 1000 Personen für 1960
[3] Durchschnittswert auf 1000 Personen für 1945–1949
[4] Durchschnittswert auf 1000 Personen für 1964
[5] Durchschnittswert auf 1000 Personen für 1955

Quelle: Frederiksen:
Tab.3, S.720
Tab.3, S.720
Tab.1, S.719, und Tab.2, S.720
Tab.1, S.719
Tab.2, S.720

Eine neuere Untersuchung aus Kairo unterstützt die hier vertretene Hypothese über den Zusammenhang von Kindersterblichkeit und Fruchtbarkeit ebenfalls. Mütter mit abgeschlossener Fruchtbarkeitsphase im Alter von 45–49 Jahren wurden in fünf Bildungsklassen eingeteilt und jede dieser Bildungsklassen weiter unterteilt in a) Mütter mit persönlicher Erfahrung mit Kindersterblichkeit und b) Mütter ohne diese Erfahrung. In allen Bildungsklassen verzeichneten jene Mütter, die ein oder mehrere Kinder verloren hatten, eine wesentlich höhere Geburtenzahl als Mütter ohne Kinderverluste[43].

Die Aufteilung der tatsächlichen Geburtenzahl in ihre Komponenten gibt uns Richtlinien und Ansatzpunkte für bevölkerungspolitische Maßnahmen im Zusammenhang mit der anläßlich der GR erfolgenden (bzw. bestimmt teilweise schon erfolgten) Sterblichkeitssenkung. Dabei gilt allgemein, daß die Aussichten für erfolgreiche Geburtenbeschränkungsprogramme äußerst gering sind, solange die gewünschte Kinderzahl noch nicht als gesichert erscheint und also die erfahrungsgemäß notwendige Geburtenzahl noch nicht erreicht ist.

Verfolgen wir an einem einfachen und äußerst abstrakten Beispiel in Gedanken das Verhalten dieser Komponenten in verschiedenen Phasen und die

Auswirkungen auf das demographische Wachstum und die daraus zu ziehenden bevölkerungspolitischen Konsequenzen (Tabelle 18).

In der Ausgangsphase I mit 6 das Reproduktionsalter erreichenden Kindern können sich Bevölkerungsprogramme nur auf die Vermeidung der 4 unerwünschten Geburten konzentrieren. Das Interesse an Familienplanung, die sog. Motivierung, ist in unserem Modell direkt abhängig vom prozentualen Anteil der das Reproduktionsalter überlebenden unerwünschten Kinder an der Anzahl ‹gewünschter Kinder›. Dieser Prozentsatz ist in der Ausgangsphase mit 50% relativ gering – von den 4 unerwünschten Lebendgeburten überleben doch nur 2; das Interesse des Individuums an Familienplanungsprogrammen ist relativ gering, und die Erfolgsaussichten für Programme dieser Art sind dementsprechend auch nicht besonders groß.

In der Übergangsphase II hat die durch Ernährungsverbesserungen bedingte Sterblichkeitssenkung bewirkt, daß die effektiv notwendige Geburtenzahl nicht mehr viel größer (in unserem Beispiel, Tabelle 18, überhaupt nicht mehr größer) ist als die Zahl der gewünschten Kinder. Es entsteht eine demographisch gefährliche Situation: die in der Fruchtbarkeitsphase stehenden Men-

Tabelle 18

Verhalten der die totale Kinderzahl bestimmenden Geburtenkomponenten in verschiedenen demographischen Entwicklungsphasen, Modellbeispiel

Geburtenkomponenten	Phasen, dazu gehörende Anzahl Geburten (G) und daraus hervorgehende Anzahl Überlebende im Reproduktionsalter (U)									
	I[1]		II[2]		IIa[2]		III[2]		IV[2]	
	G	U	G	U	G	U	G	U	G	U
a) gewünschte Kinderzahl	–	4	–	4	–	4	–	4	–	2
b) effektiv notwendige Lebendgeburten	8	4	4	4	4	4	4	4	2	2
c) erfahrungsgemäß notwendige Lebendgeburten	8	4	8	8	4	4	4	4	2	2
d) unerwünschte Lebendgeburten	4	2	4	4	8	8	0	0	0	0
e) Total (c + d)	12	6	12	12	12	12	4	4	2	2

Phasen:
Ausgangsphase I: vor Verbesserung der Ernährung, hohe Sterblichkeit der jungen Altersklassen
Übergangsphase II: nach Verbesserung der Ernährung, die Sterblichkeit der jungen Altersklassen ist wesentlich reduziert (in unserem Beispiel gar um 100%), von den Eltern jedoch noch nicht zur Kenntnis genommen worden. Es besteht eine Diskrepanz zwischen erfahrungsgemäß notwendigen Lebendgeburten und den effektiv notwendigen Lebendgeburten
Übergangsphase IIa: gleich wie Übergangsphase II, die Sterblichkeitssenkung ist jedoch von den Eltern zur Kenntnis genommen worden. Erfahrungsgemäß notwendige Lebendgeburten entsprechen wiederum den effektiv notwendigen Lebendgeburten. Ceteris paribus steigt die Zahl der unerwünschten Lebendgeburten
Phase III: gleich wie Übergangsphase IIa, die Zahl der unerwünschten Lebendgeburten konnte jedoch durch Geburtenbeschränkungsmittel eliminiert werden
Endphase IV: gleich wie Phase III, jedoch gelang es den Familienplanungsprogrammen, auch mit Erfolg auf die gewünschte Kinderzahl einzuwirken

Anmerkungen:
[1] Annahme: 50% der Geborenen sterben vor Erreichung ihres Reproduktionsalters; Sexualproportion 1:1
[2] Annahme: alle Kinder erreichen das Reproduktionsalter; Sexualproportion 1:1

schen realisieren diesen Sterblichkeitsrückgang noch nicht – die ‹erfahrungsgemäß notwendige Geburtenzahl› bleibt somit auf ihrem alten Niveau stehen. ‹Ceteris paribus› ergibt dies eine Verdoppelung des ‹Wachstums› von 6 auf 12 Überlebende[44] bei vorläufig gleichbleibendem, relativ schwachem Interesse für Familienplanung.

Die Sterblichkeitsverbesserung setzt relativ rasch und ‹unbemerkt› ein, ihre Realisierung auf dem Wege über ‹gesammelte Erfahrungen› beansprucht aber einige Zeit – dadurch ergibt sich ein beträchtlicher ‹time lag›, der die demographische Gefährlichkeit der Lage noch unterstreicht. Bis nämlich die Sterblichkeitssenkung von der fruchtbaren Bevölkerungsschicht endlich voll zur Kenntnis genommen wird, muß mindestens eine Kohorte Neugeborener die bis anhin gefährlichen Sterbejahre mit ‹Erfolg› durchlebt haben. Vermutlich genügt aber ein einmaliger Beweis immer noch nicht – die Eltern sind mißtrauisch, weil die Sterblichkeit früher auch oft sehr stark schwankte[54] und das ‹bessere Überleben› der betreffenden Kohorte in ihren Augen geradesogut zufälliger Art sein kann.

In der gedanklich eingeschalteten Phase IIa hat sich die erfahrungsgemäß notwendige Zahl der Lebendgeburten endlich der neuen effektiv notwendigen Geburtenzahl angeglichen. Die Summe der Lebendgeburten hat sich zwar nicht verändert, doch ist ‹ceteris paribus› die Zahl der unerwünschten Lebendgeburten stark gestiegen: Während der Anpassung der Erfahrungs- an die Effektivzahl müssen die ‹überflüssig› gewordenen 4 Lebendgeburten zu den ursprünglichen 4 addiert werden. Mehr noch als die unerwünschte Lebendgeburtenzahl fällt im Vergleich zu Phase I der Zuwachs der das Reproduktionsalter erreichenden unerwünschten Kinder ins Gewicht. Mit andern Worten: die Motivierung für Geburtenregelung hat überproportional zugenommen; der Prozentanteil der überlebenden unerwünschten Kinder an der Zahl der gewünschten Kinder ist von 50% (Phase I) auf 200% (Phase IIa) gestiegen.

Um die demographisch gefährlichen Auswirkungen der Übergangsphase II zu vermindern bzw. auf ein Minimum zu beschränken und möglichst rasch Phase III einzuleiten, muß die Bevölkerungspolitik an zwei Ansatzpunkten angreifen:

a) Die Bevölkerung muß gleich beim Übergang zu Phase II in besonderen Kampagnen über Tatsache, Möglichkeiten und Auswirkungen einer Senkung der Säuglings- und Kindersterblichkeit informiert und von der praktischen Übereinstimmung notwendiger Lebendgeburten mit der gewünschten Kinderzahl überzeugt werden;
b) die bisherigen Bemühungen um eine Verbreitung empfängnisverhütender Mittel sowie des technischen ‹know-how› müssen vervielfacht werden.

Diese Forderungen sind leichter gestellt als erfüllt. Mit den zuvor erwähnten Informationskampagnen wird vollkommenes Neuland betreten[46], die Zeit drängt, die administrativen, die organisatorischen und zum Teil auch die finanziellen Mittel sind meist nicht vorhanden, zudem ist es höchst schwierig, alle Bevölkerungsschichten zu erreichen und zu überzeugen; vor allem aber fehlt bis heute ganz einfach ein sicheres, wirksames und mühelos anwendbares Verhütungsmittel. Weiter darf man nicht vergessen, daß das Wissen um die Möglichkeiten einer Geburtenregulierung heute noch viel zuwenig verbreitet ist[47]. Der Zeitraum, der unweigerlich zwischen Beginn eines Familienplanungsprogrammes und seiner Wirksamkeit auf die Bevölkerungswachstumsrate verstreicht, verhindert außerdem einen Soforterfolg.

Demgegenüber stehen zwei Elemente[48], die den Erfolg der Familienplanungsprogramme zu fördern versprechen:

a) Das infolge der rapiden Zunahme an ‹Überschußkindern› ohnehin schon stark gewachsene Interesse für eine Geburtenregelung wird noch durch einen weiteren Faktor, den ‹Wohlstandsfaktor›, unterstützt. Steigende Einkommen können sinkende Kinderzahlen bedeuten. Dieser Zusammenhang läßt sich auf zwei Arten erklären: aa) «... Mit steigendem ökonomischem Wohlergehen der Leute nimmt auch die Sorge um Ausbildung und Sicherung des späteren Lebens der Kinder zu – und damit auch das Interesse an einer Begrenzung der Familiengröße».[49] ab) Mit vermehrtem Einkommen rückt vielfach die Realisierung lange gehegter (oder durch den sog. ‹Demonstrationseffekt› induzierter) Wünsche in greifbare Nähe; vermehrtes Zwecksparen fordert Beschränkung der Kinderzahl. Mit andern Worten: der Grenznutzen für Güter nimmt auf Kosten desjenigen für Kinder stark zu.

b) Es ist denkbar, daß die GR ihren Einfluß auf die Lösung des Bevölkerungs-/Nahrungsproblems noch weiter verstärkt, indem «... die Wahrscheinlichkeit, daß diejenigen, die die neue agrarische Technologie akzeptieren, auch empfänglicher werden für neue Ideen auf anderen Gebieten, einschließlich Familienplanung».[50]

Mit fortschreitender GR und der mit ihr einhergehenden Rationalisierung der Denk- und Handlungsweise eröffnet sich der Bevölkerungspolitik ein dritter Ansatzpunkt, der eine weitere Reduktion der demographischen Wachstumsrate verspricht, nämlich die Einflußnahme auf die gewünschte Kinderzahl (Phase IV).

Auf die ökonomischen Auswirkungen der Änderungen im Altersaufbau können wir hier nicht ausführlich eintreten. Ihre Einflüsse auf Konsum, Produktion und Versorgungslasten sind derart vielfältiger Natur, daß diese Betrachtung ein ganzes Buch für sich füllen würde. Es sei deshalb in diesem Zusammenhang lediglich auf einige Probleme hingewiesen, die sich beim Übergang von Phase I zu Phase III (bzw. Phase IV) ergeben.

Die Problematik des Altersaufbaus in den EL liegt im enorm hohen Anteil der Kinder an der Gesamtbevölkerung: etwa 40% der Bevölkerung haben das Alter von 15 Jahren noch nicht erreicht. Es sind dies alles Menschen, die meist nur konsumieren und nichts produzieren[51]. Die Belastung der Volkswirtschaften der EL durch derart große Prozentanteile junger Nichtproduzenten ist enorm hoch, und «Erziehungs-, Ausbildungs- und Gesundheitswesen strapazieren das Volkseinkommen».[52] Außerdem ‹frißt› das hohe Bevölkerungswachstum buchstäblich beinahe sämtliche ökonomischen Fortschritte auf und läßt für das Wachstum des Prokopfeinkommens und somit auch für Sparen und Investieren nur wenig übrig[53]. Soviel zur Ausgangsphase I.

Der Sterblichkeitsrückgang in Übergangsphase II bewirkt nun – da er nicht gleichzeitig von einer Fruchtbarkeitssenkung begleitet wird – eine weitere Verjüngung des Altersaufbaus! Obwohl diese zusätzliche Verjüngung keine sehr großen Ausmaße erreicht, können die wirtschaftlichen Folgen zusammen mit dem stark angestiegenen Bevölkerungswachstum verheerend ausfallen. Der raschestmögliche Übergang zu Phase III (bzw. Phase IV) ist daher lebens-, ja überlebenswichtig.

Wird Phase III (bzw. Phase IV) erreicht, so machen sich neben der niedrigeren Wachstumsrate noch zwei weitere Vorteile bemerkbar. Erstens bewirkt die Senkung der Fruchtbarkeit eine starke Abnahme des Anteils der Kinder und Jugendlichen an der Totalbevölkerung; d.h., wir erhalten eine ‹ältere› Altersverteilung, was der Volkswirtschaft der EL vorläufig sehr zugute kommt. Zweitens ist uns damit der Übergang von einem sog. verschwenderischen zu einem sog. sparsamen Bevölkerungstyp[54] geglückt – die Rentabilität sämtlicher Anstrengungen und Aufwendungen für Erziehung, Bildung, Kleider, Nahrung usw. der früher von der übermäßigen Sterblichkeit betroffenen Altersklassen steigt stark an.

Diese kleine Modellbetrachtung mag zu abstrakt erscheinen, doch zeigt sie nichtsdestoweniger die Probleme, die eine Verbesserung der Ernährung mit sich bringt. Die GR verlangt eine wesentlich stärkere Konzentration auf Familienplanungsprogramme als bisher, soll die gefährliche Übergangsphase nicht alle Früchte früherer Entwicklungsanstrengungen zerschlagen und im Verein mit der ohnehin überspannten Lage auf dem Bevölkerungssektor ein Chaos heraufbeschwören. Gelingt es der Bevölkerungspolitik, mit den schwierigen Problemen erfolgreich fertig zu werden, so finden wir uns der leicht paradoxen Situation gegenüber, daß mehr Nahrung (und bessere Nahrung) weniger Kinder ‹erzeugt› und somit die demographische Wachstumsrate senkt.

Über das Erreichen der von uns mit Übergangsphase bezeichneten Stufe, den Anstieg des Bevölkerungswachstums dank verbesserter Ernährung, ist sich die Fachwelt praktisch einig. Über die Phase III, das ‹Ob-überhaupt›, das ‹Wie› und ‹Wann›, erheben sich hingegen beträchtliche Meinungsverschiedenheiten. Wir vertreten die Ansicht, daß die Dauer der gefährlichen Übergangsphase allein davon abhängt, wie effizient, umfassend und restriktiv die Familienplanungsprogramme – mit den gegebenen technischen Verhütungsmethoden – sind und ob es innerhalb relativ kurzer Zeit gelingt, alle Bevölkerungsschichten zu erfassen. Wie stark die Wachstumsrate wirklich steigt, wie lange sie steigt und auf welches Niveau sie schließlich absinkt, ob Phase III dabei praktisch ausgeschaltet und direkt Phase IV erreicht wird, ist alles von der investierten Anstrengung abhängig. Die Rolle der Regierung ist dabei, «... zu ermahnen, zu informieren und Mittel zur Verfügung zu stellen; die Entscheidung und ihre Ausführung liegt bei den einzelnen Ehepaaren selbst, die ihren Interessen entsprechend handeln müssen».[55]

Die Pessimisten unter den Betrachtern malen allerdings ein düsteres Bild. William Paddock äußert sich vorsichtig-pessimistisch: «Ich bin tief beunruhigt über die Konsequenzen einer Verbesserung der Ernährungssituation, während wir gleichzeitig noch über keinerlei Mittel verfügen, um die Bevölkerungsexplosion wirklich zu stoppen.»[56] Ganz schwarz sieht Kenneth Boulding, der mit einem Hinweis auf Irlands Kartoffelkrise (1845–1847) bemerkt, daß, solange das Bevölkerungswachstum nur durch Hunger und Elend kontrolliert wird, eine das Nahrungsangebot vergrößernde Technologie am Ende nur dazu gereiche, «das gesamte Elend zu vergrößern, indem sie die Gesamtzahl der Menschen erhöhe».

4. NEUE DEFINITION DES ‹BEVÖLKERUNGSPROBLEMS›

Das in den sechziger Jahren erneut wachgerufene malthusianische Denken, welches sich seit Veröffentlichung des ‹Essay on the Principle of Population ...› 1798 hauptsächlich auf die Begriffe von Nahrungsmittelknappheit und Hungersnot konzentriert hatte, muß in den siebziger Jahren neu gefaßt und neu gestaltet werden: Das Bevölkerungsproblem verlangt nach einer neuen Definition.

Es sind folgende zwei Phänomene, die eine solche Neufassung nötig machen: Das erste ist die wohlbekannte Grüne Revolution mit der gleichzeitig wachsenden Aussicht auf die Beseitigung des Proteinhungers[57]. Obwohl sie nicht die absolute Lösung des malthusianischen Problems bedeutet, verringert sie doch wenigstens in naher Zukunft die Wahrscheinlichkeit eines Massenhungers.

Während die Gefahr des Hungers also abnimmt, vergrößert sich aber die Zahl der den Arbeitsmarkt belastenden jungen Leute gewaltig – das zweite Phänomen. Die Bevölkerungsexplosion begann in den meisten EL vor etwa 15–20 Jahren und bewirkte einen mehr oder weniger sofortigen Anstieg der Nachfrage nach Nahrungsmitteln. Säuglinge und Kinder verlangen nach keiner Beschäftigung in der Wirtschaft, müssen keinerlei Einkommen erzielen, belasten den Arbeitsmarkt noch nicht. Der bei einer Bevölkerungsexplosion erfolgenden sofortigen Explosion der Nachfrage nach Nahrungsmitteln steht keine äquivalente Bewegung auf der Beschäftigungsseite gegenüber. Mit dem Eintritt in die siebziger Jahre jedoch ändert sich die Lage. *Das Bevölkerungs-/Nahrungsproblem der sechziger Jahre wird zum Bevölkerungs-/Beschäftigungsproblem der siebziger Jahre* – und während schon die Ernährung der vielen zusätzlichen Mäuler keine leichte Aufgabe ist, bringt die Beschäftigung der vielen zusätzlichen Arme und Hände im Arbeitsmarkt der EL wie auch die Schaffung von Einkommen (ohne das weder Entwicklung noch Beseitigung des Hungers möglich ist) noch viel schwierigere Probleme. Diese neue Aufgabe, eine mögliche Lösung und vor allem den Zusammenhang mit der Grünen Revolution werden wir im nächsten Kapitel näher beleuchten.

8. Kapitel Beschäftigung, landwirtschaftliche Mechanisierung und Gesamtentwicklung

1. ÜBERBLICK – ARBEITSMARKT, BESCHÄFTIGUNG UND WIRTSCHAFTSWACHSTUM

A. Der Arbeitsmarkt im allgemeinen

Steigende Beschäftigung und der daraus hervorgehende soziale Fortschritt gehen nicht automatisch mit ökonomischem Fortschritt, mit dem Wachstum des Bruttosozialproduktes einher – wohl eine der wichtigsten und ernüchterndsten Feststellungen der vergangenen 20 Jahre Entwicklungsanstrengungen. Was bedeutet ein Anstieg von Sozialprodukt, Außenhandel und Investitionstätigkeit für die Hunderttausende von Menschen, die ihr Leben weiterhin innerhalb einer Subsistenzwirtschaft verbringen, in einem Zustand von Elend, Armut und Krankheit? Schafft der Entwicklungsprozeß nicht vermehrt Arbeitsstellen, verschafft er dem durchschnittlichen Arbeiter nicht auch eine Beteiligung am Fortschritt, so müssen wir von einem Wachstum ohne Entwicklung sprechen. Ein solches Verhalten ist – wie wir wissen – gefährlich; sobald die auf Grund von ‹Demonstrationseffekten› oder leeren Versprechungen seitens verantwortungsloser Politiker gesetzten Erwartungen sich nicht erfüllen, können leicht Unrast, soziale und politische Unruhen oder gar eine Revolution daraus erwachsen.

Die allgemeine Lage ist ungünstig genug: obwohl die Dritte Welt als Gesamtheit von 1955–1965 sogar eine leicht höhere Wachstumsrate des realen Bruttoinlandproduktes aufzuweisen hatte als die übrige Welt der IL[1], lag die durchschnittliche jährliche Wachstumsrate des realen Prokopfbruttoinlandproduktes von 2,1% infolge des stärkeren Bevölkerungswachstums in den EL[2] unter demjenigen der IL von 2,8%. Schließen wir den gewaltigen absoluten Unterschied des Prokopfeinkommens zwischen den IL und den EL in unsere Betrachtungen mit ein, so erscheint die Lage geradezu als gefährlich (Tabelle 19): die klaffende Lücke zwischen Reich und Arm wird größer und größer.

Die Situation ist bedrohlich, doch bestehen klare Anzeichen dafür, daß sie sich in Kürze noch verschlechtern wird, falls keine Gegenmaßnahmen getroffen werden. Studien des International Labour Office im Zusammenhang mit ‹The World Employment Programme›[3] sagen voraus, daß *innerhalb des Jahrzehntes 1970–1980 weitere 226 Millionen Menschen den Arbeitsmarkt der EL belasten werden* (Tabelle 20, S. 109); d.h., die Arbeitsbevölkerung in der Dritten Welt wird von 1012 Millionen um 22% auf 1238 Millionen ansteigen[4]! Der Hauptteil dieser Zunahme betrifft Asien, dessen erwerbsfähige Bevölkerung von 804 Millionen um etwa 20% auf über 970 Millionen anwachsen soll. Obwohl in absoluten Werten viel geringer, wird der relative Zuwachs in anderen Regionen noch größer ausfallen: 32 Millionen (23%) in Afrika und etwa 30 Millionen (32%) in Lateinamerika.

Das Problem gründet aber noch weit tiefer: bis 1980 muß nicht nur für die neu hinzukommenden 226 Millionen Arbeiter Beschäftigung gefunden werden, sondern es müssen außerdem für alle Arbeitslosen von heute Arbeitsplätze geschaffen und alle Unterbeschäftigten ebenfalls voll ausgelastet werden.

Obwohl statistisch kaum erfaßbar, schätzt das ILO die *Arbeitslosigkeit* in den EL für 1960 auf 5%–10% der totalen erwerbsfähigen Bevölkerung und erwartet für 1970 etwa 76 Millionen Arbeitslose[5]. Diese Ziffer muß also noch zu

Tabelle 19

Reales Bruttoinlandprodukt pro Kopf in verschiedenen Regionen der Welt, 1955–1965 (US $, in Preisen von 1960)

Region	1965	Durchschnittliches Wachstum pro Jahr in US $	
		1960–1965	1955–1965
IL[1]	1725	59	43
EL	157	3	3
Lateinamerika	376	6	6
Afrika	120	3	2
Westasien	381	16	13
Süd- und Südostasien[2]	96	1	1

Anmerkungen:
[1] ohne kommunistische Länder Osteuropas und der UdSSR
[2] ohne Rotchina, Nordkorea und Nordvietnam

Quelle:
UN: World Economic Survey, 1967, Department of Economic and Social Affairs, Part I, Chapter I, Table 3, S.17

Tabelle 20

Erwerbsfähige Bevölkerung in 1000, 1950–1980, nach Regionen

Regionen	1950	1960	1970	1980
Welt	1 137 827	1 296 140	1 509 224	1 791 414
IL	393 328	446 680	497 590	553 284
EL[1]	744 499	849 460	1 011 634	1 238 130
Südasien	302 026	349 110	419 782	520 173
Ostasien[2]	302 969	334 339	384 177	453 024
Afrika	98 499	112 124	136 348	168 338
Lateinamerika	56 560	71 363	92 212	121 579
Ozeanien[3]	780	865	989	1 164

Anmerkungen:
[1] In die EL-Regionen sind noch einige IL mit einbezogen; deshalb ergibt die Addition dieser Regionen einen größeren Wert als das ausgewiesene EL-Total.
[2] ohne Japan
[3] ohne Australien, Neuseeland, Polynesien und Mikronesien

Quelle:
ILO, The World Employment Programme, S.19

den 226 Millionen addiert werden, was den Umfang der Aufgabe erst richtig erkennen läßt: bis zum Jahre 1980 müssen in der Dritten Welt über 300 Millionen neue Arbeitsplätze geschaffen werden.

Angaben über die *Unterbeschäftigung* sind noch schwieriger zu finden – die Tabellen 21 und 22 vermitteln uns zumindest eine schwache Ahnung davon. Alles in allem: «... Arbeitslosigkeit und Unterbeschäftigung belaufen sich heute auf etwa 25%–30% des gesamten Arbeitspotentials der EL... und dieser Prozentsatz ist noch im Steigen. Dies ist ein Verlust an produktiv eingesetzten Arbeitskräften in ungefähr derselben Größenordnung, wie sie die Industrieländer in den schlimmsten Jahren der großen Depression aufzuweisen hatten. Aber die Zahlen reflektieren nicht nur einen gewaltigen ökonomischen Verlust, sondern auch einen harten Kampf ums tägliche Leben, reflektieren Leiden, Dürftigkeit und oft bitterste Armut. Zudem ist Arbeitslosigkeit eine Quelle der politischen und sozialen Unrast...»[6]

Unterbeschäftigung und Arbeitslosigkeit herrschen hauptsächlich in der Gruppe der Nicht-Lohn- und Nicht-Salärempfänger vor. In den IL machen die

Tabelle 21

Unterbeschäftigung in einigen lateinamerikanischen Staaten, in Prozenten der Erwerbsfähigen[1]

Land	Primärer Sektor	Sekundärer und tertiärer Sektor	Total
Chile	30	28	–
Peru	13	29	–
Paraguay	40	–	–
Uruguay	20	–	20
Venezuela	–	–	50
Zentralamerika	30	–	–
Kolumbien	25	13,5	–

Anmerkung:
[1] Wegen unterschiedlicher Erfassungsart sind die verschiedenen nationalen Werte nicht genau vergleichbar.

Quelle:
ILO, The World Employment Programme, S. 43

Tabelle 22

Unterbeschäftigung in einigen asiatischen Ländern, in Prozenten der Erwerbsfähigen

Land	Jahr	Unterbeschäftigung
Ceylon		
Stadt	1960	20
Land	1960	10
Indien	1960	10
Föderation Malaysia	1962	2,2
Philippinen	1960	12

Quelle:
ILO, The World Employment Programme, S. 44

Lohn- und Salärempfänger etwa 75%–90% der Gesamtarbeiterschaft aus; in den meisten lateinamerikanischen Staaten beträgt ihr Anteil weniger als 50%, in den meisten afrikanischen und asiatischen Staaten weniger als 30%, oft gar nur 20%[7]. Der größte Teil der Arbeiterschaft setzt sich demnach aus Selbständigerwerbenden – Kleinbauern, Händlern, Handwerkern... und Familienarbeitern – zusammen[8]. In ländlichen Gegenden liegt der Grund der Arbeitslosigkeit bzw. Unterbeschäftigung in der niedrigen Intensität der Bodennutzung und in der Grundbesitzregelung. In urbanen Zentren können wir vier Gruppen von Arbeitslosen und Unterbeschäftigten unterscheiden: a) (meist vom Lande) zugewanderte Leute, die oft eine beträchtliche Zeit lang nach einer Beschäftigung Ausschau halten; b) aus der Grundschule Entlassene; c) Absolventen höherer Schulen und Universitäten; d) Leute vom Handwerks- und Dienstleistungssektor, also Hausierer, Straßenhändler, Schuhputzer, Träger usw.

B. Beschäftigung und Wirtschaftswachstum

Eine der Hauptfragen der Entwicklungspolitik in den EL bezieht sich auf den noch wenig erforschten Zusammenhang zwischen Beschäftigungsförderung und Wirtschaftswachstum und läßt sich etwa folgendermaßen formulieren:

Besteht ein Konflikt zwischen der Förderung der Beschäftigung und dem (maximalen) Wachstum des Sozialproduktes?

Lautet die Antwort ‹Nein›, dann darf die Politik der Beschäftigungsförderung mit ruhigem Gewissen vertreten werden. Im andern Falle ist zu erwägen, ob es nicht vorteilhafter wäre, wenn zugunsten einer raschen Schaffung möglichst vieler zusätzlicher Arbeitsplätze etwas vom Wachstum geopfert würde. Dies vermöchte auch den Lebensstandard der armen Bevölkerungsschicht schon in naher Zukunft merklich zu heben, obwohl dabei bewußt vom maximalen, gesamtwirtschaftlichen Wachstumspfad abgewichen würde. Vermehrte Beschäftigung wirkt sich nicht nur in vermehrter Produktion und erhöhtem Bruttosozialprodukt aus, sondern trägt vor allem auch zu einer gleichmäßigeren Einkommensverteilung und damit zu einer wirklichen Steigerung des Lebensstandards der ganzen Bevölkerung bei. Die meisten EL sind nicht in der Lage, breit angelegte Redistributionsprogramme durchzuführen, können aber die Beschäftigungsmöglichkeiten sicher substantiell erweitern.

Natürlich darf eine vermehrte Beschäftigung nur in einem begrenzten Bereich als adäquate Kompensation für einen langsameren Produktionszuwachs betrachtet werden, denn Wachstumsrate Null bedeutet Stagnation, und Stagnation ist im Falle der EL identisch mit anhaltender Armut und Unterentwicklung. Diese Grenze zu finden, ist nicht einfach; eine entsprechende Entscheidung muß auf manchen politischen und ökonomischen Werturteilen basieren.

Der Bereich zwischen maximalem Wachstum und Stagnation ist glücklicherweise ziemlich groß und läßt einer geschickten Wirtschaftspolitik genügend Spielraum: wie es verschiedene Wachstumspfade gibt, welche zusätzliche Arbeitsstellen mehr oder weniger schnell zu beschaffen vermögen, so gibt es auch verschiedene Methoden der Arbeitsbeschaffung, die ein rascheres oder langsameres ökonomisches Wachstum fördern.

Wie können wir nun aber solche Betrachtungen auf den landwirtschaftlichen Sektor übertragen, welche Maßnahmen lassen sich hier zur Beschaffung von weiteren Arbeitsplätzen anwenden, und wie verhält es sich generell mit ihrem Einfluß auf das Wachstum der Produktion? In der landwirtschaftlichen Produktion und Beschäftigung wäre eigentlich weit weniger wichtig, wer das Land besitzt, als wer es bebaut, also die Frage nach Effizienz und Arbeitsintensität der Kultivierung. Es besteht jedoch ohne Zweifel ein sehr enger Zusammenhang zwischen Eigentumsverhältnissen und Produktion – so gibt es z.B. zahlreiche Länder, in denen riesige Grundbesitzkonzentrationen in den fruchtbarsten Landesteilen Produktion und Beschäftigung sehr ungünstig beeinflussen und eine Aufteilung der Ländereien beispielsweise in kleine Familienfarmen oder eine starke, produktivitätsfördernde Besteuerung Produktion und Beschäftigung ziemlich sicher bedeutend heben würde[9].

Für unsere Politik ergeben sich also zwei Ansatzpunkte; der eine liegt in a) der Agrarbesitzstruktur und der andere in b) der Arbeitsintensität des landwirtschaftlichen Produktionsprozesses. Dem Umfang der Arbeit zuliebe müssen wir die komplexe Frage nach der Beeinflussung der Agrarbesitzstruktur offenlassen[10] und wenden uns deshalb gleich dem Produktionsprozeß zu.

In vielen industrialisierten Ländern gilt die durch viele Untersuchungen gestützte Hypothese, daß nach dem Prinzip der Gewinnmaximierung verfahrende Großfarmen effizienter arbeiten als Kleinfarmen und die ‹economies of scale› hauptsächlich auf die arbeitssparende Produktionstechnik zurückzuführen sind.

In Entwicklungsländern mit unbefriedigender Ernährungslage, mit einem Überschuß an landwirtschaftlichen Arbeitskräften und oft großer Knappheit an gutem Kulturland ist es hingegen äußerst wichtig, daß wir arbeitsintensive Produktionsmethoden unter Ausnutzung jeglichen hektarertragssteigernden technischen Fortschritts anwenden. Hektarertragssteigernder technischer Fortschritt – wie eben z.B. verbessertes Saatgut, Anwendung von Dünger und Insektiziden, Unkrautvertilgung usw. – läßt sich zudem auf Kleinfarmen ebenso effizient (wenn nicht gar effizienter) anwenden wie auf Großfarmen.

Man kann sich allerdings fragen, ob die Zukunft der Landwirtschaft (analog zum Industrialisierungsprozeß) auf weite Sicht nicht in der Vollmechanisierung der Agrarproduktion liege und schließlich doch zu einer Reduktion der landwirtschaftlichen Beschäftigung führe – die Antwort lautet vermutlich ‹Ja›. Die Lösung auf kurze oder mittlere Frist beruht jedenfalls auf der Einführung einer *selektiven Mechanisierung*. Eine selektive Mechanisierung kann Beschäftigung und Produktion ankurbeln. Oft ermöglicht sie z.B. auch erst eine Produktion, die vorher technisch gar nicht realisierbar war; oder dann eröffnet sie neue Perspektiven für ein ‹multiple cropping›. Außerdem besitzt diese Politik – wie wir noch sehen werden – den enormen Vorteil, daß dazu meist nur einfache, ohne teure ausländische Rohstoffe und Halbfabrikate auf arbeitsintensiver, werkstattmäßiger Basis hergestellte Geräte gebraucht werden. Traktoren mögen eine Ausnahme sein.

Entwicklungsländer, in denen Devisen, gelernte und hochqualifizierte Arbeiter und industrielle Roh- und Halbfabrikate (z.B. hochwertiger Stahl für den Getriebebau) knapp, dafür aber ungelernte, billige Arbeitskräfte um so zahlreicher sind, sollten deshalb eine Politik verfolgen, welche jene Mechanisierungsart fördert, die vermehrt Arbeit schafft und nicht etwa die existierenden Arbeitsplätze noch vermindert[11].

2. DIE HYV UND BESCHÄFTIGUNG

Eine Lösung des Agrarproblems in den EL innerhalb des gesamten Komplexes wirtschaftlicher und sozialer Entwicklung auf dem Wege über eine arbeitsintensive und kapitalsparende landwirtschaftliche Produktion empfiehlt sich nicht nur aus theoretischen Überlegungen heraus, sondern rein schon auf Grund der damit gemachten Erfahrungen in Japan und Taiwan[12]. Ein analoges Vorgehen in anderen EL war bisher infolge des bestehenden biologischen Flaschenhalses (S. 54ff.) nicht möglich[13]. Die kosmopolitischen Weizen- und Reisarten – und die entsprechenden, in nicht allzuferner Zukunft erhältlichen Arten anderer Kulturpflanzen – erschließen nun endlich allen daran interessierten EL die selbe Möglichkeit[14]. Die Ertragssteigerungen durch die neuen Weizen- und Reisarten sind so groß, daß sie in den meisten Fällen genügend Ansporn zum Wechsel von LV auf HYV geben. Da die Kultivierung der HYV zur Hauptsache auf der Verwendung von Agrochemikalien, verbunden mit einer sorgfältigen und intensiven Bebauungspraxis, beruht, sind die neuen Arten in Bezug auf die Farmgröße ziemlich neutral und beeinflussen deshalb die vorherrschenden Größenstrukturen der Produktionseinheiten kaum[15]. Und endlich ermöglichen die neuen HYV dank ihrer verkürzten Reifezeit und der relativ geringen Lichtempfindlichkeit in weiten Gebieten ein ‹multiple cropping›, was sich nicht nur in ungeahnter Weise auf Produktionsvolumen und Diversifikation der landwirtschaftlichen Produktion auswirkt, sondern auch dem Arbeitsmarkt ganz neue Perspektiven eröffnen kann.

Wo auch immer Daten verfügbar sind, zeigt sich, daß *die HYV für Anbau und Ernte mehr Arbeit verlangen als die LV*. Farmer, die das genetische Potential der HYV auch nur einigermaßen ausnützen wollen, müssen für die Bereitung des Saatbeetes wesentlich mehr Sorgfalt verwenden, häufiger und nach Vorschrift düngen[16], Unkraut und Insekten unter Kontrolle halten... Und all diese Vorgänge erfordern einen bedeutend vergrößerten Arbeitsaufwand. Zwei bzw. n Ernten pro Jahr auf derselben Anbaufläche verdoppeln bzw. ver-n-fachen nicht nur den Arbeitsaufwand, sondern erhöhen des Zeitdruckes wegen auch noch die Nachfrage auf dem Saisonarbeitermarkt. Im nördlichen Indien und in Westpakistan – beides Gegenden, in denen sich die HYV innert kürzester Zeit äußerst schnell verbreitet haben und der Mechanisierungsgrad wegen Devisenproblemen noch relativ gering ist – bestand zur Erntezeit ein derartiger Arbeitermangel (!), daß der Lohn für Saisonarbeit auf dem Lande über den Durchschnittslohn für ungelernte Arbeiter in den Großstädten hinausstieg.

«Für Ernte- und Vermarktungsarbeiten im Zusammenhang mit den HYV erreichten die Löhne der Saison- und Gelegenheitsarbeiter 20 und mehr Rupien pro Tag im Vergleich zu den üblich ausbezahlten 5 Rupien oder weniger.»[17] [18]

«Die Grüne Revolution – zumindest was die Weizenproduktion betrifft – hatte bis jetzt eindeutig eine arbeitsplatzschaffende Wirkung. Im Punjab herrschte in den Monaten April bis Juni beträchtliche Knappheit an Arbeitskräften, denn dies ist die Zeit, wo geerntet, gedroschen, vermarktet und die neue Kharif-Ernte ausgesät werden muß. Der auf dem Markt bezahlte Lohn stieg auf 15–25 Rupien pro Tag. Auch der landwirtschaftliche Lohn stieg an. Die Mechanisierung schreitet stark voran – zu einem großen Teil durch die Knappheit der Arbeitskräfte getrieben...»[19] Ähnlich lauten die Berichte aus Pakistan: «... haben auf Großfarmen die Nachfrage nach Arbeitskräften beträchtlich erhöht und ermöglichen eine wesentlich bessere Ausnützung der Arbeitskräfte auf Kleinfarmen...» – «... Erntearbeiten haben die Nachfrage nach Arbeitskräften um 20%–40% erhöht...» – «... Unkrautvertilgungsmaßnahmen ließen die Nachfrage nach Arbeit in die Höhe schnellen...» – «... In vielen Gegenden der Indusebene, wo die mexikanischen Weizen ihren Siegeszug angetreten haben, verdoppelte sich der Anteil der Ausgaben für Arbeit an den Gesamtkosten.»[20][21]

Die Wirkung auf die Arbeiternachfrage von seiten des Kultivators ist regional verschieden und hängt von den jeweiligen Wachstumsbedingungen, Kultivierungspraktiken und den lokalen Lohnverhältnissen ab. In Tabelle 23 (S. 115) sind einige der wenigen erhältlichen Daten über die lohnkostenmäßige Differenz zwischen den LV und den HYV in verschiedenen Ländern zusammengestellt. Daraus geht hervor, daß die Lohnausgaben für die neuen Arten durchschnittlich 50%–100% höher sind, obwohl der prozentuale Anteil der Arbeitskosten an den Gesamtproduktionskosten bei den HYV erwartungsgemäß meist etwas niedriger ausfällt. Extremfälle wie z.B. die indischen Staaten Bihar, Orissa und Uttar Pradesh sind auf spezielle lokale und zeitliche Umstände zurückzuführen und berühren das Durchschnittsresultat im weitern nicht. Ob und wie sich die Tatsache allgemein auf den Arbeitsmarkt auswirkt, hängt natürlich vom betreffenden Verbreitungsgrad der HYV ab. Ein solcher Einfluß kann bedeutend sein – wie eben im Falle von Westpakistan und Nordindien –, oder er kann bescheiden bis Null sein, wie z.B. bis heute in Ostpakistan beim HYR.

Mit den HYV scheint sich eine ähnliche Entwicklung anzubahnen wie dazumal in Japan und Taiwan, wo die Modernisierung in der Landwirtschaft Hand in Hand mit vermehrter Beschäftigung ging. In Japan und Taiwan – Ländern also, die ihre Produktion mehr oder weniger gänzlich auf HYV (nicht IRRI-Reisarten) umgestellt haben – braucht es durchschnittlich zur Kultivierung und Ernte eines Acre Reises 170 ‹man-days› im Vergleich zu 125 in Indien und 100 auf den Philippinen, d.h. in Ländern, die erst 7% bzw. 32% ihrer gesamten Reisanbaufläche mit HYR bepflanzt haben. Obwohl also in Japan und Taiwan mehr Arbeit pro Acre aufgewendet wird, ist pro Tonne produzierten Getreides weniger Arbeitsleistung nötig! Die bis jetzt erhältlichen Daten aus anderen Ländern weisen eine ähnliche Tendenz auf, so z.B. für Weizen in der Türkei, in Indien und Pakistan, wo für die Produktion von einer Tonne HYV-Getreide im Vergleich zu den LV etwa 20% weniger Arbeit notwendig ist.

Aus Gründen der Übersichtlichkeit und mangelnder statistischer Informa-

Tabelle 23

Arbeitskostenunterschiede bei der Kultivierung von LV und HYV; Untersuchungen aus Pakistan, Türkei, Indien und den Philippinen

Land bzw. Staat, Nutzpflanze, Saison	Arbeitskosten				HYV = X%, wenn LV = 100%
	LV Betrag	in % der Totalkosten	HYV Betrag	in % der Totalkosten	
Pakistan (Rupien/Acre)[1]					
Ostpakistan, Boro-Reis	137	46	225	47	164
Westpakistan, Weizen	70	34	115	32	164
Türkei (US $/Acre)[2]					
Denizli-Provinz, Weizen, 1967/68	7,87	10	11,10	9	141
Philippinen (Pesos/ha)[3]					
Rizal-Provinz					
Regenzeit 1967: IR-8			440	85	147
BPI-76			302	94	101
Intan	299	90			
Trockenzeit 1968: IR-8			420	80	143
IR-5			462	73	158
C-4			426	77	145
Binato	293	86			
Indien (Rupien/Acre)[4]					
Andhra Pradesh (Reis, Kharif 1967/68)	80	53	136	44	170
Bihar (Reis, Kharif 1967/68)	100	83	105	50	105
Kerala (Reis, Kharif 1967/68)	154	70	227	59	147
Madras (Reis, Kharif 1967/68)	108	39	211	47	195
Maharashtra (Reis, Kharif 1967/68)	63	63	73	44	116
Mysore (Reis, Kharif 1967/68)	66	42	114	31	173
Orissa (Reis, Kharif 1967/68)	63	50	64	32	102
Punjab (Reis, Kharif 1967/68)	41	46	103	47	251
Uttar Pradesh (Reis, Kharif 1967/68)	31	69	197	55	635
Westbengalen (Reis, Kharif 1967/68)	71	49	208	49	293
Alle indischen Staaten	77	57	149	46	194

Anmerkungen und Quellen:

[1] Arbeitskosten umfassen Pflügen, Ernten und mit der Aussaat zusammenhängende Arbeiten; vgl. die verschiedenen CCPs für Reis bzw. Weizen, West- und Ostpakistan, S. 14, 15, 8, 23

[2] Arbeitskosten enthalten sämtliche für Arbeit ausgelegte Beträge, inkl. Familienarbeit. CCP, Turkey, Wheat, S. 29 (Untersuchung des Ministry of Agriculture, Turkey)

[3] Nicht nur Arbeitskosten; die Werte sind zusammengestellt aus ‹Other costs: Land preparation; pulling of seedlings; transplanting; weeding; harvesting; threshing and seeds›. Weitaus der größte Teil dieser Posten besteht jedoch aus Arbeitskosten. Vgl. CCP, Philippines, Rice, S. 33 und 34 des Appendix (IRRI Untersuchung)

[4] Arbeitskosten enthalten sämtliche für Arbeit ausgelegte Beträge. PEO Survey, Kharif 1967/68, CCP, India, Rice, S. 46

tion beschränken wir uns im folgenden auf mögliche Auswirkungen der HYV auf die Beschäftigung im Agrarsektor selbst und begnügen uns, was die *Ausdehnung der Beschäftigung im Nicht-Agrarsektor* betrifft, im Verlaufe der Arbeit mit vereinzelten Bemerkungen. (Vgl. z.B. S. 128 ff.)

Die Ausdehnung der Nachfrage nach Arbeitsleistung im Nicht-Agrarsektor ist im Hinblick auf die integrierte Zielsetzung jedoch äußerst wichtig. Theoretisch können wir unterteilen in:

a) direkte Ausdehnung, d.h. Erhöhung der Nachfrage nach Arbeit durch die im Zusammenhang mit der HYV-Produktion notwendige Ausdehnung des Nicht-Agrarsektors; dazu zählen sämtliche neuen Arbeitsplätze, die im Zuge von Produktion, Vermarktung und Unterhalt komplementärer Produktionsfaktoren geschaffen werden; dazu gehören der Bau von Silos, von landwirtschaftlichen Straßen und Schulen, Bewässerungsanlagen, die Produktion von landwirtschaftlichen Geräten, Düngemittel usw.

Ebenso können beschränkt Arbeitsbeschaffungsprogramme mit einbezogen werden, die erst dank der gesteigerten Nahrungsmittelproduktion möglich geworden sind. (Vgl. z.B. S.126f.)

b) indirekte Ausdehnung; dazu zählen wir die gesamte Beschäftigungsausdehnung, die auf einer Produktionsausweitung beruht, welche das Resultat erfolgter Einkommenserhöhung im Agrar- sowie im Nicht-Agrarsektor ist. Von dieser Multiplikatorwirkung wird normalerweise zuerst die Konsumgüterindustrie betroffen.

3. DIE HYV UND MECHANISIERUNG – DAS PRINZIP DER SELEKTIVEN MECHANISIERUNG

A. Einzel- und gesamtwirtschaftliche Betrachtung der landwirtschaftlichen Mechanisierung

All die in den verschiedenen CCPs der AID Spring Review erwähnten Untersuchungen über die Mechanisierung der Landwirtschaft im Zusammenhang mit den HYV zeigen, daß sie vom einzelnen Produzenten bis jetzt beinahe ausnahmslos als profitabel betrachtet wird und die verschiedenen Regierungen bezüglich ihres Mechanisierungsprogrammes (Devisenzuteilung) stark unter Druck stehen. Die Gründe, die den einzelnen Landwirt zur Mechanisierung bewegen, sind leicht einzusehen:

Erstens bewirkt der HYV-Anbau eine enorme Erhöhung der Lohnkosten (vgl. Tabelle 23), bedingt durch das Mehr an ‹man-hours› und einen eventuellen – oft starken – Anstieg der Saisonlöhne[22].

Zweitens entsteht beim ‹multiple cropping› in gewissen Phasen des Produktionsablaufs ein enormer Zeitdruck, der eine schnelle Erledigung des Erntevorganges, der neuen Bodenbearbeitung und der folgenden Aussaat erfordert. Kann z.B. auf Grund von Arbeitermangel ein Reisfeld in der Monsunzeit nicht schnell genug abgeerntet werden, so verfault ein Teil der Ernte auf dem Felde, ein zweiter Teil im Lagerhaus (weil zuwenig getrocknet), und vermutlich tritt in der darauffolgenden Kultur erst noch eine erhebliche Produktionsminderung auf, weil wahrscheinlich zuwenig Sorgfalt auf die Bodenbearbeitung und Aussaat verwendet werden kann.

Das Schema über die ‹Multiple Cropping›-Systeme in Taiwan verdeutlicht den ungeheuren Zeitdruck beim ‹multiple cropping› am besten. Wo genügend Wasser vorhanden ist, können pro Jahr bis zu vier (!) Ernten angebaut werden[23]. Oft bleiben nur knappe zwei Monate für das Einbringen der ersten Reisernte, die Bereitstellung des Landes, Aussaat, Kultivierung und Ernte der

Zwischenpflanzung von z.B. Gemüse oder Bohnen, die neue Bodenbearbeitung und die Aussaat der zweiten Reisernte offen. (Vgl. Figur 7)

Drittens können viele Farmer erst seit der Einkommenssteigerung dank den HYV überhaupt an eine Mechanisierung und den Kauf von Geräten oder teuren Maschinen denken.

Figur 7

‹Multiple cropping›-Systeme in Taiwan

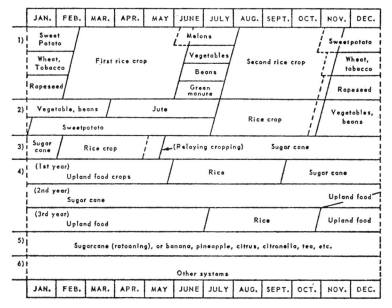

1) Three or four-crop-a-year system in double-cropping paddy land.
2) Two or tree-crop-a-year system in single cropping paddy land.
3) The sugarcane-rice relaying cropping system.
4) The sugarcane/rice/upland-food-crop rotational system.
5) The year-round-growing eystem of long-term crops.
6) Besides the above, there are still several other systems such as the six to seven-crop-a-year vegetable farm, and a newly developed 80–20% device for land use of rice-pasture farm –2 rice crops and posture the rest of the year.

Quelle:
USDA ERS, zitiert nach Christensen, S. 50

Viertens mag noch eine ganze Reihe anderer Gründe dazukommen – meist sind es Prestigegründe, die zu einer modernen, kapitalintensiven Produktionsausrüstung führen; oder es bestehen Schwierigkeiten in der Handhabung einer großen Arbeiterschaft, da gutes Organisationspersonal äußerst rar ist; oder dann läßt sich die Mechanisierung auf die Überredekunst eines der vielen gutausgebildeten Verkäufer zurückführen... mit andern Worten: die selben Gründe, die im sekundären Sektor der EL oft eine Übermechanisierung verursachen.

Fünftens verhält sich die Regierungspolitik in vielen EL in Bezug auf die Mechanisierung liberal und oft sogar sehr fördernd, da die Dringlichkeit einer vermehrten Agrarproduktion und ihre Erfüllung bis jetzt weit vor der Verhütung eventueller sozialer Probleme standen und man – gerade was Weizen anbetraf – die einzige Lösung vielfach nur in rationalisierten und technisierten Großfarmen amerikanischen Musters sah. Dabei war vielleicht auch beabsichtigt, mittels einer Farmmechanisierung den eigenen industriellen Sektor anzukurbeln.

Was gut ist für den Einzelnen, ist nicht unbedingt gut für die Allgemeinheit. Die technischen Möglichkeiten auf dem Gebiet der Farmmechanisierung sind heute beinahe unbegrenzt; bald gibt es keine landwirtschaftlichen Arbeiten mehr, die nicht maschinell ausgeführt werden können[24]. In Ländern, in denen das Geldeinkommen einzelner Farmer[25] dank der durch die HYV ermöglichten raschen Importsubstitution von Zerealien stark gestiegen ist, die Beschäftigungsstruktur sich gleichzeitig aber nur in geringem Maße ändert und die absolute Größe der Agrarbevölkerung weiterhin ziemlich rasch wächst[26], wird sich eine unkontrollierte Mechanisierung nicht nur unrentabel, sondern geradezu katastrophal für die ganze Volkswirtschaft des betreffenden EL auswirken, obgleich sie für den einzelnen Farmer betriebswirtschaftlich höchst lohnend ist. Die Ersparnisse an Arbeitskosten – deren Umfang durch die Lohnhöhe bestimmt wird – sind vermutlich beträchtlich größer als die Grenzproduktivität der durch die Mechanisierung ersetzten Arbeiter. Die sozialen Kosten der sich verschlimmernden Probleme von Unterbeschäftigung und Arbeitslosigkeit berühren die betriebswirtschaftlichen Überlegungen des Farmers nicht. Mehr noch, «... die allgemeine Tendenz der betriebswirtschaftlichen, privaten Grenzproduktivität der Investitionen für arbeitssparende Mechanisierung, die soziale Grenzproduktivität (dieser Maßnahmen) zu übersteigen, wird oft noch unterstützt durch preisverzerrende wirtschaftspolitische Maßnahmen auf den Produktionsfaktormärkten, so daß sich die Diskrepanz zwischen privaten und sozialen Erträgen (Nutzen) noch weiter verstärkt».[27] [28]

B. *Prinzip der selektiven Mechanisierung*

Beinahe jede Mechanisierung bringt als erstes die Freisetzung von bestimmten Arbeitern mit sich. Betrachten wir aber nur die direkten Effekte, so können wir zu enormen Fehlschlüssen gelangen: Die Mechanisierung einer bestimmten Arbeit – z.B. der Reisernte – befreit zwar Leute von dieser Beschäftigung, setzt also Arbeiter frei, kann aber – wie wir bereits wissen – neue Arbeit schaffen, indem z.B. die Kultivierung einer zweiten Reisernte ermöglicht wird, die wiederum ein Vielfaches jener ‹man-hours› erfordert, die infolge der direkten Wirkung eingespart worden sind. Je intensiver die Landnutzung, um so größer ist im allgemeinen die Beschäftigung. Ein landwirtschaftliches Mechanisierungsprogramm, das Produktion und Beschäftigung in der Landwirtschaft erhöht, dessen Kriterium also darin besteht, das Produktionsziel (Planungsziel) unter Verwendung der größtmöglichen Anzahl von ‹man-hours› zu erreichen, und das eben nicht den ‹man-hour output› maximieren will, nennen wir ein *Programm der selektiven Mechanisierung*.

Außer dem erwähnten Kriterium gibt es keine allgemeingültigen Regeln für das Prinzip der selektiven Mechanisierung; das Kriterium selbst erlaubt uns auch keine endgültige allgemeine ‹Entweder-Oder-Betrachtung› aller landwirtschaftlichen Maschinen. Jedes EL muß seine Lage analysieren und diejenigen Aktivitäten isolieren, deren Mechanisierung in Übereinstimmung mit den Produktionszielen eine vermehrte Beschäftigung herbeiführt.

Ein gutes Beispiel für selektive Mechanisierung ist meist die Förderung individuell regulierbarer Bewässerungssysteme. In subtropischen und tropischen Regionen, wo genügend Wasser in kontrollierbarem Fluß zur Verfügung steht, können im allgemeinen HYV angebaut und mehrere Ernten pro Jahr eingebracht werden. Programme zur Ausnützung der großen Grundwasserreserven in Nordindien und Westpakistan durch sog. ‹tubewells› und mechanische Pumpeinheiten liegen genau in den Richtlinien der selektiven Mechanisierung. Während ein altes persisches Wasserrad etwa 2 Hektaren bewässern kann, vermag eine moderne kleine Dieselpumpeinheit, die inklusive Bohrung etwa 1300 $ kostet, ungefähr 160 Hektaren zu bedienen. Der Ansporn für die Installation solcher Einheiten ist enorm: es kann nicht nur mehr produziert werden, sondern die Bewässerungskosten pro Hektare sinken auch noch um ein Vielfaches. Bei einer Pumphöhe von 40 Fuß muß man zur Förderung von 10 acre-inches Wasser für den Handbetrieb 495 Rupien, für den Tierbetrieb 345 Rupien und für eine Dieselpumpe 60 Rupien rechnen. Mit einem elektrischen Antrieb werden die Kosten noch wesentlich mehr gesenkt[29] – und so dient also z.B. Indiens ehrgeiziges Landelektrifizierungsprogramm indirekt auch dem Prinzip der selektiven Mechanisierung.

Andere Beispiele selektiver Mechanisierung reichen von verbesserten Zuggeräten für Büffel bis zu den kompliziertesten Erntemaschinen.

Zielt die selektive Mechanisierung des weiteren auf die Beseitigung jener Flaschenhälse, die bisher in der Produktionssequenz auftraten, das ‹multiple cropping› schwer behinderten und meist aus einer vom Arbeitsmarkt unerfüllbaren Saisonnachfrage nach Arbeitskräften entstanden, so kann sie durch Beschneidung der Saisonspitzennachfrage erstens eine Ausdehnung und zweitens eine gleichmäßigere, über das ganze Jahr verteilte Beschäftigung bewirken. Als Beispiele für eine derartige Mechanisierung lassen sich vor allem Reistrockner und -schäler, ‹powerdrill› und Drescher im Weizenbau und natürlich auch der Traktor als ‹Universalgerät› anführen.

Bei der Durchsicht der landwirtschaftlichen Mechanisierungsstrategie fällt auf, daß in den EL häufig kapitalintensive Maschinen Aufgaben ausfüllen, die von menschlicher Arbeitskraft – Männern oder Frauen – zu wesentlich niedrigeren sozialen Kosten verrichtet werden könnten und dadurch den Lebensstandard auf einer breiteren Ebene heben und gleichzeitig soziale und politische Probleme vermindern (oder verhindern) helfen würden. Das Kapital, das durch eine arbeitsintensive Produktion gespart würde, ließe sich auf verschiedene Art verwenden: a) zur Entwicklung der Sektoren, in denen kapitalintensive Methoden unumgänglich notwendig sind; b) zur Schaffung zusätzlicher Produktion und Beschäftigung und c) zur Hebung der Arbeitsproduktivität in Beschäftigungen, wo diese äußerst niedrig ist.

Tabelle 24

Unterschiedlicher Stand der gesamten landwirtschaftlichen und nichtlandwirtschaftlichen Erwerbsbevölkerung, gemessen nach Ablauf von 50 Jahren, unter Annahme unterschiedlicher Entwicklungsparameter[1] (ursprüngliche Erwerbsbevölkerung = 10 Millionen)

Agraria bzw. Ag-Urbania sind definiert durch den Prozentanteil der landwirtschaftlichen Erwerbsbevölkerung an der Gesamterwerbsbevölkerung; angenommene Wachstumsraten der gesamten und nichtlandwirtschaftlichen Bevölkerung

	Landwirtschaftliche Erwerbsbevölkerung in % der totalen Erwerbsbevölkerung am Ende von 50 Jahren	Wendepunkt (Jahr, in dem die landwirtschaftliche Bevölkerung abzunehmen beginnt)	Absurditätsjahr[2]	Erwerbsbevölkerung nach Ablauf von 50 Jahren (in Millionen)[4]			Jährliche Rate der Veränderung	
				Total	Nicht-Landwirtschaft	Landwirtschaft	Jahr 1	Jahr 50[3]

A. Agraria: landwirtschaftliche Erwerbsbevölkerung = 80% der gesamten Erwerbsbevölkerung

1. Mäßiges Wachstum der gesamten Erwerbsbevölkerung: 1%
  a) mäßiges Wachstum der nichtlandwirtsch. Erwerbsbevölkerung: 1,5% — 74,6 | 50 | – | 16,28 | 4,14 | 12,14 | 0,88 | 0,83
  b) schnelles Wachstum der nichtlandwirtsch. Erwerbsbevölkerung: 3,0% — 47,7 | Jahr 29 | – | 16,28 | 8,51 | 7,77 | 0,50 | -1,19
  c) sehr schnelles Wachstum der nichtlandwirtsch. Erwerbsbevölkerung: 4,5% — – | Jahr 6 | Jahr 48 | 16,28 | * | * | 0,13 | Jahr 40

2. Rasches Wachstum der gesamten Erwerbsbevölkerung: 2%
  a) mäßiges Wachstum der nichtlandwirtsch. Erwerbsbevölkerung: 1,5% — 84,3 | nie | – | 26,39 | 4,15 | 22,24 | 2,12 | 2,09
  b) schnelles Wachstum der nichtlandwirtsch. Erwerbsbevölkerung: 3,0% — 67,8 | 50 | – | 26,39 | 8,51 | 17,88 | 1,75 | 1,52
  c) sehr schnelles Wachstum der nichtlandwirtsch. Erwerbsbevölkerung: 4,5% — 34,5 | Jahr 34 | – | 26,39 | 17,29 | 9,10 | 1,38 | -2,75

3. Sehr schnelles Wachstum der gesamten Erwerbsbevölkerung: 3%
  a) mäßiges Wachstum der nichtlandwirtsch. Erwerbsbevölkerung: 1,5% — 90,2 | nie | – | 42,56 | 4,15 | 38,41 | 3,38 | 3,16
  b) schnelles Wachstum der nichtlandwirtsch. Erwerbsbevölkerung: 3,0% — 80,0 | nie | – | 42,56 | 8,51 | 34,05 | 3,00 | 3,00
  c) sehr schnelles Wachstum der n.chtlandwirtsch. Erwerbsbevölkerung: 4,5% — 59,4 | 50 | – | 42,56 | 17,29 | 25,27 | 2,63 | 1,97

B. Ag-Urbania: landwirtschaftliche Erwerbsbevölkerung = 50% der gesamten Erwerbsbevölkerung

1. Mäßiges Wachstum der gesamten Erwerbsbevölkerung: 1%								
a) mäßiges Wachstum der nichtlandwirtsch. Erwerbsbevölkerung: 1,5%	36,3	50	—	16,28	10,37	5,91	0,50	0,12
b) schnelles Wachstum der nichtlandwirtsch. Erwerbsbevölkerung: 3,0%	—	Jahr 1	Jahr 36	14,15	14,06	0,09	-1,00	Jahr 28
c) sehr schnelles Wachstum der nichtlandwirtsch. Erwerbsbevölkerung: 4,5%	—	Jahr 1	Jahr 21	12,20	12,06	0,14	-2,50	Jahr 13
2. Rasches Wachstum der gesamten Erwerbsbevölkerung: 2%								
a) mäßiges Wachstum der nichtlandwirtsch. Erwerbsbevölkerung: 1,5%	60,7	nie	—	26,39	10,37	16,02	2,50	2,30
b) schnelles Wachstum der nichtlandwirtsch. Erwerbsbevölkerung: 3,0%	19,4	Jahr 32	—	26,39	21,28	5,11	1,00	-2,17
c) sehr schnelles Wachstum der nichtlandwirtsch. Erwerbsbevölkerung: 4,5%	—	Jahr 1	Jahr 29	17,41	17,15	0,26	-0,50	Jahr 22
3. Sehr schnelles Wachstum der gesamten Erwerbsbevölkerung: 3%								
a) mäßiges Wachstum der nichtlandwirtsch. Erwerbsbevölkerung: 1,5%	75,6	nie	—	42,56	10,37	32,19	4,50	3,48
b) schnelles Wachstum der nichtlandwirtsch. Erwerbsbevölkerung: 3,0%	50,0	nie	—	42,56	21,28	21,28	3,00	3,00
c) sehr schnelles Wachstum der nichtlandwirtsch. Erwerbsbevölkerung: 4,5%	—	Jahr 21	Jahr 48	40,12	38,58	0,54	1,50	Jahr 41

Quelle:
Johnston, Agriculture and Economic Development, Appendix, Tabelle IV

Anmerkungen:

[1] hypothetische Entwicklung unter Zugrundelegung unterschiedlicher Annahmen betreffend a) den ursprünglichen Anteil der landwirtschaftlichen und der gesamten Erwerbsbevölkerung, b) das Wachstum der gesamten und c) dasjenige der nichtlandwirtschaftlichen Erwerbsbevölkerung
Aus gewissen Gründen ergibt die konstante Wachstumsrate der nichtlandwirtschaftlichen Erwerbsbevölkerung in einigen Fällen nach Ablauf von 50 Jahren eine negative landwirtschaftliche Erwerbsbevölkerung. Diese absurde Entwicklung schmälert aber die generelle Aussage des Modelles nicht.

[2] Jahr, bevor die landwirtschaftliche Erwerbsbevölkerung negativ wird (vgl. Anm.1)

[3] oder Jahr, in dem die jährliche Abnahme der landwirtschaftlichen Erwerbsbevölkerung etwa 10% beträgt

[4] oder Zusammensetzung der Arbeitsbevölkerung ein Jahr vor Erreichung des Absurditätsjahres

* Landwirtschaftliche Erwerbsbevölkerung wurde nach dem Absurditätsjahr negativ.

4. GRÜNE REVOLUTION UND WIRTSCHAFTSPOLITIK IM HINBLICK AUF BESCHÄFTIGUNG UND ENTWICKLUNG

Hier ist es nun nicht mehr möglich, die Probleme allein auf den landwirtschaftlichen Sektor konzentriert zu betrachten. Speziell drei Gruppen von Zwischenbeziehungen sind im Zusammenhang mit der Modernisierung der Landwirtschaft[30] und der verfolgten Strategie der Mechanisierung von enormer Wichtigkeit:

a) Bevölkerungswachstum – Größe der landwirtschaftlichen Arbeiterschaft – landwirtschaftliche Mechanisierungsstrategie
b) Farmeinkommen – Produktemärkte – gekaufte Produktionsfaktoren
c) Mechanisierungsstrategie in der Landwirtschaft – gesamtwirtschaftliche Entwicklung

A. Bevölkerungswachstum – Größe der landwirtschaftlichen Arbeiterschaft – landwirtschaftliche Mechanisierungsstrategie

Wie auf S.107 erwähnt, wird das Problemgewicht der siebziger Jahre – und, je nach der Bewegung der Variablen Bevölkerungswachstum, landwirtschaftliche Produktion und Industrialisierung, sogar noch für einige weitere Dezennien – mehr auf der Beschäftigungs- als auf der Nahrungsseite lasten. Der Bevölkerungsexplosion folgt (mit einem Abstand von 5–15 Jahren) eine Explosion des Arbeitspotentials.

Die Zusammenhänge zwischen den demographischen und wirtschaftlichen Variablen und ihrer Einwirkung auf die Beschäftigung sind komplex. Folke Dovring, einer der ersten, der theoretische Beziehungen dieser Art untersuchte[31], betont, daß die Geschwindigkeit einer Änderung in der Beschäftigungsstruktur (Agrarsektor – Industriesektor) nicht nur von der Entwicklung der Beschäftigung im Nicht-Landwirtschaftssektor abhängt, sondern ebenso von der Wachstumsrate der Bevölkerung und vom ursprünglichen Anteil der im Agrarsektor Beschäftigten an der Gesamtarbeiterschaft. Das Zweisektorenmodell von Ranis und Fei zeigt ebenso, daß eine erhöhte Bevölkerungswachstumsrate die Zeit für die Bildung einer bestimmten Beschäftigungsstruktur mit geringerem Anteil der Landwirtschaft entweder verlängert oder aber eine wesentliche Steigerung der Ausdehnungsrate der Beschäftigung im nicht-landwirtschaftlichen Sektor fordert[32]. Eine neuere Untersuchung von Johnston stellt u.a. diese Zusammenhänge unter verschiedenen wirklichkeitsnahen Annahmen graphisch und tabellarisch dar[33]. Sie bestätigt wiederum, daß eine Änderung in der Beschäftigungsstruktur außerordentlich langsam vor sich gehen wird, wenn die totale Arbeiterschaft (als Funktion des starken Bevölkerungswachstums) mit jährlich 2%–3% wächst, und daß dieses Transformationsproblem der Höhe des ursprünglichen Anteils des landwirtschaftlichen Sektors an der erwerbsfähigen Bevölkerung entsprechend überproportional zunimmt.

Wächst beispielsweise «... die gesamte erwerbsfähige Bevölkerung während 50 Jahren stetig um jährlich 2%, die Beschäftigung im Nicht-Agrarsektor um 3% und beträgt der Anteil der Agrarbevölkerung anfänglich 80%, so nimmt nach Ablauf des halben Jahrhunderts die Agrarbevölkerung jährlich immer noch um 1,52% zu, und ihr Anteil an der Totalarbeiterschaft beträgt immer noch 67,8% (vgl. dazu Tabelle 24, S. 120, Modell Agraria, 2, b)».

Unter der unwahrscheinlichen Annahme, daß die selben Verhältnisse unverändert lange anhalten, wird die 50%-Grenze erst nach etwa 100 Jahren erreicht, eine absolute Abnahme der Farmarbeiterschaft setzte sogar erst nach 125 Jahren ein.

Der Wendepunkt, an dem die absolute Abnahme der Farmbevölkerung einsetzt, würde unter gleichen Wachstumsvoraussetzungen, aber mit einer anfänglichen Beschäftigungsstruktur von 50% zu 50% (anstatt 80% Farmbevölkerung) schon nach 32 Jahren erreicht. Solche ‹ceteris paribus›-Einschränkungen sind mit der praktischen Erfahrung jedoch nicht vereinbar, denn bestimmt würden unterdessen auch Anstrengungen irgendwelcher Art unternommen, entweder die Geburtenrate zu senken oder aber den Nicht-Agrarsektor stärker auszudehnen.

Würde z.B. in unserem ersten Fall nach Ablauf von 25 Jahren die Wachstumsrate der Arbeiterschaft von 2% auf 1% gesenkt – was mittels Familienplanung unter Berücksichtigung des ‹time lag› von 15–20 Jahren möglich wäre –, so ergäbe sich nach Ablauf der 50 Jahre eine völlig andere Situation: die ursprüngliche Farmbevölkerung hätte von 8 Millionen nur auf 12 Millionen zugenommen (im Vergleich zu den 18 Millionen bei unveränderter Wachstumsrate), und ihr Anteil an der Gesamtarbeiterschaft wäre mit 59% gegenüber den 68% bedeutend niedriger. Besonders interessant ist der Vergleich der beiden Wendepunkte: anstatt erst in 125 Jahren träte er schon nach 40 Jahren ein; die negative Wachstumsrate der absoluten Farmbevölkerung betrüge im fünfzigsten Jahre etwa 4%.

Tabelle 24, S. 120, faßt die Entwicklung verschiedener Annahmen innerhalb des Ablaufs von 50 Jahren im Hinblick auf Zusammensetzung der Arbeiterschaft, Zeitpunkt des Wendepunkts und Transformationsgeschwindigkeit (d.h. die Veränderung des Prozentanteils der Agrarbevölkerung an der Totalbevölkerung) mit den Daten für das Jahr 1 und das Jahr 50 zusammen.

Was diese Modellbetrachtungen für die EL bedeuten, zeigt z.B. der Fall Westpakistan: zwischen 1951 und 1961 wuchs der Nicht-Farmsektor mit einer durchschnittlichen Jahresrate von 4,5%, während der Anteil der Agrarbevölkerung an der Gesamtarbeiterschaft in der selben Zeit von 65% auf 59% abnahm. Auch wenn diese außergewöhnlich hohe Industrialisierungsrate bis 1985 anhielte, stiege die Agrarbevölkerung trotzdem von 7,4 Millionen (1961) auf 12,2 Millionen (1985)! Abgesehen davon ist eine 4,5prozentige Zunahme der Beschäftigung im Nicht-Farmsektor ein ungewöhnlich hoher Wert[34]. Johnston schätzt das Wachstum der Beschäftigung im Nicht-Farmsektor für bestimmte Zeitperioden in einigen rasch industrialisierenden Ländern folgendermaßen: Mexiko etwa 4,0% (1950–1960); Japan 3,7% (1955–1964); Taiwan, wo spezielle Umstände herrschten, einiges höher als 4% (1951–1955); Italien 2,5% (1951–1961) und Griechenland 1,5% (1951–1961)[35]. Die Situation wird in vielen EL wesentlich schlimmer aussehen. In Ostpakistan z.B., wo die Zweiteilung die wirtschaftliche Entwicklung äußerst negativ beeinflußt hatte, wuchs die Beschäftigung im Nicht-Farmsektor zwischen 1951 und 1961 dermaßen langsam, daß der landwirtschaftliche Sektor Anfang der sechziger Jahre immer noch 85% aller Arbeiter beschäftigte. Vermutlich vermag nicht einmal eine raschere Zunahme der Industrie die Spannungen zu lindern; soziale Spannungen sind angesichts der herrschenden Lage auf dem landwirtschaftlichen Beschäftigungsmarkt und der enorm kleinen durchschnittlichen Farmgröße beinahe unvermeidlich[36].

Laut Schätzungen der FAO im Zusammenhang mit dem IWP nimmt die Agrarbevölkerung aller EL von 1962–1985 um 40% zu, obschon ihr relativer Anteil an der Totalbevölkerung von 65% auf 53% fällt (vgl. Tabelle 25). Der Agrarsektor wird demzufolge mit beinahe 600 Millionen neuen Menschen belastet – die Problematik, die sich unter Miteinbezug der heute schon bestehenden Unterbeschäftigung und Arbeitslosigkeit für den Arbeitsmarkt ergibt, spricht deutlich aus diesen Zahlen.

Mit andern Worten: *Viele EL – mit 60–80prozentigem Agrarbevölkerungsanteil und Bevölkerungswachstumsraten von 2%–3% – bleiben für die nächsten 50 Jahre vorwiegend agrarisch, und ihr absoluter Bestand der landwirtschaftlichen Bevölkerung nimmt sogar noch zu,* es sei denn, es trete eine drastische Reduktion der Geburtenrate[37] oder eine ‹Revolution› in der Industrialisierung ein. Der wichtigste Einzelfaktor in Bezug auf das Absorptionsvermögen des Gesamtarbeitsmarktes in den EL ist also die im landwirtschaftlichen Entwicklungsprogramm verfolgte Strategie. Thomas F. Carroll von der Inter-American Development Bank meint: «Tatsächlich besteht bei Abwesenheit weitsichtiger Politiken die Gefahr, daß sich das ländliche Arbeitsproblem – und somit auch die damit zusammenhängenden Probleme der Einkommensverteilung – vermehrt und schwerwiegender bemerkbar macht.»[38]

Tabelle 25

Agrarbevölkerung, Bevölkerung im Nicht-Agrarsektor und Anzahl Nicht-Farmfamilien pro Farmfamilie in den EL, 1962, 1975 und 1985

	1962[1] Mio	1975[2] Mio	1985[2] Mio
Agrarbevölkerung	1482	1809	2079
Bevölkerung im Nicht-Agrarsektor	802	1295	1837
Totalbevölkerung	2284	3104	3916
	%	%	%
Prozentanteil der Agrarbevölkerung an der Totalbevölkerung	65	58	53
	Anzahl	Anzahl	Anzahl
Nicht-Farmfamilien per Farmfamilie[3]	0,54	0,70	0,91

Anmerkungen:
[1] Schätzung
[2] Projektion
[3] Familiengröße in beiden Gruppen als gleich angenommen

Quelle:
FAO: FAO Statistics Division for the Indicative World Plan for Agriculture; zitiert nach Abercrombie, S.6

Die Grüne Revolution schreitet voran; sie wird vermutlich den Hauptbeitrag zur Lösung des Nahrungsproblems beisteuern. Ob sie sich aber hinsichtlich der Beschäftigungslage zum Fluch oder zum Segen auswirkt, ob sie die Hunderttausende von neuen Arbeitsplätzen zu schaffen helfen vermag oder ob sie im Gegenteil Hunderttausende von Arbeitern freisetzt, hängt allein von der Strategie der landwirtschaftlichen Mechanisierung ab.

Im Zusammenhang damit sei gleich noch ein weiteres Problem erwähnt: der Zug in die Stadt, die Überlastung hauptsächlich des Sektors der Selbständigerwerbenden, die Enttäuschungen, die Slums... Die große Stadt ist nicht mehr nur eine Stätte der Zivilisation, der Bildung und Kultur, sondern oft auch ein Sammelplatz für ‹human trash heaps›, gleichviel, ob wir Newark (New Jersey) oder Calcutta[39] (Indien) als Beispiel betrachten. Manches dieser Städteprobleme hat seinen Ursprung in der Einführung neuer Technologien auf dem Lande. Ob sich diese neuen Technologien nun auf das chemisch-medizinische Gebiet beziehen – wie etwa die in Westbengalen erfolgreich durchgeführte Malaria-Ausrottung, die indirekt die Massenauswanderung nach Calcutta verursachte – oder auf eine Übermechanisierung der landwirtschaftlichen Produktion – wie etwa in den USA – spielt keine Rolle. Gerade die USA, deren historischer Beschäftigungszuwachs im Nicht-Farmsektor in keinem Verhältnis zu den heutigen Aussichten der meisten EL steht, sind ein warnendes Beispiel für landwirtschaftliche Übermechanisierung. Der Zug vieler amerikanischer Neger aus dem Süden zur Stadt wurde u.a. durch die schlagartige Einführung des mechanischen Baumwollpflückers im ‹cotton belt› ausgelöst. Nach zwei Jahrhunderten verschwand der einstige Anlaß für den Sklavenimport beinahe über Nacht. Der Baumwollpflücker war ersetzt – für viele blieb da kein anderer Weg, als in die Städte des Nordens zu ziehen, war es auch nur, um von den besseren Sozialleistungen zu profitieren. Orville Freeman äußerte sich dazu: «Ich glaube, wir selbst begingen in unserer eigenen landwirtschaftlichen Revolution in den Vereinigten Staaten schwerwiegende Fehler. Wir mechanisierten ganz einfach drauflos mit der Absicht, herauszufinden, wieviel wir mit möglichst geringem Arbeitseinsatz produzieren könnten. Mag sein, daß sich diese Politik langfristig als gut und zweckmäßig erweist. Aber wir brachten Millionen von Menschen um ihren Arbeitsplatz – und diese Millionen wanderten in die Städte. Wir bezahlen heute in mancher Weise einen hohen Preis dafür.»[40] – Es bedarf wohl kaum einer noch deutlicheren Warnung vor übereifriger, betriebswirtschaftlich zwar vielversprechender, sozial jedoch höchst unvorteilhafter Mechanisierung des landwirtschaftlichen Produktionsprozesses als dieser Worte des früheren Secretary of Agriculture aus dem reichsten Lande der Welt.

B. Farmeinkommen, Produktemärkte und gekaufte Produktionsfaktoren

Der Kauf von Produktionsfaktoren von anderen Wirtschaftssektoren für die Landwirtschaft ist zur Hauptsache durch die Größe des bäuerlichen Einkommens begrenzt[41], welches wiederum durch den Markt für landwirtschaftliche Produkte bestimmt ist. Den Produktemarkt unterteilen wir in einen Markt zur Deckung der einheimischen und einen zur Deckung der ausländischen Nachfrage[42]. Da einerseits die Exporte der von der GR berührten Produkte (hauptsächlich Zerealien) praktisch vernachlässigbar sind[43] und anderseits die Exportproduktion für spezifisch tropische Produkte gänzlich anderen Bedingungen unterliegt als der ‹traditionelle› Sektor zur Befriedigung des inländischen Nahrungsmittelkonsums, wollen wir uns nur auf den einheimischen Produktemarkt konzentrieren. Der einheimische Produktemarkt ist hauptsächlich abhängig von

a) dem Einkommen des Nicht-Selbstversorgers und
b) der relativen Größe der nicht-landwirtschaftlichen Bevölkerung.

Wenden wir uns kurz diesen beiden Bestimmungsfaktoren zu.

a) Einkommen des Nicht-Selbstversorgers
Die Untersuchung des Einkommens der Nicht-Selbstversorger – und bei genügender Diversifikation der landwirtschaftlichen Nachfrage bzw. Produktion in gewissem Maße auch des Einkommens bestimmter Selbstversorger – führt uns unweigerlich wieder vor das Beschäftigungsproblem. Abgesehen von den eben im Zusammenhang mit der selektiven Mechanisierungspolitik behandelten Punkten, gibt es noch andere Möglichkeiten, Einkommen und somit Kaufkraft zu schaffen, Kaufkraft, die nicht nur den landwirtschaftlichen Markt, sondern auch den industriellen Konsumgütermarkt erweitert.

Die in Bezug auf das Einkommen am meisten benachteiligten Gruppen sind die landlosen Landarbeiter und die sog. ‹floating population›, die in Großstädten und ihren Slums erfolglos im Sektor Selbständigerwerbende arbeitenden Menschen. Auch hier brächte vermehrte Beschäftigung[44] eine Verbesserung ihres Loses. Zudem gestattet die dank den HYV vermehrte Produktion auch, beschäftigungsankurbelnde Politiken zu verfolgen, ohne daß eine vom Nahrungsmittelsektor induzierte Inflation befürchtet werden muß[45] – ein großes Nahrungsmittelangebot ist bereit, das vermehrte Einkommen zu absorbieren.

So lassen sich erstens vermehrt öffentliche Programme, wie z.B. der Bau von Straßen, Schulhäusern und Spitälern, Energieverteilern und Bewässerungssystemen, unter dem arbeitsintensiven, kapitalsparenden System fördern und in Angriff nehmen[46]; die Rentabilität dieser öffentlichen Bauten wird umgekehrt durch den steigenden Kommerzialisierungs- und Entwicklungsgrad erhöht.

Zweitens könnte man die Konsumgüterindustrie zu fördern versuchen, eine Industrie, welche auch bei dem gegebenen beschränkten Kapitalbestand zusätzlich Arbeitsplätze zu schaffen vermag; die erhöhten Farmeinkommen und die durch Beschäftigungsprogramme geschaffene Kaufkraft stellen dabei die Nachfrage nach Produkten dieser Konsumgüterindustrie dar.

b) Relative Größe der nicht-landwirtschaftlichen Bevölkerung
Die relative Größe der Nicht-Agrarbevölkerung ist für Größe und Umfang des Produktemarktes, für den die Agrarbevölkerung produzieren kann, entscheidend[47]. Mit abnehmendem Anteil der Farmbevölkerung an der Totalbevölkerung nimmt die Zahl der von einer Farmfamilie zu ernährenden Nicht-Farmfamilien überproportional zu, d.h., der Markt für landwirtschaftliche Produkte

– und somit auch das Einkommen pro Farmfamilie – vergrößert sich überproportional (Figur 8). Bei einer Agrarbevölkerung von 70% muß (unter der Annahme gleicher Familiengröße in beiden Gruppen) eine Farmfamilie nur 0,43 Nicht-Farmfamilien ernähren (30:70 = 0,43), bei einem Agrarbevölkerungsanteil von 5% steigt die Zahl der von einer Farmfamilie zu versorgenden Nicht-Farmfamilien jedoch auf 19!

Figur 8

Anzahl der Nicht-Farmfamilien, die durch eine Farmfamilie ernährt werden müssen als Funktion des Prozentanteils der Farmfamilien an der Gesamtfamilienzahl (Annahme: gleiche durchschnittliche Familiengröße im Agrar- wie im Nicht-Agrarsektor)

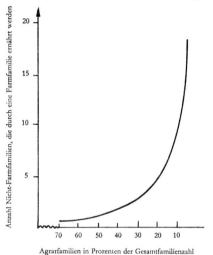

Tabelle 25, S. 124, schätzt, daß in den EL die Zahl der von einer Farmfamilie zu ernährenden Nicht-Farmfamilien zwischen 1962 und 1985 von 0,54 auf 0,91 steigen wird; produktionsmäßig bedeutet dies für eine Farmfamilie, daß sie anstelle von 1,54 Familien (0,54 Nicht-Farmfamilien und sich selbst) 1985 eben 1,91 Familien zu versorgen hat. Der Markt dehnt sich jedoch noch weit mehr aus: Einkommenseffekt, Diversifikation und Selbstversorgungsgrad der bäuerlichen Familie üben ebenfalls einen beträchtlichen Einfluß darauf aus, wobei die drei Komponenten wiederum miteinander verknüpft sind.

Je höher die Diversifikation des Nahrungsmittelkonsums, um so größer die Marktausdehnung. Der Diversifikationsgrad hängt aber stark vom durchschnittlichen Prokopfeinkommen (Einkommenseffekt) ab und damit indirekt auch wieder vom Anteil der Farmbevölkerung an der Totalbevölkerung. Je kleiner der Prozentsatz der Agrarbevölkerung, um so höher ist im allgemeinen der Diversifikationsgrad. Umgekehrt verhält es sich mit dem Selbstversorgungsgrad einer Farmfamilie: je höher der Anteil der Farmbevölkerung, um so geringer die Diversifikation (um so ‹eintöniger› die Nahrung); um so eher kann also eine Farmfamilie im allgemeinen die benötigten und gewünschten Produkte selbst anbauen.

In Anlehnung an Tabelle 25, S. 124, schätzt Abercrombie[48] die mögliche Ausdehnung des Marktes unter Miteinbezug des Einkommenseffektes von

1962–1985 pro Farmfamilie auf etwa 0,5–0,66, also nicht ganz doppelt soviel wie die Zunahme der durchschnittlich pro Farmfamilie zu ernährenden Nicht-Farmfamilien (0,37 = 0,91–0,54).

Wir wollen nun aber wieder auf unser ursprüngliches Vorhaben zurückkommen und die Wirkungen der beiden grundsätzlich verschiedenen Mechanisierungsstrategien auf die Interdependenzen von Farmeinkommen und Kauf von landwirtschaftlichen Produktionsfaktoren untersuchen. Die Quintessenz der vorherigen Ausführungen geht dahin, daß die Verwendung gekaufter Produktionsfaktoren pro durchschnittliche Farmeinheit im allgemeinen um so geringer ist, je kleiner der kommerzielle einheimische Markt (bestimmt durch die eben besprochenen Komponenten) ist.

Bezweckt nun die Wirtschaftspolitik, die (landwirtschaftliche) Beschäftigung innerhalb gewisser Grenzen zu maximieren, d.h. die Produktion im Rahmen des Planungsziels so arbeitsintensiv als möglich zu gestalten, so muß sie dafür sorgen, daß sich das für die Produktion aufzuwendende Farmeinkommen möglichst auf die (variablen) Produktionsfaktoren Saatgut, Dünger, Insektizide, Wasser usw. konzentriert. Denn diese Produktionsfaktoren haben alle ein äußerst günstiges Aufwand-/Ertragverhältnis und sind stark komplementär zur reichlich vorhandenen Arbeitskraft. Diese Politik leitet zudem zu einer weitgestreuten Einkommenserhöhung (d.h. das zusätzliche Einkommen wird ‹gerechter› verteilt), was – via Einkommenseffekte und Diversifikation – wiederum der Marktentwicklung zugute kommt.

Führt der Entwicklungspfad jedoch über eine möglichst kapitalintensive, arbeitssparende Mechanisierung, so ist es nur einer kleinen Minderheit möglich, das Farmeinkommen auf den Kauf höchst kapitalintensiver Produktionsfaktoren anzuwenden. Eine solche Politik fördert zwar einerseits den Subsektor kapitalintensiv arbeitender Großfarmen, der absolut imstande ist, den Hauptteil der Nachfrage nach landwirtschaftlichen Produkten rationell zu decken, macht es aber den Kleinfarmern völlig unmöglich, irgendwelche Produktionsfaktoren (auch die arbeitsintensive Methode fördernde) zu kaufen[49], hemmt dadurch nicht nur die wirtschaftliche Entwicklung[50], sondern bewirkt außerdem eine ökonomische, soziale und politisch äußerst ungesunde Polarisation[51].

C. Mechanisierungsstrategie in der Landwirtschaft und gesamtwirtschaftliches Wachstum

Nebst den erwähnten Einflüssen der Mechanisierungsstrategie auf die ökonomische Gesamtentwicklung müssen wir noch zwei weitere, in der Gesamtentwicklung sehr wichtige Faktoren behandeln:

- a) die Entwicklung der lokalen mechanischen Werkstätten, des sog. semimodernen Industriesektors, und
- b) den Kapitalbeitrag des landwirtschaftlichen Sektors zur Gesamtentwicklung[52].

a) Die Entwicklung des semimodernen Industriesektors

Der Einfluß auf die Entwicklung des semimodernen Industriesektors hängt u.a. ab von aa) der Art der ländlichen Einkommensverwendung im Hinblick auf industriell erzeugte Produktions- und Konsumgüter und ab) dem Grad der Deckungsmöglichkeit dieser Nachfrage durch die erwähnten lokalen Manufakturen.

Sobald eine Strategie nur einige wenige kapitalintensiv produzierende Großfarmer begünstigt, richten sich deren Bedürfnisse hauptsächlich auf den Import von hochentwickelten, spezialisierten Landwirtschaftsmaschinen aus dem Ausland. Auch wenn solche Maschinen unter Umständen im eigenen Lande unter Lizenz hergestellt werden, sind die Devisenausgaben für die betreffenden Produktionsanlagen, für die Importe der erforderlichen hochwertigen Roh- und Halbfabrikate (z.B. Spezialstahl für Getriebebau) und für die mindestens am Anfang nötigen ausländischen hochqualifizierten Fachkräfte enorm groß. Diese Art Mechanisierung beansprucht also neben den höchst nachteiligen Auswirkungen auf die Transformation der Wirtschaft der EL, nebst der recht gefährlichen Entwicklung der Beschäftigungsstruktur und ihres Korrelats Einkommenswachstum und -verteilung und nebst der Fraglichkeit ihrer privatwirtschaftlichen Rentabilität infolge der langfristig für Zerealien nicht unbedingt rosigen Absatzaussichten auch noch die spärlichen und anderswo dringend benötigten Devisen und trägt außerdem weder zur nationalen Wertschöpfung noch zur Beschäftigung im industriellen Sektor viel bei.

Im Gegensatz dazu maximiert eine Strategie der selektiven Mechanisierung die positiven und wünschenswerten Interdependenzen. Die Nachfrage nach einfachen landwirtschaftlichen Geräten und Maschinen ist groß, und zwar deshalb, weil erstens die landwirtschaftlichen Produktionseinheiten sehr zahlreich sind, und zweitens die auf lokaler Basis hergestellten landwirtschaftlichen Geräte billig genug werden, um eine starke Verbreitung zu erfahren, und drittens die Ertragssteigerung, hervorgerufen durch das Zusammenwirken der HYV mit diesen einfachen Geräten, so hoch ist, daß ein großer Ansporn zur Einführung dieser Neuerung besteht. Diese große Nachfrage nach landwirtschaftlichen Geräten leistet einen enormen Beitrag an die Ausdehnung der nicht-landwirtschaftlichen Beschäftigung und Produktion. Die einfachen Geräte eignen sich bestens für eine Herstellung in ländlichen mechanischen Werkstätten, wo sich problemlos arbeitsintensive und kapitalsparende Produktionsmethoden anwenden lassen, da bei der relativ kleinen Produktion ‹economies of scale› nicht bedeutend sind (und eventuell sogar durch die im Vergleich zur gelernten Arbeitskraft in modernen Großbetrieben wesentlich niedrigeren Löhne mehr als wettgemacht werden können).

Der Einfluß einer solchen selektiven Mechanisierungspolitik auf Beschäftigung und Einkommen ist summa summarum ein doppelter: zuerst steigen auf dem arbeitsintensiven Entwicklungspfad Beschäftigung und Einkommen im landwirtschaftlichen Sektor, und dadurch werden dann Arbeit und Einkommen im semimodernen Industriesektor ebenfalls angekurbelt. Eine geschickt gezielte Mechanisierungspolitik kann eine ganze Welle von Mehrbeschäftigungen, einen gewaltigen (Beschäftigungs-) Multiplikatorprozeß innerhalb und außerhalb des Agrarsektors auslösen[53].

Ein gutes Beispiel für eine solche Politik bietet die erst mit den HYV erfolgreich verlaufende Ersetzung des Hackenpflugs durch eine Art Scharfpflug in Indien und Pakistan[54]. Die Herstellung von etwas komplizierteren Geräten, wie z.B. den erwähnten Reistrocknern und -dreschern, stellt vielleicht etwas höhere Anforderungen an die Qualität der Arbeiterschaft als die Produktion von verbesserten Zuggeräten für Büffel oder einfachen Traktorzusatzgeräten, ihre Auswirkungen auf die Gesamtwirtschaft bleiben im allgemeinen jedoch gleich[55].

Aber auch das Prinzip der selektiven Mechanisierung selbst umfaßt ein ganzes Spektrum verschiedener Vorgehen, deren vielfältige positive Auswirkungen je nach Umstand mehr oder weniger deutlich zutage kommen. Westpakistans Bewässerungspolitik ist ein typischer Fall: Während der Staat riesige Brunnenschächte entwickelte, bauten Private gleichzeitig kleinere Zisternen. Ein Ausbau der Bewässerungsanlagen führt so oder so zu einer Intensivierung der landwirtschaftlichen Produktion, liegt also normalerweise innerhalb der Richtlinien der selektiven Mechanisierung. Die vielen privaten Schächte mit ihrer geringeren Förderungskapazität hatten einen wesentlich größeren Einfluß auf die Erweiterung der bewässerbaren Anbaufläche als die großen, staatlichen Brunnen und wurden zudem mit einfachen, im semimodernen Industriesektor hergestellten Maschinen und Geräten gebaut und betrieben, während die staatlichen Förderanlagen hauptsächlich auf teuren, hochspezialisierten Importen basierten.

b) Der Kapitalbeitrag der Landwirtschaft zur Gesamtentwicklung
Den Einfluß der GR auf den Kapitalfluß zwischen den verschiedenen Wirtschaftssektoren können wir in drei Blöcke unterteilen.

Erstens: Durch ein Steigen des bäuerlichen Einkommens vergrößert sich das Steuerobjekt, und da der Einkommenszuwachs in den meisten Fällen ganz beträchtlich ist, eröffnet sich dem Staat damit eine neue bzw. vergrößerte fiskalische Einnahmequelle[56]. Die landwirtschaftlichen Steuerstrukturen sind jedoch beinahe in keinem EL einkommenselastisch (wenn das bäuerliche Einkommen überhaupt erfaßt wird); soll nun aber dem Fiskus diese wichtige Quelle nicht entgehen, so müssen in nächster Zukunft schwierige politische Entscheidungen getroffen werden.

Daß diese Quelle bedeutend und ihre Nutzung für die gesamtwirtschaftliche Entwicklung unerläßlich ist, zeigen uns wiederum die beiden Beispiele Japan und Taiwan[57]. «... Während einer kritischen Phase der wirtschaftlichen Entwicklung Japans war die Landsteuer (land tax) die Hauptquelle der Staatseinnahmen...»[58] Der selben Quelle ist zu entnehmen, daß der prozentuale Anteil der Landbesteuerung in Japan an den Einnahmen aus den vier Hauptquellen des Fiskus[59] 1888–1892 85,6% und 1913–1917 immer noch 37,6% betrug und die ‹income tax› in den selben Perioden im Vergleich dazu 2,4% bzw. 26,0% entsprach. Noch deutlicher geht die Steuerlast, welche die Landwirtschaft während der kritischen Perioden zu tragen hatte, aus einer anderen, von Ohkawa und Rosovsky zitierten Quelle hervor: 1888–1892 bedeuteten die aus der Landwirtschaft gepreßten Steuern im Betrage von 58 Millionen Yen 15,5% des bäuerlichen Einkommens, 1913–1917 waren es 168 Millionen Yen und immer noch 12,9%. Die entsprechenden Werte des nicht-landwirtschaftlichen

Sektors lauten 10 Millionen Yen (2,3%) und 145 Millionen Yen (4,5%)[60].

Die Verhältnisse in Taiwan lagen sehr ähnlich. Eine etwas andere Erfassungsart zeigt, daß Steuern und Gebühren aus der Landwirtschaft zu konstanten Preisen von 1936/37 sich auf 14 Millionen NT$ (1920), 20 Millionen NT$ (1940) und 109 Millionen NT$ (1960) beliefen und der entsprechende Nettokapitalabfluß[61] aus der Landwirtschaft in den Rest der taiwanesischen Wirtschaft 64, 51 und 100 Millionen NT$ betrug[62].

Zweitens: Einen weiteren, wenn auch indirekten Kapitalbeitrag leistet die Landwirtschaft dadurch, daß dank den HYV (die ja eine arbeitsintensive Produktion fördern und gleichzeitig die Hektarerträge pro Zeiteinheit um ein Vielfaches vergrößern) zur Erlangung einer bestimmten Wachstumsrate der agrarischen Produktion ein geringerer Kapitalstock nötig ist, als erforderlich wäre, wenn dasselbe Wachstum nur auf Grund der LV erzielt werden müßte. So muß z.B. ein für Zerealien zweit- oder drittklassiges Produktionsgebiet nicht ‹urbarisiert› werden (Bewässerung, Einebnen des Landes, Straßen usw.), weil dank dem landsparenden technischen Fortschritt (HYV) zum ersten die gewünschte Produktionssteigerung auf der bisherigen, bestgeeigneten Kulturfläche erzeugt und zum zweiten die HYV-Produktion auf kapitalsparender Basis durchgeführt werden kann. Der so von der Landwirtschaft ‹freigesetzte› Kapitalbetrag steht nun für andere Entwicklungsaufgaben zur Verfügung[63].

Drittens: Der rasch fortschreitende Ersatz der PL 480-Lieferungen durch die gesteigerte Inlandproduktion macht sich sofort und sehr empfindlich spürbar, weil die Gelder, welche den Staatskassen der betreffenden Regierungen aus dem jeweiligen Verkauf dieser Importe amerikanischen Getreides zugefallen waren, natürlich gleichzeitig rapid abnehmen[64].

Abschließend können wir festhalten, daß unter günstigen Umständen eine modern konzipierte Wirtschaftspolitik, die von allen Vorteilen und Möglichkeiten der Grünen Revolution Gebrauch macht, die drohenden Auswirkungen der ‹Beschäftigtenexplosion› abwenden, sie eventuell gar zum Guten umwandeln kann. Dabei gewänne die breite Bevölkerungsschicht neue Kaufkraft, die dank den nun vorhandenen Nahrungsmitteln ohne inflatorische Einflüsse auf die Lebensmittel absorbiert werden kann, Kaufkraft, die außerdem auf dem Konsumgütermarkt eine große Nachfragesteigerung bewirkt und schließlich zum langersehnten ‹take-off› führen muß. Der Weg dazu führt über jene Entwicklungsstrategie, die den Kleinfarmer fördert und dabei die große Masse der landwirtschaftlichen Bevölkerung in den Entwicklungsprozeß einschließt, eine Strategie, die ein ganzes Orchester von preis-, investitions-, steuer-, kredit- und außenhandelspolitischen Maßnahmen umfaßt. Die gezeigten Verflechtungen der GR mit der Gesamtwirtschaft, die vielfältigen Interdependenzen zwischen Landwirtschaft und den übrigen volkswirtschaftlichen Zweigen, zerstören ein für allemal die immer noch oft vertretene Ansicht, daß die entwicklungspolitische Förderung des landwirtschaftlichen oder des industriellen Sektors wirkliche und absolute Alternativen seien. Wir haben gelernt, daß beide Sektoren gemeinsam vorwärtsgehen müssen und keiner ohne den andern zu Erfolg gelangt.

Dies verlangt aber vom Agrarsektor eine ständige Ausdehnung seiner Produktion. Solange ein Nachfragedefizit besteht, ist bis zu seiner Ausfüllung dem Produktionswachstum keine Begrenzung gesetzt. Nachher jedoch kann sich die Produktion nur noch Hand in Hand mit der in- und ausländischen Nachfragesteigerung ausdehnen. Der Anstieg der inländischen Nachfrage hängt von der Entwicklung der Kaufkraft ab, der Anstieg der Exportproduktion jedoch von der Anteilnahme an den stark geschützten Getreidemärkten der reichen Länder. Weder ein angemessenes Wachstum des Einkommens noch ein entsprechender Anteil an den Exportmärkten kann jedoch durch die EL allein erreicht werden. Das nächste Kapitel ist dem Problem der Produktionsplanung mit Berücksichtigung der Exportaussichten gewidmet.

9. Kapitel Nahrungsmittelproduktion der Entwicklungsländer und internationale Agrarmärkte

Bisher haben wir unsere Überlegungen ohne Rücksicht auf die Produktionsplanung angestellt. Entweder nahmen wir als selbstverständlich an, daß die Produktion hinter der Nachfrage herhinke und also ein ständiges Nachfragedefizit bestehe, das aufzufüllen noch Jahre oder Jahrzehnte in Anspruch nehmen würde, oder wir spekulierten gar auf eine blühende Entwicklung der Exportproduktion.

Die Tatsachen sehen aber anders aus – und in einer Betrachtung erfolgsinduzierter Probleme ist der Zusammenhang zwischen Zerealienproduktion der Dritten Welt und Welthandel und Produktion der Industrieländer von äußerster Wichtigkeit. Es ist jedoch nicht einfach, die aus dieser Relation resultierenden Konsequenzen zu ziehen und in gesundes wirtschaftspolitisches Handeln umzusetzen. Die dabei entstehenden neuen Probleme reichen in ihrer Komplexität weit über die Erhöhung der Produktion hinaus. Sie implizieren nicht nur weitgreifende wirtschaftspolitische Maßnahmen innerhalb der EL selbst, sondern machen sich auch in den industrialisierten Ländern, die eine moderne, konstruktive Entwicklungspolitik fördern und sie zu einem Ziel ihrer Außenwirtschaftspolitik erhoben haben, auf gleiche Art bemerkbar. Eine Unterstützung der GR (und anderer Entwicklungsmaßnahmen) in der Dritten Welt ist – um es vorwegzunehmen – mit einer protektionistischen Agrarpolitik logisch nicht vereinbar.

1. DAS SYNDROM DER SELBSTVERSORGUNG

Tabelle 26 gibt uns ein ungefähres Bild von der Entwicklung der Nachfrage nach pflanzlichen Nahrungsmitteln. Wichtig ist für uns die Tatsache, daß wir für die kommenden Jahre mit einer durchschnittlichen jährlichen Nachfragezunahme nach Zerealien von etwa 3,1%[1] zu rechnen haben; dieser Wert deckt sich im großen und ganzen auch mit anderen Schätzungen[2].

Demgegenüber schätzen mehrere neuere Untersuchungen die durchschnittliche jährliche Wachstumsrate der Getreideproduktion in einigen asiatischen Ländern innerhalb der siebziger Jahre auf etwa 4%–6%[3]. Mit andern Worten: gewisse EL, die heute noch Zerealien importieren, werden im Laufe der Zeit die Importe durch ihre eigene Produktion ersetzen. Die Tatsache, daß a) in vielen Ländern dank dem HYV-Programm ein ‹Produktionsstoß› erfolgte und b) die Zerealienimporte – gemessen am Gesamtkonsum – im allgemeinen doch eher klein sind (abgesehen von Mißernten und Naturkatastrophen), rückt die Verwirklichung der Importsubstitution in greifbare Nähe[4].

Tabelle 26
Geschätztes Nachfragewachstum für gewisse Landwirtschaftsprodukte, 1962-1985, in % pro Jahr

Region	Zerealien	Stärkehaltige Wurzel- und Knollengewächse	Bohnen, Nüsse, Samen	Zucker	Pflanzl. Öle	Früchte	Gemüse
Afrika, südl. der Sahara	3,2	2,7	3,3	5,0	4,1	3,5	3,5
Asien	3,1	3,2	3,5	4,6	5,1	4,3	4,0
Lateinamerika	3,0	2,7	3,1	3,3	4,2	4,0	3,6
Naher Osten	3,2	3,4	3,9	4,1	3,9	4,3	4,1
Nordwestafrika	3,2	4,1	3,6	3,9	4,3	4,1	4,0

Quelle:
FAO IWP, Vol. III, S. 7

Galt vor 10-15 Jahren die eigene Luftfahrtgesellschaft oder das eigene Stahlwerk als nationales *Statussymbol*, so ist es heute die *Selbstversorgung mit Stapelprodukten*. Für viele politische Leiter ist Selbstversorgung beinahe identisch mit Selbständigkeit, und ihre Erfüllung wird u.a. sogar wahlpolitisch ausgenützt[5].

Der Wunsch nach einer diesbezüglichen ‹Unabhängigkeit› wäre verständlich, wenn die Getreideimporte mit raren Devisen gekauft werden müßten. Dies war jedoch selten der Fall, denn der größte Teil der Importe – hauptsächlich aus den USA – kam in Form von Nahrungshilfe mit starken Preisdiscounten, Devisen- und Krediterleichterungen[6]. Die beschriebene Tendenz muß also weit eher als ein Ruf nach Befreiung von der allgemeinen Ungewißheit über die Lieferungen[7] und der sehr oft mit den Hilfelieferungen verknüpften Restriktionen aufgefaßt werden. Die ständigen Verschärfungen der Bestimmungen in der Selbsthilfeklausel und die immer häufiger gestellte Bedingung, daß PL480-Lieferungen mit US$ zu bezahlen seien[8], sind vorwiegend für die Entwicklung dieses neuesten ‹Statussymbols› verantwortlich. Auf Grund unserer Feststellungen über die Dreikomponentenpolitik und wirkliche Entwicklungshilfe müssen wir das Anstreben einer Selbstversorgung vorläufig befürworten, d.h. diese Politik vorläufig gutheißen, wenn sie zur allgemeinen Entwicklung beiträgt und flexibel im Sinne einer temporären Bewegung in Richtung auf eine wirkliche landwirtschaftliche Entwicklung gehandhabt wird.

Unter wirklicher landwirtschaftlicher Entwicklung verstehen wir nun aber nicht nur Selbstversorgung ‹per se›, sondern ganz allgemein eine Ausdehnung der agrarischen Produktion und eine Verbesserung der Marketingverhältnisse, wodurch a) das betreffende Land von chronischen Nahrungsmittelimporten – wie eben den Titel I-Lieferungen des PL 480 – befreit, b) mehr Leuten bessere Ernährung gegeben und c) der Landwirtschaft ermöglicht wird, einen positiven Beitrag zur allgemeinen ökonomischen Entwicklung zu leisten.

Ob die Selbstversorgung vom langfristigen Standpunkt der verschiedenen EL aus gerechtfertigt ist und vom Standpunkt der industrialisierten Länder und vom Welthandel aus gesehen als wünschenswert erscheint oder nicht, steht hier nicht zur Diskussion[9]. Tatsache ist, daß bis 1973 aller Wahrscheinlichkeit nach die meisten EL im asiatischen Raum mit einer totalen Bevölkerung von 1 Milliarde dank den HYV mit ihrem Hauptstapelprodukt zu Selbstversorgern aufrücken werden[10][11]. Tabelle 27 bilanziert die heutige Situation skizzenhaft.

Pakistan z.B. erreichte (laut CCP, Pakistan, Wheat) den Selbstversorgungsgrad mit Weizen schon 1969, Indien erwartet bei einer Fortdauer der bisherigen Produktion den Wendepunkt für Weizen und Reis 1972. Indonesien rechnet 1973 mit der Reisselbstversorgung. Malaysia und Ceylon, die sich früher durch komparative Kostenvorteile verleiten ließen, ihre agrarischen Ressourcen auf Tee- und Kautschukproduktion zu konzentrieren und dafür bis zu 50% ihres Reiskonsums durch Importe zu decken, sehen sich nun auf Grund der Schwierigkeiten mit ihren tropischen Produkten auf den Exportmärkten[12] gezwungen, Selbstversorger mit ihrem Hauptstapelgut Reis zu werden.

Tabelle 27
Zeitpunkt der Selbstversorgung einiger Entwicklungsländer mit Zerealien

Land und Status der Selbstversorgung	Nutzpflanze	Zeitpunkt
Selbstversorgung erreicht:		
Mexiko	Weizen	1957
Kenya	Mais	1966
Iran	Weizen	1967
Philippinen	Reis	1968
Pakistan	Reis	1968
Selbstversorgung geplant:		
Afghanistan	Weizen	1970
Türkei	Weizen	1970
Pakistan	Weizen	1970
Indien	Weizen	1972
Indien	Reis	1972
Malaysia	Reis	1973
Ceylon	Reis	1973
Indonesien	Reis	1973

Quelle:
nach Brown, Seeds, S.158

Hinweis:
Westpakistan erreichte den Selbstversorgungsstatus mit Weizen sogar schon 1969 (vgl. CCP, Pakistan, Wheat, S.30)

Von den komparativen Kosten einmal abgesehen, kann eine Selbstversorgungspolitik grundsätzlich als positiv betrachtet werden, wenn sie das Momentum der GR vergrößert. Sie wirft jedoch einen ganzen Komplex neuer Probleme auf, die wir hier kurz erwähnen wollen; einige von ihnen werden im nächsten Abschnitt noch etwas genauer untersucht.

Erstens: Dank den HYV ist die Ankurbelung der Produktion zur Erreichung der Selbstversorgung meist so groß, daß das Ziel weit überflügelt wird und sich in relativ kurzer Zeit (große) *Produktionsüberschüsse* ergeben: viele ehemalige Defizitländer werden allzuschnell zu Selbstversorgern; zu schnell deshalb, weil sie den neuen Problemen noch gar nicht gewachsen sind. Pakistan wurde ein Jahr früher Selbstversorger mit Weizen, als die optimistischsten Schätzungen (unter Miteinbezug der HYV!) noch kürzlich vorausgesagt hatten. «... Die Diskussion über Möglichkeiten zur Erreichung der Selbstversorgung hatte sich in Pakistan bereits auf die Frage verlagert, wie diese Überschüsse zu verwenden bzw. zu steuern seien.»[13] Indien ergeht es ähnlich: 1967 prophezeite man, daß Indien unter Aufwendung aller erdenklichen, jegliche bisherigen Versuche in den Schatten stellenden Anstrengungen 1976 eventuell zum Selbstversorger mit Getreide werden könnte. Die Aussicht, daß es diesen Status schon 1971 erreichen könnte, wurde zwar als technisch möglich, aber nicht als realisierbar betrachtet[14]. Den neuesten Schätzungen gemäß wird Indien 1972 Selbstversorger mit Reis und Weizen.

Zweitens: EL, die *versuchen, solche Überschüsse auf dem Exportmarkt abzubringen,* müssen nur allzuoft einsehen, daß sie nicht die selben Exportsubventionen aufbringen können wie ihre Konkurrenten oder daß Qualität oder Art ihres Exportgutes nicht den gegenwärtigen Anforderungen entsprechen. So mag z.B. Hartweizen gefragt sein, während das betreffende Land gerade an einem Überschuß an Weichweizen leidet, oder dann befriedigt die IR-8-Qualität den breiten Publikumsgeschmack einfach nicht.

Drittens: Die Unfähigkeit zu exportieren, führt zur *Überbeanspruchung der Lagermöglichkeiten.* Ein scharfer Preissturz kündigt sich an, falls die Regierung nicht imstande ist, die teuren Instrumente einer Preisstützung aufrechtzuerhalten[15].

Viertens: Die Lage drängt zur *Diversifikation,* aber eine Diversifikation verlangt nach neuen und anderen Produktionsfaktoren und ruft nach einer Umstellung des Marktsystems, der Politik usw. – alles Umstellungen, die viel mehr Zeit beanspruchen, als die Dringlichkeit der Lage zuläßt. Auch der Aufbau einer Geflügel- und Schweinezucht braucht Zeit, sofern sie aus religiös-kulturellen Gründen überhaupt in Betracht kommt.

Diese Sequenz unglücklicher Umstände nennt man das *Syndrom der Selbstversorgung.* Mehr als nur ein Land hat die Wehen und Folgen bei einer Erreichung des so begehrten Wendepunktes unterschätzt; die Erfahrungen daraus mögen in Zukunft manche Enttäuschungen und Probleme vermeiden oder wenigstens mildern helfen.

2. GRÜNE REVOLUTION UND PRODUKTIONSABSTIMMUNG AUF DIE LAGE IM WELTMARKT

Während in den sechziger Jahren das Hauptproblem in einer sofortigen Erhöhung der Zerealienproduktion lag, sehen sich verschiedene EL schon zu Beginn der siebziger Jahre vor die wirtschaftspolitische Frage gestellt, wieviel Zerealien im besonderen und wieviel Nahrungsmittel im allgemeinen importiert oder exportiert werden sollen. Die Produktion muß so adjustiert werden, daß sich ein ‹Gleichgewicht› zwischen Handel und Produktion entwickelt. Es sind dabei folgende vier Hauptfaktoren zu berücksichtigen:

a) stark gestiegenes Weltangebot von Reis und insbesondere von Weizen
b) Überschußkapazität der industrialisierten Länder auf dem Getreidesektor
c) komparative Kosten-(Preis-)Vorteile
d) Potentiale für Diversifikation

A. Stark gestiegenes Weltangebot von Reis und insbesondere von Weizen

a) Allgemeines
Während der sechziger Jahre stieg die Produktion dieser beiden Stapelprodukte sowohl in den EL wie auch in den IL. Die Ausdehnung der Zerealienproduktion erreichte innerhalb der Periode 1960/64–1968 in den IL 25% und in den EL 18% (Tabelle 28). Während aber die IL ihren Ausstoß um 123 Millionen Tonnen vergrößerten, nahm er in den EL mit einer doppelt so großen Bevölkerung nur um 52 Millionen Tonnen zu.

Tabelle 28

Weltgetreideproduktion und ihre Veränderung (ohne Kommunistisch-Asien und Kuba), 1960–1968

| Region | Produktion | | | Veränderung der Produktion | | | |
| | Schnitt 1960/64 | 1967 | 1968 | 1960/64–1968 | | 1967/68 | |
	Mio t	Mio t	Mio t	Mio t	%	Mio t	%
IL	485	585	608	+123	+25	+23	+ 4
EL	283	325	335	+ 52	+18	+10	+ 3
Weizen	45	51	59	+ 14	+31	+ 8	+16
Reis	138	155	156	+ 18	+13	+ 1	+ 1
Mais	47	61	61	+ 14	+30	0	0
Andere	53	58	59	+ 6	+11	+ 1	+ 2
Welt	768	910	943	+175	+23	+33	+ 4

Quelle:
Schertz, Food Supplies, S. 11

Obwohl die Produktion sowohl von Weizen wie auch von Reis stark gestiegen ist, unterscheiden sich die beiden Produkte im Hinblick auf den Welthandel und die daraus zu ziehenden Konsequenzen doch sehr deutlich.

b) Weizen
Die Weizenproduktion ist innerhalb der sechziger Jahre von etwa 8,2 Milliarden Bushels um 25% auf 10,3 Milliarden Bushels gestiegen, während der Welthandel von 1,6 Milliarden Bushels um nur etwa 6% auf 1,7 Milliarden Bushels zugenommen hat[16]. Die Veränderung des Welthandels vollzog sich jedoch nicht geradlinig. So lagen die Exporte 1968/69 etwa 10% unter dem Niveau von 1967/68 und beinahe 25% unter demjenigen von 1965/66, als schlechtes Wetter

in den kommunistischen Ländern und die Krise im asiatischen Subkontinent zu Spitzenimporten führten. Die heutigen Exporte nach den kommunistischen Staaten und nach Indien/Pakistan – den Hauptimporteuren um die Mitte der sechziger Jahre – unterscheiden sich nur relativ gering von jenen zu Anfang der sechziger Jahre, liegen aber ungefähr 20% unter den Importdurchschnitten von 1960/61–1964/65. (Vgl. Tabelle 29)

Tabelle 29

Weltweizenhandel und Hauptimporteure der sechziger Jahre (Indien, Pakistan und die kommunistische Welt), 1960/61–1968/69

Importregion und Welttotal	Schnitt 1960/61 bis 1962/63 Mio t	Schnitt 1960/61 bis 1964/65 Mio t	1968/69 Mio t	Veränderung 1960/62 bis 1968 %	Veränderung 1960/64 bis 1968 %
Kommunistische Länder	9,2	11,9	9,8	+6,5	−17,6
Indien und Pakistan	4,7	5,8	4,5	−4,3	−22,4
Andere	30,9	30,6	33,5	+8,4	+9,5
Welttotal	44,8	48,3	47,8	+7,0	−1,0

Quelle:
Schertz, Food Supplies, S. 12

Die relative Bedeutung der in der FAO-Terminologie unterschiedenen drei Blöcke A, B und C[17] in Produktion und Konsum von Weizen[18] beträgt je etwa 45%, 35% und 20%. Nur wenig mehr als 10% der Gesamtproduktion beteiligen sich am Weltmarkt, wobei der Hauptstrom – geordnet nach Wichtigkeit – innerhalb der Zone A, von A nach C, von A nach B und innerhalb der Zone B verläuft. Die IL der Zone A lieferten dabei rund drei Viertel aller Weizenexporte[19]. Die USA, Kanada, Australien und – als einziges EL – der traditionelle Weizenexporteur Argentinien überschatteten quantitativ alle übrigen Exporteure. Diese ‹Big Four›[20] besaßen nicht nur einen enormen Anteil der Weltproduktion, sondern auch weitaus den größten Teil der exportierbaren Weizenlager. Wie aus Figur 9, S. 139, ersichtlich, stiegen die Lager nach 1966 wieder an. So belief sich im Juli 1960 die Lagerübernahme der ‹Großen Vier› auf 2,1 Milliarden Bushels (58 Millionen Tonnen); die Überschußlager der EWG-Länder trugen noch 202 Millionen Bushels (5,5 Millionen Tonnen) dazu bei. Im Juli 1969 war die Lagerübernahme der ‹Großen Vier› mit 2099 Millionen Bushels (etwa 57,2 Millionen Tonnen) wiederum ungefähr gleich groß, doch fügten die EWG-Produzenten diesmal noch etwa 330 Millionen Bushels hinzu, so daß die Lagerhaltung der ‹Großen Fünf› etwa 2,4 Milliarden Bushels (66,2 Millionen Tonnen) betrug. In der Verteilung dieser exportierbaren Überschüsse ist zudem ein Wandel festzustellen: während die USA 1960 noch etwa 62% der Lagerhaltung der ‹Großen Fünf› innehatte, waren es 1969 nur noch 39%[21]. Die Weltpreise der meisten Weizenarten sind im allgemeinen nur wenig gefallen[22].

Figur 9

Weizenproduktion und Lagerbewegung[1] in den fünf Hauptexportländern, 1960–1969. Kumulative Darstellung

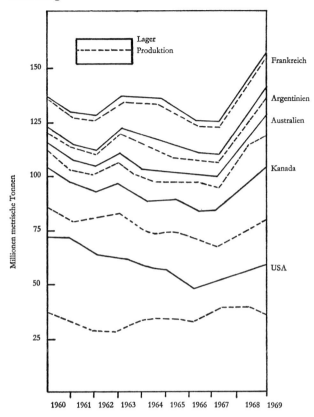

Anmerkung:
Lager gemessen jeweils am 1. Juli

Quelle:
Jean, S. 2

c) Reis

Im Gegensatz zum Weizen werden etwa 90% der gesamten Reisproduktion in Asien angebaut, wobei sich die beiden Zonen B und C in Bezug auf ihre Wichtigkeit die Hand reichen. Auch der Handel mit Reis ist geographisch stark auf Asien konzentriert. So betrug 1962/64 der Anteil Asiens am Weltexport etwa 70%, wobei die Region Fernost der Zone C beinahe 60% aller Exporte, 55% aller Importe und – innerhalb der betreffenden Länder – 40% des Welthandelsvolumens in Anspruch nahm. Die industrialisierten Länder lieferten nur 22% der Weltexporte und steuerten weniger als ein Fünftel zur Deckung des Importbedarfs der EL bei[23]. Die Entwicklung von Weltproduktion und -handel folgte im allgemeinen einem ähnlichen Muster wie die entsprechende beim Weizen: die Weltproduktion nahm von 163 Millionen Tonnen (1962/64) um etwa 14% auf 186 Millionen Tonnen (1968) zu. In Asien allein betrug der Anstieg im Vergleich zu den Mangeljahren 1965/66 etwa 17%, und die Produktion nahm trotz der Rekordernte von 1967 im folgenden Jahr wiederum um 5% zu – das Handelsvolumen nimmt hingegen seit 1965 ständig ab.

Die Reislage in Asien ist durch die schnelle Verbreitung der HYV in einigen asiatischen Ländern stark beeinflußt worden. Einige der traditionellen Nettoimporteure verstanden ihre Produktion weit schneller auszudehnen, als ihre Eigennachfrage zunahm, und konnten dadurch ihre Importe aus anderen (besonders ostasiatischen) Ländern beträchtlich reduzieren – den Philippinen gelang sogar schon 1968 die völlige Importsubstitution. Infolgedessen sanken die Exporte der traditionellen Reisexporteure (mit Ausnahme von Rotchina) von einem Weltmarktanteil von beinahe 60% (1962/64) auf nur 30% (1968)[24]. Die unterschiedlichen Anforderungen der LV und der HYV bezüglich Klima und Kultivierungstechnik werden sehr wahrscheinlich die alten, eingespielten Produktions- und Exportverhältnisse ändern; d.h. Länder, die bisher nur unbedeutende Exporteure waren – z.B. Pakistan und die Philippinen – können sich langsam auf dem Exportmarkt behaupten. Der Reishandel scheint «... in eine labile Phase einzutreten, in der sich beträchtliche Änderungen im Hinblick auf Importmärkte und Exportländer abzuzeichnen beginnen».[25] Dr. Randolph Barker vom IRRI folgert aus der heutigen Lage in Asien im

Tabelle 30

Welthandel und -produktion, Reis, 1962/64–1968

Region und Land	1962/64 Schnitt	1965	1966	1967	1968
Produktion in Millionen Tonnen (Paddy)					
Ferner Osten	142	135	136	152	159
Afrika und Naher Osten	7	7	7	8	8
Lateinamerika	9	11	9	10	11
USA	3	3	4	4	5
Europa	2	2	2	3	3
Ozeanien	*	*	*	*	*
Total	163	158	158	177	186
Exporte nach Herkunftsland, 1000 Tonnen geschält					
Burma	1595	1348	1092	544	335
Thailand	1527	1851	1510	1480	1022
Rotchina	661	740	1202	1192	1025
VAR	350	330	347	435	600
USA	1200	1549	1352	1838	1898
Weltexporte total	6632	7579	7078	6936	6457
Importe nach Bestimmungsland, 1000 Tonnen geschält					
Ceylon	491	642	488	376	338
Indien	526	783	787	453	446
Indonesien	1065	193	306	347	625
Malaysia	465	496	365	390	300
Pakistan	175	60	139	149	35
Philippinen	185	569	105	182	0

Quelle:
FAO: Report of the Thirteenth Session of the Study Group on Rice to the Committee on Commodity Problems, Manila, March 1969, S.16–19

Hinblick auf die zu erwartende Änderung, daß die niedrigsten Produktionskosten zukünftig in Regionen zu finden sein werden, die relativ trockenes Klima mit genügend bewässerten Anbauflächen vereinen – so eben z.B. Westpakistan[26]. Es muß daher mit einer wachsenden Konkurrenz für die traditionellen Reisexporteure, wie Burma und Thailand, gerechnet werden.

d) Bisherige Exportversuche

Einige EL haben vor kurzer Zeit mit mehr oder weniger Erfolg schon versucht, ihre neuen Produktionsüberschüsse auf den Exportmärkten abzubringen[27]. Vermutlich der erfolgreichste Versuch gelang Thailand[28] mit der Entwicklung eines stetig wachsenden Marktes für seinen Mais in Japan. Thailand gehört heute zu den fünf größten Maisexporteuren der Welt. Mexiko begann kürzlich mit dem Export kleinerer Quantitäten von Mais, Weizen und Reis – ganz abgesehen von den erstklassigen Saatgutlieferungen der letzten Jahre an andere EL, die es diesen überhaupt ermöglichen, innert einer derart kurzen Zeit ein erfolgreiches HYV-Programm aufzubauen. Persien verkaufte 1967 erstmals Weizen auf dem Weltmarkt, und da die mexikanischen HYW erst 1969 im Iran eingeführt wurden, stehen die Aussichten für eine weitere Ausdehnung exportierbarer Überschüsse äußerst günstig. Pakistans Großerfolge im Weizensektor werden das Land bald ebenfalls zum Weltmarkt führen. Brasilien, einem ursprünglich marginalen Exporteur von Reis und Mais, gelang 1968 die Ausdehnung seines Maisexportes auf 1 Million Tonnen. Über die Zukunft der Philippinen auf dem Reismarkt läßt sich hingegen trotz den 1968 erstmals erfolgten Exporten hauptsächlich nach Indonesien noch wenig aussagen.

e) Heutige Lage

Die GR nimmt also in verschiedenen EL zur selben Zeit ihren Aufschwung, wo:

a) das Zerealienangebot (Produktion) der IL steigt;
b) Weizen- und Reishandel auf den Stand der frühen sechziger Jahre zurückfallen;
c) die Weizenlager der IL nach dem ‹Tief› von 1966 wieder den hohen Stand der frühen sechziger Jahre erreichen und sich zu den alten ‹Großen Vier› im Weizenmarkt noch ein fünfter gesellt, nämlich die EWG-Länder mit ihrer starken Agrarschutzpolitik; und
d) die Reispreise nach ihrem Höhenflug wieder auf den Stand von Mitte der sechziger Jahre gesunken sind.

Es ist daher nicht verwunderlich, wenn sich eine zunehmende Besorgnis über eine Weltüberproduktion – besonders im Weizensektor – und ihre Einflüsse auf die GR regt, vor allem, da einige EL mit den HYV sogar schon einige Exportvorstöße versucht haben. Es sei aber mit aller Deutlichkeit darauf hingewiesen, daß die Zukunft des hier skizzierten ‹Überschußproblems› hauptsächlich von der Produktions- und Handelspolitik der Import- und Exportländer abhängt und Voraussagen über die Bewegungen von Produktion und Handel durch die Unberechenbarkeit der Wirtschaftspolitik der verschiedenen Regierungen sehr erschwert werden[29][30].

B. Überschußkapazität der Industrieländer und steigender Agrarprotektionismus

Ohne ausführlicher auf die Zusammenhänge von Produktionskapazität, Agrarprotektionismus und Handelsvolumen einzugehen, können wir behaupten, daß eines der grundsätzlichen Probleme der agrarischen Entwicklung der EL auf der landwirtschaftlichen Überschußkapazität der IL bei herrschenden Preisen beruht. Ob es sich dabei um eine wirkliche Überschußkapazität (wie im Falle der USA) oder um eine künstlich erzeugte (im Falle der EWG-Länder und Japan) handelt, ist im Augenblick weniger wichtig.

Für die Bedeutung der Überkapazität läßt sich kaum ein besserer Maßstab finden als die vom größten Weizenproduzenten und -exporteur der Welt von der Produktion zurückbehaltene Anbaufläche. 1969 erreichte die für die Weizenproduktion freigegebene Anbaufläche in den USA ein Minimum von nur 45,5 Millionen Acres seit Beginn des Programms (1938), das zur Regelung des Angebot-/Nachfrage-Gleichgewichtes innerhalb einer verantwortungsvollen Weltgetreidepolitik entworfen worden war. 45,5 Millionen Acres liegen 17% unter dem Niveau von 1960 und sind gar ein Drittel weniger als die Anbaufläche von 1966/67 mit 68,2 Millionen Acres[31]! Im Hinblick auf die verbesserte Welternte und die schrumpfenden Importbedürfnisse einiger EL senkten die USA 1969 auch ihre Reisanbaufläche um weitere 10%[32]!

Ebenfalls ein Ausdruck der Überschußkapazität, jedoch der Starrheit wegen von weitaus größerer Problematik und Tragweite für den künftigen Verlauf der GR als die flexible Anbaupolitik der USA, ist der steigende Agrarprotektionismus in Europa und Japan. Vom ökonomischen Standpunkt aus gesehen sollte gerade die Landwirtschaft vermehrt auf ‹freihändlerischer› Basis arbeiten, sollte vermehrt von den durch Klima, Boden und Niederschlagsmenge gegebenen komparativen Vorteilen Gebrauch machen – aber: «Der Anteil der ineffizienten, mit hohen Kosten arbeitenden Agrarproduzenten am Weltnahrungsangebot stieg rasch – und oft genug zu Lasten effizienterer Produzenten.»[33]

Westeuropas Agrarwirtschaft wird von der Politik der EWG-Staaten und ihres potentiellen Mitglieds Großbritannien regiert. Dieses Europa, das darauf besteht, ohne Rücksicht auf Kosten für Konsumenten und außereuropäische Produzenten mehr und mehr Nahrungsmittel selbst zu produzieren, hat bereits große und kostspielige Getreide- und Milchprodukte-Überschüsse angesammelt. Im Gegensatz zu Europa und Japan erkannten die USA früh genug, daß eine Politik, die hauptsächlich auf hohe Stützpreise abstellt und ohne direkte Produktionskontrolle arbeitet, leicht zu unverantwortlich hohen Überschüssen führen kann, deren Produktion und Export teuer zu stehen kommt. Die sozialen Kosten einer derartigen ‹Subventionierung› bestimmter Agrarprodukte auferlegen dem Steuerzahler und Konsumenten eine schwere Last, ohne daß dabei dem Farmer eine substantielle Hilfe zuteil wird.

Die Getreidepreise sind in den EWG-Ländern oft doppelt so hoch wie der Weltmarktpreis; die Exportsubventionen sind aber so groß, daß sie oft «... die Preise anderer Exporteure unterbieten, die so weit von Europa entfernt liegen wie z.B. Taiwan».[34] Der deutsche Fleischproduzent zahlt für Futtergetreide beinahe doppelt soviel wie sein amerikanischer Konkurrent: die Importzölle für 1969 bewegten sich zwischen 73% für Futtermais und 83% für Futtergerste. 1968/69 beliefen sich die budgetierten Kosten allein für die Verwertung der Milchprodukte-Überschüsse innerhalb der EWG auf beinahe 1 Milliarde Dollar, die ausgegebene Summe zur Verwirklichung der Agrarprogramme schätzte man auf über 7 Milliarden Dollar. Werden noch die aus der Differenz zu den Weltmarktpreisen entstehenden Mehrkosten (excess consumer costs) addiert, so erreicht der vom Konsumenten und Steuerzahler bezahlte Betrag 14,4 Milliarden Dollar[35]!

Das Beispiel Japan mag noch deutlicher sein. Japan ist das einzige industrialisierte Land der Welt mit Reis als Hauptstapelnahrung. Mit einem Stützpreis von 420 $ pro Tonne geschälten Reises, der also beinahe dreimal (!) so hoch ist wie der momentane Weltpreis (Tabelle 31), ist Japan wohl der flagranteste Mißachter des Gesetzes der komparativen Kosten. Japan ist nicht nur kein Reisimporteur mehr, sondern subventioniert auch noch seine Exporte, was die Reispreise und im Zusammenhang damit auch die Lage der traditionellen Reisexporteure merklich beeinflußt. Japan ist wohl das einzige Land, das die drohende Krise auf dem Reisweltmarkt verhindern oder zumindest wirksam lindern könnte[36].

Die Getreideexportmärkte werden noch für viele Jahre unter dem Zeichen dieser Überschußkapazitäten stehen, und die allgemeinen Reduktionen des Importbedarfes wie auch die Exportpolitik der Industrieländer werden auf den Erfolg der GR von sehr starkem Einfluß sein. Es wird den politischen Führern in Japan und Europa jedoch nicht leichtfallen, von der heutigen Agrarpolitik abzuweichen – einer Politik, die oft als ‹Luxus der Reichen› bezeichnet wird, die aber über kurz oder lang zu einer Krise in den betreffenden IL selbst führen kann[37].

Wie dem auch sei, eine *Liberalisierung des Agrarhandels* würde vermutlich weder eine spürbare Hebung des Weltmarktpreises für Zerealien verursachen noch eine substantielle Erhöhung der Getreideimporte der IL bewirken. Die Handelspolitik bleibt dem nationalen Interesse verhaftet, und es ist äußerst unwahrscheinlich, daß Länder mit starkem Interesse an Entwicklungshilfe und – gegenüber der Dritten Welt – relativ liberaler Agrarpolitik, wie etwa Kanada und die USA, mit den EL vereint eine Front gegen die EWG-Staaten, gegen Japan[38] und die kommunistischen Blöcke bilden werden, um diese zu zwingen, eine Getreidepolitik zu vertreten, die zum wirklichen Vorteil der Dritten Welt gereichte.

C. Komparative Vorteile und Preise

Es ist verständlich, daß sich Mitte der sechziger Jahre die meisten EL noch keine Gedanken über komparative Kostenvorteile und die Natur internationaler Märkte machten – Asiens Dürrejahre verlangten eine sofortige Lösung der Ernährungsprobleme, riefen dringend nach einer Erhöhung und Sicherung der Agrarproduktion; viele EL waren auf amerikanische Nahrungshilfe angewiesen, und Budget- und Zahlungsbilanzschwierigkeiten bedeuteten ständige Hindernisse für jegliche Importe. Mit fortschreitender GR verschwindet aber der akademische Charakter der Frage nach komparativen Vorteilen. EL, die eine optimale Aufteilung ihrer knappen Ressourcen anstreben, müssen sich u.a. folgende Fragen stellen: a) Welche ihrer Farmprodukte bieten den größten komparativen Vorteil, lassen sich am besten auf den internationalen Märkten absetzen? b) Welche Produkte hingegen bringen den geringsten komparativen Vorteil? c) Wie müssen die verschiedenen Ressourcen auf landwirtschaftliche und industrielle Produktion verteilt werden, damit ihre gesamtwirtschaftliche Rentabilität am größten ist? d) Wie beeinflußt der Agrarprotektionismus von Drittländern die Konkurrenzstellung der eigenen landwirtschaftlichen Roh-, Halb- und Fertigprodukte?

Solche Fragen müssen im Hinblick auf die künftige Entwicklung von Technik, Wissenschaft und Ressourcen gestellt werden, damit u.a. auch latente komparative Vorteile realisiert werden können.

Im Zusammenhang mit dem Export von Agrarprodukten muß genauestens geprüft werden, ob die betreffenden Produkte nicht etwa mit der Produktion in IL oder mit synthetischen Produkten in Konkurrenz stehen würden oder ob sie zu den spezifisch tropischen Produkten zählen – je nachdem sind Markt- und Exportaussichten sehr unterschiedlich. Zur ersten Gruppe gehören vor allem Zerealien, öl- und fetthaltige Pflanzenprodukte, Zucker, Tabak und (gleichzeitig auch zur Gruppe 2 gehörend) Baumwolle. Gummi, Jute und ‹hard fibers› gehören der zweiten Gruppe an, während alle tropischen Früchte, wie Bananen, Ananas, Koka, Tee, Kaffee usw., zur dritten Gruppe zählen.

Ohne hier weiter auf den gesamten Problemkreis einzugehen – wir kämen vom Hundertsten ins Tausendste – untersuchen wir nun die Frage der komparativen Kosten auf dem Zerealiensektor noch etwas näher.

Es müssen dabei folgende drei Faktoren in Betracht gezogen werden:

Erstens: Besonders in den EL ist es aus qualitativen Gründen einfacher, für die einheimische Nachfrage als für den Exportmarkt zu produzieren, und zwar nicht nur, weil der einheimische Markt bezüglich unterschiedlicher Qualität meist viel toleranter ist, sondern vor allem auch deswegen, weil für eine aktive und ökonomisch effiziente Teilnahme am internationalen Markt zusätzliche Institutionen nötig sind, welche vom Marktinformationswesen über geeignete Lagerungsmöglichkeiten bis zur Qualitätsstandardisierung und -bezeichnung alles zu regeln haben.

Zweitens: Ist ein Land teilweise auf Importe angewiesen, dann konkurrieren die Landwirte – vorerst von irgendwelchen begünstigenden oder hindernden wirtschaftspolitischen Maßnahmen abgesehen – mit den Importpreisen, in denen die Transportkosten vom Überschußland zum importierenden EL mit inbegriffen sind. Wandelt sich der Importeur zum Exporteur, so erhalten die Farmer für ihr Produkt einen um die Transportkosten zu Drittländern niedrigeren Preis.

Drittens: Subventionen und Zollpolitik können zwar die komparativen Vorteile beeinflussen, die finanziellen Mittel für solche wirtschaftspolitischen Maßnahmen sind aber in den meisten EL äußerst beschränkt, speziell im Vergleich zu analogen Ausgaben in den IL (vgl. Schätzungen über die EWG-Agrarpolitik).

Betrachten wir die Zusammenhänge zwischen GR, Preispolitik und Agrarschutz noch etwas näher. In vielen Ländern – IL wie EL – liegen die einheimischen Produzentenpreise über den Weltmarktpreisen. Produzentenorientierte Preise sind für die Ankurbelung der einheimischen Produktion sehr wichtig. William Paddock bemerkte, daß «... Überschüsse auf Subventionen folgen wie die Nacht auf den Tag. Hebt man den Preis eines Gutes hoch genug an, so stellt sich alsbald ein Überschuß ein, ob es sich nun um Uranium, Diamanten, Gold, Kohlrüben, Weizen oder Reis handle».[39] Und diese Weisheit hat sich in der GR wiederum bestätigt.

Alle Länder, in denen die HYV eine Produktionsrevolution ausgelöst hatten, verfolgten – wenigstens anfänglich – richtigerweise eine produzentenorientierte Preispolitik[40]. Erfahrungen haben die absolute Notwendigkeit von Interventionen zur Sicherung eines Minimalpreises und allgemein zur Preisstabilisierung während der Haupterntezeit gezeigt. Erfahrungen haben aber weiter darauf hingewiesen, daß mit solchen Stützmaßnahmen Vorsicht geboten ist. Solche Maßnahmen erzeugen leicht Überschüsse, denen die lokalen Lager- und Verarbeitungsinstallationen wie auch die lokalen Märkte nicht gewachsen sind; Überschüsse, die sich die EL vor allem aber auch finanziell gar nicht leisten können. Preisstützungen, kombiniert mit Überschußproduktion, können vielen EL unverantwortbare Lasten aufbürden – Mexiko z.B. hat seine Konsequenzen daraus gezogen. Ein reiches IL kann sich z.B. 4 Milliarden Dollar Subventionen für seine Landwirtschaft leisten, weil die Landwirtschaft vielleicht nur 4% zum BSP beiträgt. Die übrigen 96% der Wirtschaft vermögen die Last ohne weiteres zu tragen. Beläuft sich der Anteil der Landwirtschaft an der Bildung des BSP hingegen auf 25%, 35% oder gar auf 50%, wie es in manchen EL der Fall ist, so bedeuten derartige Subventionen eine untragbare finanzielle Bürde, und die Preispolitik[41] muß wieder den Verhältnissen angepaßt werden.

Stützpreise variieren stark von Land zu Land (Tabelle 31, S. 146). Für internationale und längerfristige Betrachtungen in Verbindung mit der Dritten Welt sollten sie jedoch immer im offiziellen und im ‹freien› Wechselkurs angegeben werden. Der türkische Produzent erhält z.B. bei Anwendung des offiziellen Wechselkurses 87 $ pro Tonne Weizen, erzielte aber mit dem ‹freien› Wechselkurs nur 59 $. In heutigen Preisvergleichen rechnen wir mit den offiziellen Raten, also den Wechselkursen, die z.B. für den Getreide- und Düngerhandel verwendet werden. Für längerfristige Betrachtungen des möglichen Verlaufs von Entwicklung und Konkurrenzstellung im Weltmarkt werden sich aber vermutlich die ‹freien› Wechselkurse als nützlicher erweisen, da die allgemein überwerteten Währungen im Laufe der Zeit eine gewisse Abwertung erfahren müssen.

Aus dem bisher Gesagten zu schließen, wird es für die EL schwierig, wenn nicht gar unmöglich sein, sich in Zukunft zu substantiellen Getreideexporteuren zu entwickeln. Die Preispolitik muß hier, zur Verhütung von nachteiligen und für den Verlauf der GR gar destruktiven Effekten, sensibel und flexibel gehandhabt werden.

Mexiko, ein EL mit außergewöhnlichen Erfolgen in der Steigerung der agrarischen Produktion, demonstriert den Typ einer solchen flexiblen Preispolitik aufs beste und wird für manche EL ein Vorbild sein. Das mexikanische Beispiel sei deshalb am Ende dieses Abschnittes angeführt:

Mexikos Preispolitik liegt seit 1959 in den Händen der staatlichen Compañía Nacional de Distribución de Subsistencias Populares. Der Weizenstützpreis lag seit 1959 auf 913 Pesos je Tonne (73 $), wurde aber Mitte der sechziger Jahre in den drei Hauptanbaugebieten[42] auf 800 Pesos pro Tonne (64 $) gesenkt. Der Stützpreis für Mais betrug 1959–1962 800 Pesos pro Tonne (64 $) und wurde 1963 allgemein auf 940 Pesos pro Tonne (75 $) erhöht. 1965 erfolgte dann eine Differenzierung: 940 Pesos wurden nur noch für auf unbewässertem Boden gezogenen Mais bezahlt, für die bewässerte Produktion galt jedoch wieder der Preis von 800 Pesos je Tonne.

Tabelle 31

Staatlicher Stütz- und Aufkaufspreis für Weizen, Mais und Reis einiger Länder, umgerechnet auf US $ pro Tonne nach dem offiziellen und dem ‹freien› Wechselkurs, 1968

Weizen			Mais			Paddy-Reis			Geschälter Reis		
Land	Wechselkurs		Land	Wechselkurs		Land	Wechselkurs		Land	Wechselkurs	
	O[1]	F[2]		O	F		O	F		O	F
	US $/t			US $/t			US $/t			US $/t	
Mexiko	73	–	Mexiko	75	–	Burma	36	13	Indien	96	68
Brasilien	88	–	Brasilien	47	–	Indien	56	41	Pakistan	107	59
Kolumbien	126	116	Kenya	43	34	Philippinen	93	88	Japan	420	392
Paraguay	80	78	Thailand	47	–	Brasilien	79	–			
Marokko	79	71	USA	50	–	Ecuador	123	105			
Türkei	87	59				Senegal	85	NA			
Pakistan	96	53				Japan	294	274			
Indien	101	72				USA	100	–			
USA	97	–									

Anmerkungen:
1 = offizieller Wechselkurs (O)
2 = ‹freier› Wechselkurs (F)

Quelle:
Weizen und Mais: Dalrymple, CCP, Mexico, Wheat and Corn, S. 27
Reis: Schertz, Food Supplies, S. 17

Mexiko unterhält also heute praktisch eine nach Kultivierungsmethode differenzierte Preispolitik[43], wonach in den begünstigten Anbaugebieten ein niedrigerer Stützpreis bezahlt wird[44].

Der Hauptgrund für eine Senkung der Stützpreise[45] lag darin, daß sich langsam eine Überschußproduktion entwickelte. Der Wechsel von einem Import- zu einem Exportstatus wäre begrüßenswert gewesen, doch lagen (laut einem Bericht des USDA) die Verkaufspreise auf Grund der Stützpreise zu hoch, um auf dem Weltmarkt Erfolg zu haben. Stützpreise wie auch Exportsubventionen bedeuteten für die mexikanische Staatskasse einen Verlust. Auf offiziellen Wechselkursen berechnet, liegen Mexikos Stützpreise im Vergleich zu anderen EL für Weizen relativ niedrig, für Mais dafür relativ hoch. In ‹freien› Wechselkursen verglichen, fallen die Weizenstützpreise verschiedener asiatischer Staaten unter das Niveau von Mexiko. Neben den internationalen Preisen der IL erscheinen die mexikanischen Preise für Mais wie Weizen hinwiederum eher als hoch[46]: 1968 betrug z.B. der mexikanische Stützpreis für Weizen 73 $ pro Tonne, im Vergleich zu cif-Preisen für amerikanischen und australischen Weizen in Großbritannien von etwa 70 $ pro Tonne; der Stützpreis für mexikanischen Mais von 75 $ pro Tonne stand cif-Preisen für amerikanischen und argentinischen Mais in Großbritannien von ungefähr 60 $ pro Tonne gegenüber[47].

Mexiko ist sich dieser (Konkurrenz-) Probleme voll bewußt. Der Verlust infolge eines durch Überschußproduktion ‹erzwungenen› Exportes von Mais wird für 1967/68 allein auf 2,5 Milliarden Pesos geschätzt (etwa 200 Millionen Dollar)[48]. Ob die Zuverlässigkeit dieses Wertes nun angegriffen wird oder nicht, ändert nichts an der Tatsache, daß Exportprobleme die Hauptursache der Bemühungen um eine Reduktion der Produktion darstellen[49].

D. Der Ausweg: Diversifikation

a) Allgemeines

Nach den bisherigen Ausführungen erscheint es eher unwahrscheinlich, daß die EL in nächster Zukunft zu substantiellen Getreideexporteuren aufrücken werden – es sprechen zu viele Faktoren dagegen.

Für die integrierte Zielsetzung ist aber gerade eine stetige Ausdehnung der Produktion bzw. eine stetige Ausdehnung des Marktes Voraussetzung. Die Ausdehnung der inländischen Getreidemärkte in den EL vollzieht sich nur langsam[50], weil a) in den wenigsten Fällen ein absorptionsfähiger Futtergetreidemarkt besteht und b) die Einkommens- und Preiselastizitäten für Nahrungsgetreide recht niedrig sind. Überschüsse in der Getreideproduktion sind jedoch zu vermeiden, weil sie zum beschriebenen Syndrom der Selbstversorgung führen[51].

Drohenden Überschüssen begegnet man am besten mit einer entsprechenden Preispolitik, was jedoch einer Dämpfung der Produktion gleichkommt und somit der integrierten Zielsetzung widerspricht.

Es besteht aber nur ein scheinbarer Zirkelschluß. Die auftretenden Probleme der landwirtschaftlichen und gesamtwirtschaftlichen Entwicklung durch Anstreben einer ‹Einproduktselbstversorgung› machen es nötig, nach anderweitigen agrarischen Produktionszielen zu suchen, welche ökonomisch vertretbar sind und der integrierten Zielsetzung nicht widersprechen[52]. Mit andern Worten: *es muß ein Diversifikationsprogramm aufgestellt werden.*

Eine Diversifikation erschließt neue Produktionsmöglichkeiten, erschließt die Kultivierung von Produkten mit höheren Einkommens- und Preiselastizitäten, erschließt neue Exportmärkte, bedeutet u.a. Verbesserung der Ernährung, Intensivierung der Produktion, stärkere Arbeitsteilung, mehr Beschäftigung... Die HYV ermöglichen – nach Deckung des einheimischen Zerealienbedarfs – diese Diversifikation. Auf Grund der gesteigerten Hektarerträge und der wesentlich verkürzten und saisonunabhängigen Produktionsintervalle begünstigen sie – einerseits durch ‹multiple cropping›, anderseits durch Freisetzung von Land, das früher zur Kultivierung von Stapelprodukten benötigt wurde – eine *zusätzliche und vielfältigere Produktion*[53]. Eine Diversifikation kann auf dem einheimischen wie auf dem Exportmarkt angestrebt werden.

Mit steigendem Einkommen in den EL werden – wie die jüngsten Beispiele von Japan und Taiwan deutlich zeigen – immer weniger Zerealien nachgefragt, dafür immer mehr ‹hochwertigere› Nahrungsmittel, wie proteinhaltige Produkte, Gemüse, Früchte usw. Der einheimische Markt vergrößert und erweitert sich dadurch. Die wirklichen Gewinne in naher Zukunft sind jedoch auf den Exportmärkten zu erwarten. Dank den HYV wird es den EL gelingen, bisher latente komparative Produktionsvorteile auszunützen. Voraussetzung dazu ist natürlich, daß diesbezüglich von den IL keine (oder im Verhältnis zu den Getreidemärkten nur geringfügige) diskriminierenden Maßnahmen ergriffen werden, was – nebenbei bemerkt – doch recht unwahrscheinlich ist, da sich die erwähnten komparativen Vorteile meist auf spezifisch tropische Produkte oder auf höchst arbeitsintensive, schwermechanisierbare und in den IL nur in relativ kleinen Mengen kultivierte Produkte konzentrieren[54]. Derartige Exportmärkte sind heute schon wichtige Devisenträger für die Türkei, Israel, Mexiko, Taiwan, die Philippinen und Chile[55].

Die weiterhin steigenden Einkommen in den IL sowie die Verbesserungen und Modernisierungen im Transportwesen erschließen der Dritten Welt fortwährend neue und lukrativere Exportmärkte. Der Jumbo-Jet eröffnet neue Aussichten – heute schon werden hochwertige und rasch verderbliche Agrarprodukte (wie Erdbeeren und Salate) über Tausende von Kilometern vom Produzenten zum Konsumenten geflogen. Neue Straßen verbinden potentielle Produktionsgebiete mit den Weltmärkten – das klassische Beispiel hierfür ist der ‹Friendship Highway› von Bangkok nach Korat in Thailand, der (obwohl aus strategischen Überlegungen gebaut) es Thailand ermöglichte, vom traditionellen Einproduktreisexporteur zu einem weltbedeutenden Maisproduzenten aufzurücken[56]. Weitere Beispiele solcher landwirtschaftlicher Erschließungsstrassen sind Teilstücke der großen Carretera Panamericana und die Verbindung Curitiba-Paranagua, welche Brasiliens mächtige landwirtschaftliche Produktionsgebiete an den Welthandel anschließt. Wohl das neueste Beispiel ist die verbesserte Straße durch Afghanistan (Khyberpaß), die Pakistan mit der UdSSR[57] und dem Mittleren Osten verbindet.

b) Kulturpflanzen

Unter dem Aspekt des ‹War on Hunger› betont die FAO in ihrer ‹Strategy for Agricultural Development› die Notwendigkeit, «... billige Produktionsquellen für hochwertige Proteine einzuführen, um damit den allgemeinen Ernährungsstandard zu heben».[58] Das Prioritätsschema der FAO geht dahin, daß nach erfolgreicher Einführung der HY-Zerealien zuerst die Produktion von Hülsenfrüchten und ölhaltigen Samen gefördert werden soll. Die Forschung hat bei der Züchtung von HYV dieser Kulturpflanzen zwar erst sehr geringe Fortschritte erzielt, doch allein schon die Anwendung moderner Kultivierungsmethoden brächte eine gewaltige qualitative Verbesserung in der Ernährungslage, und der vermehrte Anbau dieser Produkte ist vom Standpunkt der

Fruchtfolge aus gesehen im Zusammenhang mit den HY-Zerealien von höchstem Wert. In zweiter Linie folgt die Gras- und Futtermittelproduktion, die trotz dem Anbau von HY-Zerealien und der Abfälle aus der Produktion von Hülsenfrüchten und ölhaltigen Samen für den Aufbau einer aus Wiederkäuern bestehenden Viehwirtschaft unentbehrlich ist. An dritter Stelle steht die Früchte- und Gemüseproduktion und an vierter stehen endlich die Wurzel- und Knollenfrüchte. Einige Arten von HY-Cassavas, -Kartoffeln und -Süßkartoffeln existieren bereits und spielen nicht nur in der Ernährung einiger Länder, sondern wiederum auch im Fruchtwechsel eine beachtliche Rolle.

Führen wir den Diversifikationsgedanken in Verbindung mit Asiens Reisproduktion noch etwas weiter aus. Die HY-Reisarten sind geeignet für künstlich bewässerte (und begrenzt auch für natürlich bewässerte) Gebiete; die höchsten Erträge bringen sie in der Trockenzeit unter kontrollierter künstlicher Bewässerung[59]. Unter günstigen Umständen sind in einem Jahre zwei bis drei Ernten mit zusätzlicher Zwischenpflanzung von Gemüse, Früchten, Gräsern, Leguminosen usw. möglich[60].

Dank den neuen Arten wird sich in Gebieten, welche die besten Produktionsbedingungen für die HY-Reise aufweisen, eine Konzentration der asiatischen Reisproduktion bemerkbar machen: die großen Flußebenen des Indus und des Ganges scheinen dank reichlicher Sonnenenergie und kontrollierbarem Wasserfluß die größten komparativen Vorteile zu versprechen. Die komparativen Produktionsvorteile werden sich infolgedessen auch gewaltig verschieben und viele neue Probleme – besonders für die traditionellen Reisexporteure – heraufbeschwören.

Die für den HY-Reisanbau weniger geeigneten Gebiete im Landesinnern – speziell wo heute der sog. ‹hill rice› angebaut wird und regenwasserspeichernde Vorrichtungen fehlen oder nicht gebaut werden können – bleiben entweder für die Subsistenzwirtschaft frei, oder dann werden einige der neuen ‹dry land crops›, wie z.B. bestimmte Sorghum-, Hirse- und eventuell Mais- oder gar Weizenarten, angebaut. Es erfordert jedoch noch große Anstrengungen von seiten der Forschung, Wissenschaft und Wirtschaft, damit die betreffenden Nutzpflanzen in derartigen Gebieten wirklich zu einer Revolution führen können[61].

Parallel dazu muß das Diversifikationsprogramm auch auf die nichtforstlichen Baumprodukte ausgedehnt werden – sie sind vom Standpunkt der potentiellen Exportmärkte, der Bodennutzung sowie der Beschäftigungs- und Siedlungspolitik her für ein Gleichgewicht der landwirtschaftlichen Entwicklung äußerst wichtig. Tropische und subtropische Baumfrüchte, Tee, Kokosnüsse, Ölpalmen und Gummibäume sind nur einige Beispiele aus einer ganzen Anzahl von Möglichkeiten[62].

Die Ausnützung all dieser durch die HYV neu erschlossenen Möglichkeiten hängt hauptsächlich von zwei Faktoren ab:
a) von der Ausarbeitung und Verfolgung genauer Ziele und Pläne, basiert auf exakten Analysen im Hinblick auf eine optimale Land- und Wassernutzung unter Berücksichtigung der gegebenen natürlichen und ökonomischen komparativen Vorteile;

b) vom Erfolg der künftigen Forschung hinsichtlich einer Steigerung von Qualität und Ertrag der verschiedenen Nutzpflanzen.

c) Geflügel- und Viehwirtschaft

Die Entwicklung einer Geflügel- und Viehwirtschaft ist besonders im Diversifikationsprozeß von Ländern mittlerer Einkommenslage wichtig, welche langsam den Grad der Getreideselbstversorgung erreichen. Die Viehwirtschaft – und in einem geringeren Grade auch die Geflügelproduktion – übt innerhalb der landwirtschaftlichen Entwicklung wichtige Funktionen aus. Erstens spielt sie eine bedeutende Rolle in der Stabilisierung der Getreidepreise. In Ländern, wo wenig Getreide zu Futterzwecken verwendet wird, verhält sich die Nachfrage nach Getreide vielfach höchst unelastisch, so daß Produktionsänderungen (ohne wirtschaftspolitische Eingriffe) starke Preisschwankungen hervorrufen können. Ein zweiter Stabilisierungseffekt zeigt sich darin, daß bei einer plötzlichen Abnahme der Getreideproduktion vermehrt Getreide zu Nahrungszwecken verwendet werden kann, indem man den Viehbestand reduziert; auf diesem Wege lassen sich nachteilige Auswirkungen auf Devisenbestand und Ernährungslage der Bevölkerung vermeiden oder zumindest lindern. Umgekehrt können Getreideüberschüsse zu einer Ausdehnung der Viehwirtschaft und vielleicht gar zu Fleischexporten führen[63]. Nebst den geschilderten Stabilisierungseffekten hat die Viehwirtschaft einen beachtlichen Einfluß auf die Ernährung der Bevölkerung und macht sich auch in der Beschäftigungslage der Landwirtschaft und der verwandten Betriebe sowie in der Devisenwirtschaft[64] bemerkbar.

Nähert sich ein Land langsam dem Selbstversorgungsstatus in Nahrungsgetreide, dann erreicht auch das Futtergetreide eine neue Stufe. Das steigende Angebot an billigem Getreide und die kontinuierliche Verbreitung neuer Produktionsmethoden auf dem Geflügel- und Viehsektor stellen in diesem Zweige einen Boom in Aussicht. Wie bald sich jedoch diese Prophezeiungen verwirklichen, hängt zur Hauptsache davon ab, wie wirksam die betreffenden Regierungen Wirtschaftspolitik und neue Technologie zu kombinieren verstehen, damit sich auf dem Fleischsektor ein der GR entsprechender Erfolg einstellt[65].

d) Beispiel Taiwan

Taiwan gilt als Musterbeispiel eines asiatischen Landes, das die Schwierigkeiten des Selbstversorgungsstadiums hinter sich gebracht und die Landwirtschaft voll in den gesamten Entwicklungsprozeß eingebaut hat. Dieses asiatische EL mit außergewöhnlichem landwirtschaftlichem Wachstum diversifiziert seine Landwirtschaft äußerst schnell und vielfältig[66]. Es strebte eine Diversifikation an, um auch während des Winters produzieren und somit Land, Wasser und Arbeit besser und kontinuierlicher ausnützen zu können.

Besonders stark war der Anstieg der Anbauflächen für Gemüse, Erdnüsse, Sojabohnen, Tabak und Zitrusfrüchte (vgl. Tabelle 32).

Die Reisfläche nahm zwar absolut zu, relativ jedoch ab. Die Anbaufläche von Zuckerrohr verringerte sich seit 1939 merklich, weil die Einnahmen von Zuckerrohr auf Grund des gesunkenen Weltmarktpreises stark zurückgingen und viele Farmer deshalb auf Gemüse und Früchte überwechselten. Die Expansion der Schweine-, Geflügel- und Eierproduktion wurde aus ernährungstechnischen Gründen stark gefördert, wollte sich jedoch anfänglich mangels qualitativ hochwertiger Futtermittel nicht im gewünschten Maße ausdehnen. Verbesserungen in der Futtermittelindustrie waren denn auch hauptsächlich dafür verantwortlich, daß die totale Fleischproduktion während der letzten 15 Jahre wesentlich stärker zunahm als die totale pflanzliche Produktion (vgl. Tabelle 33).

Tabelle 34 veranschaulicht den Einfluß der Diversifikation auf den Export sowie den enormen Beitrag der Exportlieferungen zur allgemeinen Entwick-

Tabelle 32

Anbaufläche von Hauptprodukten in Taiwan; 1911–1915, 1936–1940 und 1961–1965

Produkt	1911–1915 Durchschnitt 1000 ha	1936–1940 Durchschnitt 1000 ha	1961–1965 Durchschnitt 1000 ha
Reis	489	646	772
Süßkartoffel	111	135	237
Zuckerrohr	79	141	100
Tee	35	45	40
Erdnüsse	19	31	99
Sojabohnen	18	6	55
Weizen	6	3	16
Jute	2	11	9
Bananen	2	20	25
Zitrusprodukte	1	5	17
Ananas	1	9	13
Gemüse	–	41	99
Andere	43	46	156
Totale Produktionsfläche	806	1139	1638
Total kultivierte Fläche	692	856	878
‹Multiple cropping›-Verhältnis	116	133	187

Quelle:
Christensen, S. 20

Tabelle 33

Index der gesamten landwirtschaftlichen, der pflanzlichen und der animalischen Produktion, Taiwan, ausgewählte Jahre

Jahre	Totale landwirtschaftliche Produktion %	Pflanzliche Produktion %	Animalische Produktion %
1911–1915	100	100	100
1936–1940	230	234	198
1951–1955	270	273	251
1961–1965	396	386	459

Quelle:
Christensen, S. 20

Tabelle 34

Wert des Außenhandels, Taiwan, ausgewählte Jahre

Produkte	1955 Mio US $	1960 Mio US $	1965 Mio US $
Exporte:			
Zucker	68	74	68
Reis	33	4	43
Ananas in Büchsen	6	8	19
Bananen	4	7	55
Pilze in Büchsen	–	–	21
Forstprodukte	1	6	44
Andere landwirtschaftliche Produkte	12	21	61
Total landwirtschaftlicher Produkte	124	120	311
Nicht-landwirtschaftliche Produkte	9	50	177
Total Exporte	133	170	488
Importe:			
Weizen und andere Zerealien	13	21	36
Sojabohnen und Erbsen	13	17	19
Baumwolle (unverarbeitet)	20	20	39
Andere landwirtschaftliche Produkte	18	20	46
Total landwirtschaftlicher Produkte	64	78	140
Nicht-landwirtschaftliche Produkte	126	174	415
Total Importe	190	252	555

Quelle:
Christensen, S. 23

lung – trotz der starken Industrialisierung Taiwans steuert die Landwirtschaft immer noch über 60% zu den totalen Exporten bei.

Von den ‹neuen› Ländern ist Mexiko – das Mutterland der GR – auf dem selben Wege wie Taiwan und beginnt sich langsam vom Syndrom der Selbstversorgung zu erholen. Nach Erreichung der Stufe der Selbstversorgung mit Weizen und den ersten ‹erfolglosen› Exportversuchen (vgl. S. 146 f.) förderte Mexiko zusätzlich die Produktion von Sorghum und Sojabohnen und legte damit eine gute Basis für den Aufbau einer Geflügel- und Viehwirtschaft. Die Winterproduktion von Früchten und Gemüsen – hauptsächlich für den Export nach den USA – wurde ebenfalls erweitert. Die Philippinen bauen mit Hilfe von Del Monte und Dôle einen Export mit eingemachten Ananassen auf. Pakistan könnte das nächste Land sein, das sich dank der GR und dem Beginn einer Diversifikation vom Syndrom der Selbstversorgung erholt.

Doch dieser Heilungsprozeß setzt eine gute Wirtschaftspolitik voraus, eine Wirtschaftspolitik mit einer gesunden und festumrissenen Zielsetzung, die ihrerseits wiederum auf sorgfältigen regionalen Studien innerhalb einer Globalanalyse der Volkswirtschaft fußt. Die EL müssen die Verwendung ihrer Ressourcen komparativen natürlichen, ökonomischen und sozialen Vorteilen gemäß planen; der Stand der Forschung und die Zeit fallen dabei sehr ins Gewicht. Dies gilt für die Entwicklung der einheimischen Produktion wie auch für den Export.

10. Kapitel Grüne Revolution und soziopolitische Entwicklung

1. WACHSENDE SPANNUNGEN

«Ungerührt vom Schreien und Heulen der Frauen und Kinder, brannten die Angreifer jede Hütte nieder und erschossen oder erdolchten jene, die zu fliehen versuchten.» Mit diesen sensationslüsternen Worten beschrieb die New York Times unter dem Titel ‹Madras is Reaping a Bitter Harvest of Rural Terrorism›[1] die brutale und unrühmliche Auseinandersetzung zwischen einer Gruppe landloser Farmarbeiter (der Harijans, wie die Unberührbaren seit Gandhi genannt werden) und einem 300köpfigen, von höherkastigen Landbesitzern angeführten Mob. 43 Personen, mehrheitlich Frauen und Kinder, kamen bei diesen Unruhen in Kilvenmani an Weihnachten 1968 ums Leben.

Weiter wird zitiert: «Die Harijans... waren Mitglieder einer von Linkskommunisten organisierten und in letzter Zeit im Tanjore-Distrikt recht aktiven ländlichen Gewerkschaften. Der Tanjore-Distrikt im Staate Madras[2] war führend in der Reisproduktion, ein Schaufenster für Indiens landwirtschaftlichen Fortschritt... Im ganzen Distrikt stiegen die Löhne – allerdings uneinheitlich –, und die landlosen Arbeiter demonstrierten gar für einen größeren Anteil am neuen Wohlstand. Daraufhin reagierten die Landbesitzer mit der Gründung einer ‹Unternehmerorganisation› mit dem Namen Rice Growers Association. Die Landbesitzer waren keine Großgrundbesitzer, jeder verfügte lediglich über einige Hektaren; aber dennoch wurde, vornehmlich aus Kastengründen, beinahe sämtliche Landarbeit durch angeheuerte Lohnarbeiter ausgeführt... Größere Produktion dank den neuen Reisarten brachte aber auch eine Vergrößerung der sozialen Spannungen.»

Nach den Ereignissen im Tanjore-Distrikt fragt sich nun mancher verantwortungsbewußte Inder, ob ländliche Konflikte als unausweichliche Folge oder Nebenerscheinung der sog. Grünen Revolution zu betrachten sei.

Dem selben Bericht zufolge war dies nicht die erste Auseinandersetzung im Musterreisstaat. 1968 wurden als Resultat steigender Unzufriedenheit über die ungleiche Verteilung des Erfolges der GR 5 Morde, 3 Brandstiftungsfälle und unzählige Prügeleien registriert. Ob diese blutigen Auseinandersetzungen durch Kastenbewußtsein oder durch kommunistische Agitatoren geschürt wurden[3], spielt letztlich keine Rolle – ihr Hauptgrund jedenfalls liegt in der Erbitterung über die ungerechte Verteilung der Erfolge der GR und die nur teilweise Erfüllung der allgemein gehegten Erwartungen.

Laut einem Artikel von Richard Critchfield besteht in pakistanischen FAO-Kreisen kein Zweifel darüber, daß «... die neuen Getreidearten eine beträchtliche Rolle beim Sturz des pakistanischen Präsidenten Ayub Khan spielten. Dank den großen, künstlich bewässerbaren Landstrichen erzielte Westpakistan sowohl mit den neuen Reis- wie auch mit den neuen Weizenarten spektakuläre Erfolge. 60% des Kulturlandes im feucht-dampfenden Ostpakistan werden hingegen regelmäßig während der Monsunzeit überschwemmt – und mit ihm auch der kurzhalmige, neue Reis.

Infolge der immer deutlicher werdenden ökonomischen Stagnation Ostpakistans begannen ganze Banden raubend und mordend durchs Land zu ziehen; die Regierung war machtlos und brach zusammen; mancher erfolgreiche Reisbauer wurde durch ‹Volkstribunale› nach altbewährtem chinesischem Muster hingerichtet; linksstehende Bengaliparteien forderten zur Massenerhebung und gewaltsamen Landergreifung auf, bis endlich die Armee die Ordnung wiederherstellte».[4]

Die gleiche Quelle erwähnt schon damals «... ernsthafte Gespräche von Indern und Pakistanern an gelegentlichen FAO-Treffen über die Möglichkeit, daß die wachsende ökonomische Disparität zwischen Ost- und Westpakistan zu einer Loslösung Ostpakistans und seiner Vereinigung mit dem indischen Westbengalen zu einer linksstehenden, höchstwahrscheinlich unregierbaren Republik führen könnte».

Die ungleiche Verteilung der Früchte der GR innerhalb der am Erfolg beteiligten Länder ist kein Geheimnis[5] – schon Clifton Wharton kritisierte die staatlichen Politiken, welche die neue Technologie im Rahmen der verschiedenen HYV-Programme auf «... ohnehin schon wirtschaftlich fortgeschrittenere Regionen mit relativ niedriger Analphabetenquote, mit besserer Bodenfruchtbarkeit, besserem Wasserhaushalt, besseren Anschlüssen an Straßen und Märkte – kurzum, auf modernere und bessergestellte Farmer konzentrierten».[6]

Auch die Auswirkungen, die solche Disparitäten auf die Landflucht haben, müssen enorm sein: «Armut, Hunger, Enttäuschung und Entfremdung sind schon in dünnbesiedelten Gebieten problematisch genug – in den übervölkerten urbanen Zentren entwickeln sie sich aber geradezu zu einem höchst gefährlichen Pulverfaß. Daraus ergibt sich, daß innerhalb der nächsten 30 Jahre... die soziale Unrast in der Welt eher zu- als abnehmen wird... und die USA – wie auch andere Staaten – mit immer häufiger und nicht etwa seltener auftretenden internationalen Problemen diplomatischer und militärischer Art konfrontiert werden.»[7]

Niemand wird den enormen Produktionserfolg der GR in Frage stellen – der Erfolg in einer Sparte weckt jedoch anderswo wieder neue Probleme. Robert Heilbroner schreibt in einem Artikel[8]: «Unsere Überzeugung von der Technologie als Heilmittel gegen Unterentwicklung widerspiegelt nur allzudeutlich unser mangelndes Verständnis für die soziale Umwelt, in der sich die Entwicklung abspielt. So wurden die neuen Getreidearten (in Indien und Lateinamerika) zuerst von den reichen Bauern verwendet. Die ärmeren Farmer können oder wollen sich das Risiko des Experimentierens nicht leisten, weil sie bei einem Fehlschlag vor dem Verhungern stünden, oder ganz einfach nur deshalb, weil sie zu arm sind, oder jeder Änderung von vornherein negativ gegenüberstehen. So vergrößert sich natürlich die Einkommensdisparität zwischen der kleinen Oberschicht der Bauern und der großen ländlichen Masse. Wohl gibt es mehr Nahrung – aber es entsteht auch mehr soziales Elend.»

Diese Darstellung der komplexen Zusammenhänge ist zwar zu stark vereinfacht, doch durch die GR bedingte Einkommensunterschiede (und andere, auf soziopolitischer Ebene Spannungen verursachende Faktoren) sind absolut vorhanden; einige sind sogar unvermeidlich und naturgegeben, andere wiederum das Resultat spezifischer Wirtschaftspolitiken.

Wollen wir aber die gewaltige Kraft der GR ausnützen, so müssen wir Friktionen auf politisch-sozialer Ebene so gut als möglich vermeiden. Spannungen und Disparitäten lassen sich vielerorts und auf manche Art mildern. EL wie IL müssen sich der Probleme jedoch bewußt sein, müssen sie von einem antizipatorischen und multidisziplinarischen Standpunkt aus analysieren und von einer sich ausschließlich auf den technischen Fortschritt konzentrierenden Entwicklungspolitik absehen.

Eugene Black, ehemaliger Präsident der Weltbank, bemerkte, die ökonomische Entwicklung sei «... ein unbeständiger Prozeß; indem sie neue Möglichkeiten schafft, dafür aber alte Bräuche und Gewohnheiten des Lebens und der Arbeit zerstört, weckt sie die Hoffnung oft viel schneller, als sie sie zu erfüllen vermag».[9] Damit stehen wir wieder vor dem alten Grundproblem der Unzufriedenheit, der schwelenden Gefahr ausbrechender Unruhen (vgl. Kapitel 6). Die GR hat die Hoffnungen von Millionen geweckt, hat innerhalb der ländlichen Gesellschaft eine Welle von Erwartungen ausgelöst, welche auf die bisherige soziale Ordnung und das gegenwärtige politische System einen gewaltigen Druck ausübt.

2. LOKALISIERUNG DER SOZIOPOLITISCHEN SPANNUNGEN

A. Allgemeines

Vereinzelte Zeitungsberichte über Unruhen und öffentlich bekundete Unzufriedenheit – wie der zuvor zitierte Artikel der New York Times – und einige spärliche Bemerkungen in den verschiedenen CCPs der AID und FAO sind bis jetzt die einzigen Hinweise dafür, daß überhaupt derartige, durch die Grüne Revolution äußerst verstärkte Spannungen bestehen, ja daß in einigen Fällen die Erfolge der Grünen Revolution als tumultauslösendes Element wirkte. Aus den verschiedenen Arbeiten geht hervor, daß das Feld möglicher soziopolitischer Spannungen bisher praktisch durch alle an der Administration der verschiedenen HYV-Programme irgendwie beteiligten Personen und Stellen vollkommen vernachlässigt wurde. «Wir haben geholfen, eine technologische Revolution auszulösen, die wohl das Leben von mehr als der Hälfte aller Menschen in den Entwicklungsländern berühren wird, ohne jedoch eine gründliche Analyse der wünschenswerten, wahrscheinlichen oder möglichen Auswirkungen auf die soziale und politische Evolution in diesen Ländern durchgeführt zu haben.»[10]

Innerhalb des umrissenen Arbeitsrahmens ist es unmöglich, eine entsprechende Analyse durchzuführen; zudem stellt a) jedes EL, ja sogar jede Region trotz einer gewissen Vergleichbarkeit einen ‹Spezialfall› dar; b) überdeckt die

GR in allen Ländern (außer vielleicht in Mexiko) einen zu kurzen Zeitabschnitt, als daß derartige soziopolitische Effekte generell schon feststellbar wären, und c) fehlen bis heute jegliche statistischen Unterlagen. Wir müssen uns deshalb auf die Brennpunkte der auf uns zurollenden Probleme konzentrieren.

Auf die Frage, *wo* im wirtschaftlichen System hauptsächlich solche durch die GR hervorgerufenen Spannungen soziopolitischer Art entstehen können, lassen sich drei Hauptpunkte aufzählen:

a) zwischen Landbesitzern und Pächtern sowie zwischen diesen als Gruppe und den besitzlosen Landarbeitern;
b) zwischen verschiedenen Regionen eines Landes, die für HYV-Programme mehr oder weniger geeignet sind;
c) zwischen Stadt und Land.

Die Frage, *wann* solche Kollisionen auftauchen und welches ihre Ursachen sind, kann allgemein nur innerhalb eines fiktiven Rahmens, bestimmt durch ein fiktives HYV-Programm, einigermaßen beantwortet werden. Im Hinblick auf Zeit und Ursache sind grundsätzlich zwei soziopolitische Problemblöcke zu unterscheiden:

a) solche, die schon in der Einführungsphase der HYV entstehen, und
b) solche, die erst nach (produktionsmäßig gemessen) erfolgreicher Einführung, also während der Weiterführung des HYV-Programmes entstehen[11].

Die Probleme in der ersten Gruppe sind mit den wirtschaftspolitischen Grundsätzen der bisherigen Entwicklungspolitik ganz allgemein und im Zusammenhang mit den HYV-Programmen auch im speziellen sehr eng verknüpft. Die Wahl der das Programm ausführenden landwirtschaftlichen Gruppe ist hier besonders von Bedeutung: Kleinfarmer versus Großfarmer, Pächter versus Eigentümer, effiziente versus marginale Produktionsregionen[12].

Ein weiteres Problem, das ebenfalls in der Einführungsperiode wurzelt, liegt in der Konfrontation der arbeitsintensiven und der kapitalintensiven Produktion. Damit stehen wir wieder vor dem schon behandelten, außerordentlich wichtigen Arbeitsmarktproblem (vgl. Kapitel 8).

Ein drittes Problem stellt die Beziehung der GR zur Landreform dar; das HYV-Programm kann den Prinzipien einer Agrarreform entweder förderlich oder aber auch hinderlich sein.

In der zweiten Problemgruppe – d.h. also nach produktionsmäßig erfolgreicher Einführung der HYV – steht an erster Stelle die Frage über den großen Rest der Farmbevölkerung, die nicht direkt von den HYV profitiert hat, über ‹the people left behind›. Ob es sich dabei um eine große Gruppe von Klein- und Kleinstfarmern handelt, die sich wegen übereilter Mechanisierung ‹left behind› fühlen, oder ob es eine eher geographisch umrissene Gruppe ist, die sich infolge einer kleinregionalen Umverteilung der komparativen Kostenvorteile plötzlich als ‹left behind› sieht, spielt vorderhand eine geringe Rolle[13].

Eine andere Frage betrifft die allgemeine ländliche Stabilität bei Wegfall oder Minderung bisheriger Preisstützmaßnahmen. Und ein weiteres Problem beruht in der Entwicklung des Verteilernetzes. Gleichzeitig mit der Produktionstechnik muß auch das Verteilungssystem entwickelt werden, damit am Ende nicht Überschußproduktion und Hunger und Fehlernährung nebeneinander einhergehen[14].

B. Mögliche soziopolitische Probleme – Modellbetrachtung

Versuchen wir anhand einiger modellhafter Überlegungen unsere Ausführungen möglicher soziopolitischer Effekte kurz etwas zu erläutern[15].

a) Verständlicherweise konzentriert eine Regierung bei Beginn des HYV-Programmes ihre knappen Ressourcen auf die geeignetsten Produktionsgegenden, welche einerseits die höchste Gewähr für ein Gelingen des Programmes bieten und anderseits die höchste Rentabilität für die investierten Kapitalien garantieren. Solche Regionen haben naturgemäß die besten Böden, das geeignetste Klima, effiziente Bewässerungssysteme, gute Verbindungen zu Produkte- und Produktionsfaktorenmärkten … und gewöhnlich werden solch ausgezeichnete Produktionsgebiete gleichzeitig auch von den modernsten und aufgeschlossensten Farmern kultiviert. Grund zu soziopolitischen Spannungen kann allein schon die auf rein ökonomischen Überlegungen basierende Organisierung des Starts mit HYV geben: aa) starke Bevorzugung einiger Farmergruppen, meist auf Grund geographischer Faktoren, und gleichzeitige Nichtförderung oder gar Hinderung der weniger begünstigten Bauern an der Teilnahme am HYV-Programm; ab) die am Anfang begünstigten Produzenten gewinnen einen für die vom Fortschritt ausgelassenen Bauern beinahe uneinholbaren Vorsprung an der Beteiligung der Bedarfsdeckung, werden nicht sofort nach Beginn des Programms Korrekturmaßnahmen ergriffen; nach Erreichung der Selbstversorgung ist es ohne staatliche Maßnahmen für Neuhinzutretende schwierig, wenn nicht gar unmöglich, sich noch erfolgreich in die Produktion einzuschalten.

b) Ist dem Programm in der ersten Phase ein Erfolg beschieden – d.h. werden die Einkommenserwartungen der partizipierenden Bauern erfüllt oder gar übertroffen –, so besteht die Tendenz, die Anbaufläche von HYV zu erweitern, ja eventuell gar auf andere, weniger effiziente Produktionsgebiete auszudehnen[16]. Die Produktion nimmt zu und mit ihr auch die Wahrscheinlichkeit einer Überschreitung der Kapazitätsgrenze des Marketing- und Verteilersystems. Der Zusammenbruch eines solchen Systems kann weitere soziopolitische Spannungen auslösen, kann beim Einzelnen oder gar bei ganzen Gruppen große, unvorhergesehene Diskrepanzen zwischen Erwartung und Realisierung verursachen und so zu schwerem Mißtrauen gegen die HYV und die Regierung führen: die Produktionsüberschüsse werden nicht verwertet und verfaulen im Felde oder in unzulänglichen Lagerräumen; Düngmittel und Pestizide gelangen nicht oder nicht rechtzeitig zum Einsatz und vermindern dadurch die Erträge; die Produzentenpreise fallen und als Folge davon auch die Einkommen…

c) Innerhalb einer gewissen sozioökonomischen Einheit neigt die Einkommensverteilung zu einer Polarisation. Die wohlhabenderen und mächtigeren Farmer-Eigentümer erzielen größere und schneller zunehmende Einkommen als die ärmeren und kleineren Farmer-Eigentümer oder gar Pächter, so daß sich mit der Zeit eine Gruppe von Elitefarmern herausbildet. Eine in drei verschiedenen indischen Dörfern durchgeführte Untersuchung von 209 Farmern zeigte, daß jene 55 (= 26%), die den Versuch mit den HYV wagten, sich u.a. durch folgenden Sachverhalt gegenüber den nicht am Programm teilnehmenden auszeichneten: mehr Land unter Kultivierung, höhere landwirtschaftliche Produktion, höherer Kommerzialisierungsgrad, größerer Landbesitz, höherer Diversifikationsgrad, höhere Effizienz der Produktion, niedrigeres Durchschnittsalter der Farmer, bessere Ausbildung, höherer Lebensstandard, engerer Kontakt mit den städtischen Siedlungen...[17][18]. Obwohl sich die HYV im allgemeinen auf die Farmgröße neutral verhalten, bilden sich doch im Zusammenhang mit der Betriebsgröße zusätzliche Einkommensdisparitäten.

d) Politisch werden diese begünstigten Farmer zu einer neuen Interessengruppe aufsteigen, einer Gruppe, die nach mehr Kredit, besseren Bewässerungssystemen, mehr Düngmitteln, besserem und neuem Saatgut, vermehrter Forschung, besseren Verteilungssystemen, einkommensgünstigerer Preispolitik usw. ruft. Opportunismus verleitet die Politiker vielleicht bald dazu, das wachsende Gewicht dieser neuen Gruppe politisch auszunützen und die gestellten Forderungen zu verwirklichen. Das politische Gleichgewicht zwischen Agrar- und Industriesektor mag sich verschieben und darauf gar in neuen politischen Parteien oder einer neuen Regierungszusammensetzung zum Ausdruck kommen. Die Entwicklung einer solchen Interessengruppe und die Erfüllung ihrer Forderungen vertieft begreiflicherweise den Spalt zwischen Reich und Arm auf dem Lande. Farmer, die keine HYV anbauen, können ihre Produkte eventuell nicht einmal mehr absetzen[19]; andere wiederum geben ihr Land auf und schließen sich entweder der großen Masse der besitzlosen Landarbeiter an oder wandern in die Städte[20].

e) Bei steigendem Farmeinkommen steigt auch die Nachfrage nach Konsum- und Kapitalgütern. Sobald sich aber ausländische Gesellschaften in die Produktionssphäre einschalten, kann dieser im Grunde höchst wünschenswerte Effekt zu entsprechenden Spannungen zwischen nationalen und internationalen Interessen Anlaß geben.

f) Der (anfängliche) Großerfolg der HYV verleitet die Farmer mit HYV-Anbau leicht zu einer irrationalen Überschätzung der Einkommenserwartungen; dieselbe Psychose erfaßt möglicherweise auch andere Farmer, Landarbeiter und gar Wanderarbeiter – bis ein richtiges ‹Goldfieber› umgeht. Sobald aber derartige Luftschlösser einer ganzen Masse zerbröckeln, entstehen gefährliche Spannungsfelder. Häufig verschlimmert noch irgendein Fehler im System (Preise, Lagerung, Absatz, staatliche Unterstützung usw.) die mißliche Lage; ein allfälliger Kollaps kann wie ein Bumerang wieder auf die HYV zurückkehren.

g) Was innerhalb einer sozioökonomischen Einheit vor sich gehen kann, repetiert sich zwischen solchen Einheiten. Die Lücke zwischen den verschiedenen sozioökonomischen Einheiten betreffend Einkommen, Arbeitsangebot, Investitionen in Infrastruktur usw. vergrößert sich.

Unsere kurze Betrachtung rahmt nur die oberste Schicht der möglichen soziopolitischen Konsequenzen ab. Verschiedene der angedeuteten Probleme werden in einigen Ländern kaum auftauchen, während sie in anderen wiederum wesentlich größere Auswirkungen haben, als unsere Betrachtungen annehmen ließen.

3. SCHON BESTEHENDE DISPARITÄTEN

Einkommensdisparitäten sind mit wenigen Ausnahmen die bisher spürbarsten und sichtbarsten Probleme soziopolitischer Art und geben in einigen Ländern – wie z.B. Indien und Pakistan – schon Grund zu beträchtlichen Spannungen. Sie haben ihren Ursprung zur Hauptsache in der unterschiedlichen Verbreitung der HYV infolge ‹einseitiger› wirtschaftspolitischer Entscheidungen im betreffenden HYV-Programm und/oder der verschiedenen natürlichen, menschlichen und technischen Produktionsbedingungen. Obwohl bisher unseres Wissens keine Untersuchungen über Einkommensdisparitäten vorliegen, weisen doch verschiedene Andeutungen in den CCPs der AID auf ihr Bestehen bzw. ihre Entwicklung hin.

Mexikos Disparitäten sind sehr deutlich sichtbar, scheinen jedoch bis heute noch keine signifikanten politischen Reaktionen ausgelöst zu haben[21]. HYV wurden beinahe ausschließlich von Großfarmern angepflanzt, während die armen Klein- und Kleinstfarmer größtenteils bei ihrer bisherigen Subsistenz- und Semisubsistenzwirtschaft verblieben. Vor allem zwei Gründe werden für diese Entwicklung aufgeführt: a) die geographische Verteilung der Bewässerungsanlagen und b) die Begünstigung der Großfarmer durch die mexikanische Regierung.

«Öffentliche Investitionen in den Sektoren Bewässerung, Agrarkreditwesen, technische Entwicklung und ihre Anwendung sowie die Bereitstellung von Produktionsfaktoren allgemein wurden nur sehr einseitig auf einige wenige moderne Farmer in gewissen geographisch bevorzugten Regionen konzentriert; auf beinahe unberührtem Boden erstand eine neue kommerzielle Landwirtschaft – irgendwelche Versuche aber, den bestehenden, traditionellen Agrarsektor zu modernisieren und umzubilden, sind kaum zu verzeichnen.»[22]

Hertford[23] teilt Mexiko mit einer hypothetischen Linie in zwei Regionen. Im südlichen Teil lebt etwa ein Drittel der ländlichen Bevölkerung von Mexiko, wovon immer noch 75%–80% im primären Sektor tätig sind; die GR ist jedoch kaum bis dorthin gedrungen: Düngmittel sind immer noch zu unbekannt, das Analphabetentum ist immer noch weit verbreitet und der durchschnittliche Farmlohn ist nur knapp ein Drittel so hoch wie jener im nördlichen Mexiko. Mexikos landwirtschaftliche Ertragssteigerungen gehören zwar seit 1940 zu den höchsten der Welt – die Erträge südlich der betreffenden Linie haben jedoch kaum etwas davon gespürt[24]. Mexikos bisherige Korrekturversuche sind bescheiden: außer der eher produktionsbegründeten Differenzierung des Stützpreises zugunsten unbewässerter Anbaugebiete lassen sich einzig noch die intensivierten Forschungsanstrengungen anführen, die sich mit den Produktionsbedürfnissen des armen Klein- und Kleinstfarmers befassen, jedoch weit entfernt von adäquat sind.

Nach besonderer Hervorhebung des produktionsmäßigen Großerfolges des mexikanischen HYV-Programmes bemerkt der Autor des CCP, Mexiko, zusammenfassend: «Anderseits aber haben große Schichten der ländlichen Bevölkerung nicht von den Früchten des gewaltigen technischen Fortschrittes profitiert. Anstrengungen zur Behebung dieses Mißstandes wurden eingeleitet, doch wird noch einige Zeit vergehen, bis sie sich auf den kleinen Farmer auszuwirken beginnen. Jedenfalls werden die Marktaussichten des kleinen Bauern angesichts des gewaltigen Getreideangebotes der großen Produzenten sicher nicht rosiger.»[25]

Ähnlich scheint sich die Entwicklung in *Marokko* anzubahnen, das – im Gegensatz zum Veteranen Mexiko – zu den jüngsten Ländern gehört, die Versuche mit HYW unternehmen. Das marokkanische HYW-Programm konzentriert sich laut AID[26] a) auf Farmer des traditionellen Sektors, die über mehr als 10 Hektaren Kulturfläche verfügen und gleichzeitig in einer Zone mit mehr als 300 mm Niederschlag pro Jahr leben, sowie b) auf praktisch alle Weizenfarmer im ‹modernen› Sektor. Der größte Teil der marokkanischen Farmer ist also vom HYV-Programm ausgeschlossen; es sind dies gleichzeitig die ärmsten Bauern im Agrarsektor – mit andern Worten, wie schon in Mexiko, führt das neue Programm auch hier dahin, daß die Reichen reicher werden.

In asiatischen Ländern machen sich im Hinblick auf Einkommensdisparitäten ähnliche Schwierigkeiten bemerkbar. Am schwerwiegendsten sind sie dort, wo Wasser und Wasserkontrolle von Region zu Region stark differieren. Laut einer Untersuchung in Indien ist die Farmgröße nur zu 17% für die Nichtteilnahme am HYV-Programm verantwortlich, während die ungenügende Bewässerung bei 58% als Grund aufgeführt wird.

In der *Türkei* konzentriert sich das HYW-Programm auf die regenreichen Küstengebiete. Während sich einerseits die Produktion der betroffenen Farmer verdoppelt, das Angebot an türkischem Weizen steigt und die Preise zu sinken beginnen, verschlechtert sich anderseits die Lage des anatolischen Weizenfarmers noch mehr. Die Türkei ist in Zusammenarbeit mit der AID daran, Korrekturmaßnahmen zu treffen: es werden neue, für die trockeneren Anbaubedingungen des Plateaus geeignete Nutzpflanzen in Verbindung mit besseren Kultivierungsmethoden eingeführt; gleichzeitig treibt man die Entwicklung einer Viehwirtschaft energisch voran, damit sich neue Inlandmärkte für Getreide bilden.

Noch deutlicher macht sich der Faktor Wasser in *Pakistan* bemerkbar. Die Ausdehnung der HYV in Ostpakistan – vorwiegend mit Reis bebaut – geht wegen ungenügender Wasserkontrolle äußerst langsam vor sich. Obwohl Ostpakistan zu jenen Ländern mit den höchsten Niederschlagsmengen der Welt gehört, wurden bisher nur geringe Anstrengungen unternommen, das reichlich vorhandene Wasser durch wirksame Maßnahmen unter Kontrolle zu bringen. Die HYV überleben in den regelmäßig überfluteten Feldern eben kaum. Westpakistan hat hingegen trotz geringer Niederschlagsmengen einen Großteil seiner Kulturfläche unter künstliche Bewässerung gestellt und unternimmt große Anstrengungen hinsichtlich einer Ausnützung der enormen Grundwasserreserven. Die Wasserkontrolle ist also ein Schlüsselfaktor für den zukünftigen Fortschritt und das Wohlergehen der Pakistani; die Aufgabe, in Zukunft in Ostpakistan relativ größere landwirtschaftliche Investitionen zu tätigen als in Westpakistan, läßt sich nicht so einfach lösen. Ähnlich liegen die Verhältnisse auch in Indien und auf den Philippinen.

Von besonders schwerwiegender Natur sind jene Probleme, die durch nachträglich eingestiegene HYV-Pflanzer in ausgezeichneten Produktionsgegenden und Farmer in trockenen und nicht (oder nicht leicht) bewässerbaren Gebieten aufgeworfen werden. Diese Farmer betreffen – laut AID – etwa 70% der gesamten Agrarbevölkerung der EL. Diversifikation und Forschung könnten schließlich eine befriedigende Lösung bringen – doch die kritische Variable wird dabei immer die Wirtschaftspolitik sein[27]. Soziopolitische Probleme dieser Art sind äußerst ortsgebunden, und ihre Lösung hängt zur Hauptsache von Wille, Fähigkeit und Feingefühl der einzelnen lokalen Politiker ab.

11. Kapitel Schlußbemerkungen – Eine neue Strategie für agrarische Entwicklung

1. DIE NICHTBEHANDELTEN PROBLEME

Der Übersichtlichkeit und des ohnehin schon strapazierten Volumens wegen sind viele Probleme im Zusammenhang mit der GR nicht oder nur ungenügend behandelt worden. Wir möchten zum Schluß aber nicht verfehlen, einige der wichtigsten, nichterwähnten oder nur gestreiften Probleme zum Zwecke eines besseren Überblicks zumindest stichwortartig aufzuzählen.

Die neue Technologie beeinflußt durch den mit ihr verbundenen Wandel im traditionellen Denken und Handeln a) die gewohnte ländliche Lebensweise enorm; die HYV verlangen während der ganzen Kultivierungsperiode sorgfältige Behandlung, was zusammen mit dem ‹multiple cropping› b) der gewohnten Arbeitsweise sowie gewissen sozialen und religiösen Bräuchen widerspricht; die HYV können c) auch die Wanderströme – besonders diejenigen der Saisonarbeiter – spürbar verändern. Neue private und staatliche Aufgaben innerhalb eines Dorfes verursachen d) Änderungen in der sozialen Struktur, ja sogar im sozialen Status verschiedener Dorfbewohner, denn nicht nur die Farmer, sondern auch die dörflichen Politiker und Leiter müssen ihre Verhaltensweise ändern. Außerdem vernachlässigten wir e) den Flaschenhals im Bildungs- und Trainingswesen, welcher der Ausbreitung der HYV äußerst hinderlich ist; f) die Tendenz zur Erweiterung der Betriebsgröße; g) die Rolle multinationaler Gesellschaften, wie General Food, Nestlé, ESSO usw., im Kampf gegen den Hunger und h) sämtliche mit den HYV verbundenen agronomischen Probleme, wie Fragen der Züchtung, Düngung, Bewässerung usw. Im Zusammenhang mit der erfolgten und zukünftigen Ausbreitung der HYV stellen sich weiter Fragen über i) die Rolle der Regierung; k) die Rolle der verschiedenen Institutionen in den EL selbst; l) die Rolle der vielen Geberorganisationen; m) die Rolle von Forschung und landwirtschaftlichem Informationsdienst sowie n) die Frage nach Möglichkeit, Art und Ausmaß des ökonomischen Ansporns, besonders im Hinblick auf den Kleinfarmer, und o) den Komplex der Agrarreform.

Schließlich taucht auch noch ein gänzlich neues Problem am Himmel auf, ein Problem, das langfristig gesehen den Erfolg der GR sogar gänzlich in Frage stellen kann. Es liegt weder auf ökonomischer noch auf sozialer noch auf politischer Ebene, sondern auf dem verwandten Gebiet der Ökologie. Werfen wir zur Umrundung unserer Gedanken noch schnell einen Blick auf die Umweltprobleme im Zusammenhang mit der GR.

2. ÖKOLOGISCHE BEDENKEN

In einer Zeit wachsenden Umweltbewußtseins in den IL, in einer Zeit, wo Rachel Carsons ‹Silent Spring›[1] zu einem Bestseller geworden ist und die siebziger Jahre im ‹First National Environmental Teach-In› der USA als die letzte Chance, eine ökologisch sinnvolle Zukunft in die Wege zu leiten[2], bezeichnet werden, in einer Zeit, in der das DDT auf der schwarzen Liste steht, ist es höchst verwunderlich, daß bis vor kurzem noch keine ökologischen Bedenken in Bezug auf die GR geäußert wurden. Noch im oft zitierten ‹Symposium on Science and Foreign Policy› (Dezember 1969) fiel nur eine einzige Frage über die Umweltprobleme infolge der Verwendung von Agrochemikalien[3].

Nichts kommt von nichts – der ‹yield take-off› ist bekanntlich den HYV zu verdanken, die aber nach intensiver Bewässerung, massiver Düngung und beinahe ebenso intensiver Anwendung von chemischen Pflanzenschutzmitteln verlangen. Die hohen Erträge lassen sich also nur durch den Einsatz äußerst umweltgefährdender Mittel und Methoden erreichen. Dr. Paul Ehrlich, Amerikas Ökologe Nummer Eins, veröffentlichte im Dezember 1970[4] einen Artikel, in welchem er auf die drohenden Probleme hinwies: die Gefahr einer ‹irischen› Hungerkatastrophe ist trotz äußerst intensivem Gebrauch umweltgefährdender Agrochemikalien nicht gebannt. Fassen wir seine Gedanken kurz zusammen.

A. Stabilität des Ökosystems

Eine der Grundregeln der Ökologie besagt, daß ein Ökosystem um so stabiler ist, je komplexer es aussieht. Mit andern Worten: fußt die natürliche Gemeinschaft nicht mehr auf der ursprünglichen Vielzahl von Pflanzen, Tieren und Mikroorganismen – wie dies z.B. in einem tropischen Regenwald der Fall ist –, sondern nur noch auf einigen wenigen landwirtschaftlichen Nutzpflanzenarten, so besteht eine viel größere Gefahr, daß diese Gemeinschaft plötzlich durch einen Eindringling irgendeiner Art mit einem Schlag vernichtet wird. Nur sorgfältiger Schutz und ständige Überwachung vermindern das Risiko. Gerade die HYV vereinfachen das bisherige Agro-Ökosystem in sehr hohem Maße, da sie die verschiedenen Nutzpflanzen (z.B. die unzähligen ‹local varieties› im Reisbau) durch große Monokulturen (z.B. IR-8) ersetzen. Mit der Produktion von Hauptstapelgütern für große Bevölkerungsschichten in gewaltigen Monokulturen ist höchste Vorsicht geboten – das irische Kartoffelbeispiel ist eine eindrückliche Warnung. In den Worten Ehrlichs «... gilt für die Grüne Revolution die Grundregel, daß ohne restriktive Bevölkerungspolitik einfach eine bevorstehende Katastrophe kleineren Ausmaßes durch eine gewaltige zukünftige Katastrophe ersetzt wird».

B. Keine permanente Resistenz

Die Gefahren, die in einer großen Monokultur stecken, werden noch durch einen weiteren Faktor verstärkt: es gibt keine Pflanze, die für immer und gegen alle Schädlinge, Parasiten und Krankheiten resistent ist. «Als Antwort auf die immerwährende Bedrängung durch ihre Feinde entwickeln die Pflanzen stetig neue Abwehrformen – worauf die Feinde wiederum mit neuen Angriffsmethoden reagieren.» Deshalb ist es im Verlauf der GR speziell wichtig, die sog. ‹genetic variability› der Nutzpflanzen aufrechtzuerhalten, so daß sie «das evolutionäre Rennen gegen ihre Feinde weiterführen». Früher oder später wird es nötig, eine bisher ‹resistente› HYV durch künstliche genetische Manipulationen gegen neue Angriffstechniken ihrer Feinde auszurüsten, also eine ‹neue resistente› HYV zu züchten. Zu diesem Zwecke muß die Forschung nicht nur dauernd auf hohem Niveau weiterarbeiten und ständig vor der List und Geschicklichkeit der Natur auf der Hut sein, sondern auch über ein großes Reservoir der verschiedensten genetischen Eigenschaften der betreffenden Nutzpflanzen von Mais, Weizen, Reis usw. verfügen. Die landwirtschaftlichen Versuchsanstalten legen deshalb eine große Sammlung verschiedenster Arten an und sorgen außerdem dafür, daß auch möglichst viele LV an möglichst vielen Orten der Welt weiterkultiviert werden.

C. Andere Bedingungen in den Tropen

Eine der größten Sorgen der Umweltforscher gilt der Feststellung, daß die agrochemischen Methoden der gemäßigten Zonen auch in den Tropen immer häufiger Verwendung finden. Biologisch gesehen unterscheiden sich die Tropen hauptsächlich in folgenden drei Punkten sehr stark von den gemäßigten Zonen:

– viele tropische Pflanzen sind äußerst giftig, woraus sich folgern läßt, daß ihre Feinde gegen diese Gifte relativ widerstandsfähig sein müssen;
– es fehlt der Winter als natürliche Kontrolle gegen viele Schädlinge und Krankheiten; die in tropischen Gebieten kultivierten Nutzpflanzen sind folglich wesentlich heftigeren und zahlreicheren Attacken ausgesetzt;
– die tropischen Verhältnisse wirken sich auch dahin aus, daß «... sich die Feinde der Krankheitserreger relativ leicht ausrotten lassen, während die Krankheitsverursacher gegen die Pestizide resistent werden – und bestens gedeihen».

D. Die Gefahr

Um nun aber die ausgedehnten tropischen Monokulturen von HYV-Stapelprodukten vor Schädlingen und Krankheiten zu schützen, müssen die ökologisch außerordentlich gefährlichen Chemikalien und Methoden in einem noch viel stärkeren Maße eingesetzt werden, als dies schon in den gemäßigten Zonen geschieht; gegen dieselben Chemikalien und Methoden bestehen in den IL zum Teil bereits scharfe Einwände und Bedenken, ja sogar schon empfindliche Restriktionen. Die Anwendung der chemischen Pflanzenschutzmittel in EL muß jedoch laufend gesteigert werden, weil «a) die Krankheitserreger resistent geworden und b) ihre natürlichen Feinde ausgerottet worden sind. Der einzige Gewinner in diesem tödlichen Spiel ist die petrochemische Industrie – da sie aber genau wie wir unter den Folgen dieses irreversiblen Vergiftungsprozesses unseres Planeten leiden wird, ist ihr Sieg auch nur von beschränkter Dauer».

Zudem besteht die drohende Gefahr, daß ein intensiver Gebrauch von Pestiziden, Insektiziden und anorganischem Dünger unvermeidlich zu einer Reduktion der aus Süß- und Salzwasser zu gewinnenden hochwertigen animalischen Proteine führt. Die mit dem Regen- und Bewässerungswasser fortgeschwemmten Düngmittel reichern Teiche, Seen, Bäche und Flüsse mit pflanzlichen Nährstoffen an und gefährden dadurch den Fischbestand. Weggeschwemmte chemische Pflanzenschutzmittel vergiften sowohl das Süßwasser als auch die Meere. Trotz der gewaltigen Größe der Ozeane ist die Lage jetzt schon kritisch: Nach Jacques Cousteau wurde das maritime Tierleben infolge Verschmutzung schon um 40% reduziert[5]. «Es wäre eine Katastrophe, würde der Krieg gegen den Hunger die ökologische Zerstörung des Meeres beschleunigen.»

Das Ökoproblem ist in der Tat bedrohlich; ein Damoklesschwert von noch nicht berechenbarer, aber gewaltiger Größe hängt über unseren Köpfen. Es wäre bittere Ironie, wenn wir den heutigen Fortschritt mit einer zukünftigen Ökokatastrophe erkaufen würden und unsere Nachkommen zu größeren Schrecken verdammten als jene, die wir heute zu vermeiden suchen. *Der einzige Ausweg aus diesem entscheidenden Dilemma zwischen Hungersnot und Ökokatastrophe ist wohl die absolute Kontrolle des Bevölkerungswachstums.* Eines ist sicher, das Bevölkerungswachstum hat irgendwo und irgendwann einmal ein Ende. Die Frage ist nur, ob *wir* das Problem durch Geburtenkontrolle lösen oder ob die *Natur* das Problem mit einer rapiden Erhöhung der Sterblichkeit lösen muß – wir haben die Wahl.

3. NEUE STRATEGIE DER LANDWIRTSCHAFTLICHEN ENTWICKLUNG

Unsere bisherigen Betrachtungen mögen vielleicht zu einem gedämpften Optimismus verleiten; über eines sind sich jedoch alle Experten einig: das Welthungerproblem ist noch nicht gelöst. «Wir stehen auf einer frühen Stufe dessen, was sich zu einem wirklichen agrarischen Durchbruch entwickeln kann.»[6] «Was bisher erreicht wurde, ist kaum ein Anfang. Der wirkliche Erfolg liegt noch vor uns, am Ende einer mit unsäglichen Anstrengungen und Hindernissen gepflasterten Straße.»[7] Der Welthunger ist nicht nur von der Produktion (von Zerealien), sondern zu einem mindest ebenbürtigen Grade von der Einkommensschaffung und der Verteilung abhängig[8]. Aber der technologische Durchbruch in der Zerealienproduktion «... ist bedeutungsvoll, weil er zumindest den Anfang zur Lösung des Welthungerproblems darstellt, das bis vor kurzem noch als beinahe unlösbar angesehen wurde».[9] Dank den HYV gelang es den Agrarwirtschaften einiger EL, eine beachtliche Stufe in ihrer Entwicklungsphase mit einer Geschwindigkeit zu erreichen, die vor 5–6 Jahren generell als phantastisch bezeichnet worden wäre. «Aber es ist immer noch ein weiter Weg nach Hause – und die meisten Entwicklungsländer sind noch nicht einmal gestartet. Es bleibt also noch viel zu tun.»[10]

Weltweit betrachtet, sieht sich die heute mit HYV angepflanzte Kulturfläche «wie eine Briefmarke auf dem Globus an». «Die Grüne Revolution ist kein

Fertigprodukt, das versandbereit daliegt, um in alle Welt verschickt zu werden.»[11] Technologie und Wirtschaftspolitik müssen ‹richtig› miteinander kombiniert werden ‹to get agriculture moving›. «... Das neue Saatgut verspricht den Lebensstandard von mehr Menschen innert kürzerer Zeit zu verbessern als jeder andere technische Fortschritt bisher. Es ersetzt Enttäuschung und Aussichtslosigkeit durch Hoffnung. Für buchstäblich Hunderte von Millionen kann es ein Schlüssel zum Tor des zwanzigsten Jahrhunderts sein. Aber dieses Tor läßt sich nur durch vereinten, ununterbrochenen Einsatz der armen und reichen Länder öffnen.»

Armut und Stand der Entwicklung, mangelnde wissenschaftliche, technische und organisatorische Kompetenz sowie die immer noch zu einem gewissen Grade überwiegende Tendenz der IL, die Entwicklungshilfe als ‹Selbsthilfe der Reichen› zu betrachten, hindern die Dritte Welt u.a. daran, die gewaltige Aufgabe selbst zu lösen. Es formt sich langsam die Rolle, die die IL zu spielen haben; sie dürfen diese einmalige Chance nicht verpatzen, sie müssen eine Entwicklungshilfe in umfassendster Form gewähren, die zumindest folgende drei Bereiche in sich vereint[13]:

– Kapitalhilfe
– wissenschaftliche, technische und organisatorische Hilfe
– Liberalisierung der Außenhandelspolitik der IL

Der Kapitalbedarf der EL zur Lösung der gewaltigen Aufgabe wird in den kommenden Jahren astronomische Höhen erreichen. Bedenken wir allein schon die Gelder, die nötig sind, um den Hunger aus der Welt zu schaffen – nicht zu reden von den Kapitalerfordernissen zur Ermöglichung einer Gesamtentwicklung. Die Elimination des Hungers allein in den USA fordert einen jährlichen Budgetzuschuß von 3,5 Milliarden \$[14]. Zur Ausrottung des Hungers in der Dritten Welt bedarf es laut dem President's Science Advisory Committee nebst den bisher erfolgten Entwicklungsgeldern zusätzlich einer jährlichen Summe von 12 Milliarden \$. Zu einer ähnlichen Schätzung gelangt der Pearson Report der Weltbank: jährlich 10 Milliarden \$ oder gar mehr. Barbara Ward rechnet in einer Untersuchung mit 8–10 Milliarden \$ pro Jahr, der IWP der FAO veranschlagt die Kosten für das 15-Jahre-Programm mit 110 Milliarden \$, wovon bis 1985 der Dritten Welt jedes Jahr etwa 7 Milliarden \$ Devisen aus den IL zufließen sollen[15].

Technische und wissenschaftliche Hilfe: Über die Rolle der IL in der agronomischen Forschung im Zusammenhang mit der GR haben wir schon mehrfach gesprochen. Noch speziell hervorheben möchten wir, daß die Forschung unbedingt auch ökologische Grundsätze mit einbeziehen muß und das Gebiet der Sozialwissenschaften speziell zu berücksichtigen hat. Technische Hilfe darf sich nicht nur auf das produktionstechnische ‹know-how› beschränken, sondern muß sich weiter auch auf Koordination und Organisation, den Aufbau eines statistischen Apparates, die Definition von Richtlinien für eine gesunde Ernährungspolitik usw. erstrecken.

Eine Liberalisierung der Agrarmärkte der IL für Zerealienprodukte könnte bei der Förderung der GR eine erhebliche Rolle spielen – doch sollten die Märkte der IL für jene arbeitsintensiv hergestellten Produkte aus der Dritten Welt allgemein offen sein, damit die gewaltigen Heere un- oder halbgelernter Arbeiter in den EL möglichst ausgenützt werden können. Unter Umständen ließe sich dann auch ein Teil der Entwicklungsgelder für in den IL notwendige Strukturwandlungen im Zusammenhang mit der Liberalisierung in den betreffenden Ländern selbst verwenden.

Die EL müssen ihrerseits der Herausforderung der GR mit dem Komplex der integrierten Zielsetzung begegnen, ohne dabei aber ein Wachstum ohne Entwicklung anzustreben. Das Wachstum weist auf ökonomischen Fortschritt hin, während die Entwicklung ein ganzes Heer sozialer, kultureller, politischer und psychologischer Faktoren umfaßt, Faktoren, die einen wesentlich größeren Einfluß auf die Hebung des Lebensstandards des Einzelnen ausüben. Die GR hat große Teile der Dritten Welt für einige Zeit von der unmittelbaren Sorge um die Nahrungsmittelproduktion befreit – dieser Fortschritt soll es nun ermöglichen, die Planungspolitik neben Produktion und Angebot in verstärktem Maße auf Einkommen und Nachfrage zu konzentrieren und also nicht nur das Wachstum, sondern auch vermehrt ‹entwicklungsfördernde› Faktoren zu berücksichtigen.

Fassen wir – ohne wiederholen zu wollen – all unsere Betrachtungen zusammen, so zeichnet sich – parallel zur imperativ-restriktiven Bevölkerungspolitik – ein neuer Weg für die Strategie der landwirtschaftlichen Entwicklung ab. Dieser neuen Strategie sind zwei zwingende Postulate übergeordnet:

erstens: Aufrechterhaltung der beschleunigten Produktion mit all den dazugehörigen Faktoren, insbesondere der Beschleunigung der Forschung und der Umwandlung und Verbreitung ihrer Ergebnisse für die Praxis;

zweitens: Minimierung der (wachsenden) Einkommensdisparitäten zwischen sozialökonomischen Gruppen innerhalb einer Region und zwischen verschiedenen Regionen.

Trotz der Verschiedenartigkeit der EL lassen sich verallgemeinernd zumindest fünf Bereiche aufzählen, in denen eine ‹richtige› Wirtschaftspolitik unsere beiden zwingenden Forderungen gleichzeitig erfüllen kann.

a) Intensivierung der Agrarproduktion

Eine Intensivierung der Agrarproduktion steigert nicht nur den Output, sondern bringt auch vermehrt Beschäftigung und Einkommen a) auf Grund des gesteigerten Bedarfs an komplementären Produktionsfaktoren, b) des ‹multiple cropping› (wo durchführbar) und c) einer dank HYV gesteigertem Einkommen – Diversifizierung des Konsums, d.h. einer Ausdehnung der Nachfrage nach Viehprodukten, Milch, Gemüse, Früchten usw., also alles Produkte, die arbeitsintensiv erzeugt werden können. Die Wirtschaftspolitik muß sich dabei sorgfältigst an die aufgestellten Planungsziele halten und gleichzeitig Diversifikation und Exportproduktion berücksichtigen, ohne aber Kapazitäts- und Institutionsprobleme heraufzubeschwören.

b) Ausdehnung der Beschäftigung

Unsere beiden imperativen Forderungen werden durch folgende drei Ansätze gleichzeitig erfüllt: a) selektive Mechanisierung; b) öffentlich durchgeführte Beschäftigungsprogramme, wie z.B. Bau von Straßen, Schulhäusern, Bewässerungsanlagen, Energieverteilern usw., und c) Ausbau der Konsumgüterindustrie.

c) Breitere Agrarbesitzverteilung

Die HYV zeigen die Tendenz, a) durch die Erhöhung der Gewinne eine Konzentration des Grundbesitzes zu begünstigen und b) auf größeren Farmen zu einer unkontrollierten, arbeitssparenden Mechanisierung zu verleiten. Eine durch Landreform erzielte breitere Verteilung des Agrarbesitzes wirkt im allgemeinen diesen beiden Tendenzen entgegen. Die Beispiele Japan und Taiwan zeigen, daß sich auch auf sehr kleinen Farmen und ohne starke Mechanisierung hohe Hektarerträge pro Zeiteinheit sowie hohe Produktions- und Einkommenswachstumsraten erzielen lassen.

d) Preispolitik

Die durch die HYV bewirkte substantielle Senkung der Produktionskosten pro Produktionseinheit läßt im Zusammenhang mit der starken Ausdehnung der Produktion die Preise für Zerealien sinken. Diese Preissenkung erleichtert a) die Vermehrung von Beschäftigungsmöglichkeiten außerhalb des Agrarsektors und b) den Transfer von Ressourcen auf andere agrarische Produkte, wie Früchte, Gemüse, Milch, Fleisch usw.

Das Problem der Preispolitik besteht darin, a) den günstigsten Mittelweg zwischen produzentenorientierten und konsumentenorientierten Preisen zu finden und b) ein wirksames Preisstabilisierungsprogramm zu entwickeln und zu unterhalten.

e) Infrastrukturinvestitionen in benachteiligten Regionen

Zur Aufrechterhaltung des starken Wachstums und zur Minderung bzw. Vermeidung von durch HYV verstärkten oder hervorgerufenen regionalen Unterschieden sind Investitionen in Forschungseinrichtungen, Schulen, Transportsystemen, Bewässerung, Energie, Administration usw. mit Vorteil auch auf solche Regionen zu konzentrieren, die bis jetzt vom Fortschritt vernachlässigt wurden, in denen sich solche Investitionen jedoch auf lange Sicht ökonomisch und sozial bezahlt machen.

Anmerkungen

EINLEITUNG PESSIMISMUS VERSUS OPTIMISMUS

1 US: Problems of Population Growth, The President's Message to Congress, Including His Proposal for the Creation of a Commission on Population Growth and the American Future. July 18, 1969, in: Weekly Compilation of Presidential Documents, Monday, July 21, 1969, Vol. 5, No. 29, Washington 1969, S. 1000
2 The Times of Hunger (Church World Service Community Hunger Appeal), October 1969, S. 4
3 *Waters,* Herbert J.: Waging War on Hunger, in: Report No. 7, 1967, The Victor-Bostrom Fund for The International Planned Parenthood Federation, S. 26
4 US: President's Science Advisory Committee: The World Food Problem, Report of the Panel on the World Food Supply, The White House, Washington, May 1967, Vol. I, S. 11. Im folgenden als WFP zitiert.
5 im folgenden: Entwicklungsländer = EL, Industrieländer = IL
6 The *Rockefeller Foundation:* The Rockefeller Foundation Program in the Agricultural Sciences, Progress Report: Toward the Conquest of Hunger, 1963/64, S. 3
7 *Malthus,* Thomas R.: An Essay on the Principle of Population; or, a View of its Past and Present Effects on Human Happiness; T. Beusley, Bolt Court, London 1803, S. 350
8 *McGovern,* George: We are Losing the Race Against Hunger, in: Look, Vol. 31, No. 5, March 1967, S. 86 ff.
9 *Ehrlich,* Paul: Paying the Piper, in: New Scientist (London), Vol. 36, No. 575, December 14, 1967, S. 652 ff.
10 *Paddock,* William and Paul: Famine 1975: America's Decision: Who Will Survive?, Little Brown and Company, Boston 1967, S. 8/9
11 *Clark,* Colin: Population Growth and Land Use, Macmillan, New York 1967, S. 153
12 *Brandt,* Karl: World Food: Calming the Cassandras, in: Columbia Journal of World Business, Vol. II, No. 4, July-August 1967, S. 7 ff.
13 *Brandt,* Karl: Famine is NOT Inevitable, in: Report No. 7, 1967, The Victor-Bostrom Fund for The International Planned Parenthood Federation, S. 25
14 WFP, Vol. I, S. 11
15 *Gaud,* William S.: The Green Revolution: Accomplishments and Apprehensions, (M), AID-Release, March 1968, S. 1, 3 und 11
16 Der Ausdruck ‹Grüne Revolution› kommt daher, daß die Farbe der Getreidefelder durch die bei den neuen Getreidearten (HYV) mögliche starke Stickstoffdüngung vom früher typischen Gelblichgrün zu einem satten Grün wechselte.

TEIL 1 WERDEN – ‹THE WAR ON HUNGER›
1. KAPITEL AUSGANGSLAGE

1 im folgenden: Grüne Revolution = GR
2 Unter dem Angebot verstehen wir normalerweise die inländische Produktion plus die Importe, minus die Exporte. In den folgenden Betrachtungen sind die Import-Export-Bewegungen aus statistischen Gründen weggelassen. Dabei ist vorgreifend festzuhalten, daß im Durchschnitt die EL in den frühen fünfziger Jahren stark importabhängig wurden. Unsere Darstellung zeigt mit aller Deutlichkeit die Notwendigkeit einer Produktivitätsverbesserung in der Landwirtschaft der EL, da a) diese Nahrungsimporte meist Nahrungshilfe waren und b) die wenigsten EL – die reichen Erdölländer vielleicht ausgenommen – im heutigen Stadium ihrer Entwicklung einen internationalen Handel mit Nahrungsmitteln gegen Ware betreiben können.
3 *Decken* von der, Hans, und *Lorenzl,* Günter: Nahrungsbilanzen, in: Handbuch der Landwirtschaft und Ernährung in den Entwicklungsländern, Verlag Eugen Ulmer, Stuttgart 1967, Band I, S. 548 ff.

⁴ Zur Einführung in die Ernährungsphysiologie vgl. z.B. *Beaton,* George H. (edit.): Nutrition – A Comprehensive Treatise, Academic Press, New York 1964

⁵ Besonders interessant für Mediziner, Demographen und Ökonomen ist der Ernährungszustand von Kindern. Beispiele für seine Erfassung wären: a) Kindersterblichkeit im Alter von 1–4 Jahren, b) Geburtsgewicht, c) Gewicht von Kindern im Vorschulalter, d) Armmuskulatur und -fettablagerung usw.

Als Zusammenfassung der verschiedenen Methoden vgl. *Benoga,* J.M., *Jelliffe,* D.B., and *Perez,* C.: Some Indicators for a Broad Assessment of the Magnitude of Protein-Calorie Malnutrition in Young Children in Population Groups, in: American Journal of Clinical Nutrition, Vol.7, November-December 1959, S.714ff.

⁶ Zur Definition des Hungers vgl. S.94

⁷ Im folgenden stützen wir uns zur Hauptsache auf zwei verschiedene Untersuchungen des USDA, die zwar nicht in allen Einzelheiten genau miteinander übereinstimmen (und sich auch nicht unbedingt vergleichen lassen), aber in den Hauptpunkten zu denselben Ergebnissen führen. Vgl.:

USDA: Changes in Agriculture in 26 Developing Nations – 1948 to 1963, USDA-ERS, Foreign Agricultural Economic Report No.27, Washington, November 1965

USDA: The World Food Situation: Prospects for World Grain Production, Consumption, and Trade, USDA-ERS, Foreign Agricultural Economic Report No.35, Washington, August 1967 (vgl. *Abel,* M.E., and *Rojko,* A.S.)

⁸ Auf die Problematik der verwendeten Globalziffern von Nahrungsnachfrage und landwirtschaftlicher Produktion kann hier nicht eingegangen werden. Die Darstellung soll uns auch nur eine Vorstellung von der Entwicklung geben und ist nicht etwa eine exakte Analyse der Ernährungssituation.

⁹ Die Einkommenselastizität für Nahrungsmittel ist im Durchschnitt in den EL um einiges höher als in den IL.

¹⁰ Die Experten sind sich einig, daß diese hohen Zuwachsraten in der Dritten Welt in nächster Zukunft keine bedeutenden Veränderungen erfahren werden. Die UNO, deren sog. mittlere Variante für die Zeitperiode 1960–2000 immer noch als die wahrscheinlichste angenommen wird, rechnet innerhalb der angegebenen Dezennien mit den folgenden Wachstumsraten (%):

Dezennien	1970	1980	1990	2000
Welt	20%	21%	20%	18%
IL	11%	10%	10%	9%
EL	24%	25%	23%	21%

Quelle:
UN: World Population Prospects, As Assessed in 1963, United Nations, Population Division, New York 1966, S.23

Die große Unbekannte ist nach wie vor der Zeitpunkt, zu welchem die Geburtenraten in den EL infolge von Verstädterung, Einkommen und Bildung, besseren Geburten- und Familienplanungsmethoden usw. zu fallen beginnen. Die heute vorherrschende Meinung vertritt u.a. El-Baldry* mit seiner Annahme, daß die Geburtenrate für die EL als Gesamtheit gesehen in den siebziger Jahren auf etwa 37‰ und in den achtziger Jahren auf rund 33‰ fallen werde (bzw. 29‰ in den neunziger Jahren). Dies bewirkte jedoch nur eine geringe Abnahme des Bevölkerungswachstums in den achtziger Jahren, besonders da die Sterblichkeit in der Dritten Welt weiterhin sinken wird (vgl. später).

* *El-Baldry,* M.A.: Population Projections for the World, Developed and Developing Regions: 1965–2000, in: The Annals of the American Academy of Political and Social Science: World Population; Philadelphia, January 1967, Vol.369, S.11

¹¹ Der Urbanisierung müßte in einer genauen statistischen Analyse ebenfalls Rechnung getragen werden, besonders da sie sich in den EL anders ausdrückt als in den IL.

¹² Lateinamerika, Afrika und Asien, ausgenommen Japan und Kommunistisch-China

¹³ Vgl. WFP, Vol.I, S.39

¹⁴ Politik der drei Komponenten, Kapitel 2

¹⁵ Gesamte Agrarproduktion, ausgenommen Viehfutter; Angaben über die Entwicklung der tierischen Produktion wären wünschenswert, doch ließen sich noch keine Viehproduktionsindizes finden, oder dann stand ihre Vergleichbarkeit in Frage. Mit Ausnahme von Argentinien, Chile und vielleicht Japan betraf die animalische Produktion aber sowieso nur einen kleinen Bruchteil der Gesamtproduktion, so daß ihre Vernachlässigung quantitativ nicht stark ins Gewicht fällt.

¹⁶ Die Hektarerträge in den EL verhielten sich vor dem Beginn der GR eher statisch. Einer Unter-

suchung zufolge stieg die Hektarproduktivität der drei Hauptnutzpflanzen Weizen, Reis und Mais zwischen 1935 und 1962 nur um 0,3% pro Jahr. Vgl. WFP, Vol. I, S. 40

[17] Cochrane, S. 23

[18] Das potentielle Ungleichgewicht kommt infolge der restriktiven Produktionsmaßnahmen der USA noch viel stärker zum Ausdruck.

[19] Die Produktionszuwachsraten in den beiden Perioden sind in den meisten Ländern sehr verschieden. Im allgemeinen verzeichneten jene Länder mit einer relativ hohen Wachstumsrate normalerweise in Periode I eine Abnahme dieser Rate in Periode II und umgekehrt.
Wir wollen aber nicht weiter über die Hintergründe dieser Fakten diskutieren – wir könnten dies nicht auf einer allgemeinen Basis tun, sondern müßten Land um Land genau analysieren –, es seien lediglich drei Gründe für die unterschiedlichen Wachstumsraten aufgeführt:
Die höheren Raten in Periode I können u.a. bedeuten: a) Rückkehr zur ‹normalen› Produktion nach Ende des Zweiten Weltkrieges; b) Erfolg kürzlich vorgenommener Strukturänderungen in der Landwirtschaft (große Bewässerungsprojekte, Erschließung neuer Landgebiete usw.). Sobald alle Möglichkeiten, die solche Strukturänderungen eröffnen, ausgeschöpft sind, senkt sich auch die Wachstumsrate wieder; c) Einführung ausländischer, für EL leicht zugängliche und anwendbare technische Verbesserungen in der landwirtschaftlichen Produktion.

[20] Dies ist leichter ersichtlich, wenn wir die Periode 1956–1966 in zwei Perioden 1956–1961 und 1961–1966 unterteilen.

[21] Zur gleichen Aussage kommt auch eine andere Untersuchung des USDA über die Entwicklung der Getreideproduktion. Vgl. Tabelle 28, S. 137

[22] WFP, Vol. I, S. 39

[23] So fällt z.B. Argentinien nur wegen seiner niedrigen Bevölkerungszuwachsrate und der Abnahme des Prokopfeinkommens (Tabelle 3) und bestimmt nicht wegen einer Verbesserung der landwirtschaftlichen Produktion unter die Erfolgsländer.

[24] FAO: The State of Food and Agriculture, 1967, FAO, Rome 1967, S. 13

TEIL 1 WERDEN – ‹THE WAR ON HUNGER›
2. KAPITEL POLITIK DER DREI KOMPONENTEN – THE MULTIPLE APPROACH

[1] Cochrane, S. 83

[2] WFP, Vol. I, S. 30

[3] Auf einen kurzen Nenner gebracht, versteht sich darunter ökonomischer und technischer Beistand der Geberorganisationen für von EL unternommene eigene Anstrengungen und Maßnahmen zur Förderung der Landwirtschaft (d.h. Beschleunigung des Wandels von einer traditionellen zu einer rationalen Agrarwirtschaft) und/oder eines gleichgewichtigen Wachstums der gesamten Volkswirtschaft.

[4] US: Annual Message to the Congress on the State of the Union, January 10, 1967, in: Public Papers of the Presidents of the United States, L.B. Johnson; Washington, Vol. I, 1967, S. 11

[5] US: Special Message from the President of the United States to Congress: Food for Freedom, February 1966, in: Public Papers of the Presidents of the United States, L.B. Johnson; Washington, Vol. I, 1966, S. 163

[6] Eisenhower änderte später seine Meinung gründlich und unterstützte jegliche staatliche, auf freiwilliger Basis beruhende Familienplanungsaktion.

[7] Erstmals im Dezember 1966 von 12 Nationen unterschrieben und der UNO unterbreitet. Diese Deklaration möchte ‹individuelle Familienplanung› als Menschenrecht verankert wissen.

[8] The Victor-Bostrom Fund for The International Planned Parenthood Federation: Family Planning Succeeds, in: Supplement to Reports 9 and 10, 1968, berichtet über die dank Familienplanung erreichte Senkung der Geburtenraten im Zeitraum 1956–1966 in einigen Ländern: Taiwan (von 44,8 auf 32,4), Singapore (von 48,2 auf 29,8), Südkorea (von 45 auf 39 – Schätzungen), Puerto Rico (von 34,8 auf 28,3), Ceylon (von 36,4 auf 32,9), Hongkong (von 39,7 auf 24,9). (Zahlen der allgemeinen Geburtenziffern in Promillen)

[9] vgl. dazu etwa: US: Population Program Assistance, AID, Bureau for Technical Assistance, Office of Population, Washington (jährlich)

[10] Ein Bevölkerungswachstum innerhalb der nächsten 20 Jahre ist unvermeidlich, da beinahe die Hälfte der heute in den EL lebenden Bevölkerung unter 15 Jahre alt ist.

[11] Intrauterin-Pessare; vgl. dazu S. 30 f.

[12] Senegals Bevölkerung zählte im Januar 1969 (Schätzung) 3 685 000, die Geburtenziffer (1968) betrug 45 ‰ und die Sterblichkeit (1968) 21 ‰, was einer Wachstumsrate von 2,4% entspricht. Zwischen 5% und 10% der Leute konnten schreiben und lesen, und das Bruttosozialprodukt pro Kopf schätzte man für 1967 auf 215 $. Werte entnommen aus: ‹Population Program Assistance›, Oktober 1969, S. 130

13 Mexikos Bevölkerung schätzte man im Januar 1969 auf 48 061 000, die Geburtenziffer (1968) war mit 43‰ und die Sterbeziffer (1968) mit 9‰ angegeben, was eine natürliche Wachstumsrate von 3,4% ergibt. Die ‹Quote der Schreibkundigen› wird mit 78% angegeben, das Pro-Kopf-BSP mit 528 $. Werte entnommen aus: ‹Population Program Assistance›, Oktober 1969, S. 81

14 Wie sich jedoch die gegenüber solchen Familienplanungsgedanken eher feindlich gesinnte Haltung des im Dezember 1970 gewählten neuen Präsidenten von Mexiko auswirkt, läßt sich nicht voraussagen.

15 Südkoreas Bevölkerung schätzte man im Januar 1969 auf 30 863 000, die Geburtenziffer (1967) lag mit 34‰ immer noch wesentlich über der Sterbeziffer (1967) von 10‰, was eine natürliche Zuwachsrate von 2,4% ergab. Die Quote derjenigen, die lesen und schreiben können, betrug etwa 71%, das Pro-Kopf-BSP (1967) etwa 155 $. Werte entnommen aus: ‹Population Program Assistance›, Oktober 1969, S. 153

16 In den Jahren 1965–1967 wurden im Durchschnitt jährlich 300 000 IUP-Einführungen vorgenommen und damit etwa 8,2% aller verheirateten Frauen im Alter von 20–44 Jahren behandelt. Vgl.: *Chandrasekaran,* C.: National Family Planning Programmes: Aims and Progress, in: Hankinson, R.K.B. (edit.), Family Planning and National Development, Proceedings of the Conference of the International Planned Parenthood Federation held in Bandung, June 1969, S. 20

Eine unvorhergesehen hohe ‹IUP-Ausstoßrate› von etwa 50% innert zwei Jahren war u.a. für eine stärkere Konzentration des Programmes auf orale Kontrazeptionsmittel verantwortlich.

17 Für eine technische Diskussion der verschiedenen Verhütungsmittel vgl. z.B. *Calderone,* Mary, Streichen (ed.): Manual of Contraceptive Practice, The Williams and Wilkins Company, Baltimore 1964

18 Indiens großangelegtes Familienplanungsprogramm bediente sich zweier recht anspruchsvoller Mittel, nämlich der Sterilisation und des IUPs. Beides sind Methoden, die auf das Funktionieren eines medizinischen Apparates angewiesen sind. Indien entdeckte bald, daß die Kapazität seines medizinischen Apparates noch zu klein war, um an die breiten Massen zu gelangen, und begann 1967 sein Familienplanungsprogramm zu diversifizieren: neben den bestehenden Anstrengungen wurde ein ‹do-it-yourself›-Programm lanciert (S. 30), aufgebaut auf der Basis eines billigen und leicht zu vertreibenden Mittels, des Kondoms. Vgl. u.a.: *Blumberg,* Morrie K.: India's Family Planning Progress and Potential, in: War on Hunger, Vol. IV, No. 8, August 1970, S. 12 ff.

19 Das IUP-Programm in Korea ist ein gutes Beispiel: Seit seinem Beginn 1964 wurden 1,5 Millionen IUPs an 36% der weiblichen Bevölkerung im Alter von 20–44 Jahren eingesetzt; mehr als 900 000 wurden aber später wegen unerwünschter Nebenwirkungen wieder entfernt. Vgl.: Search Widens for Better Family Planning Methods, in: War on Hunger, Vol. IV, No. 7, July 1970, S. 6

20 Laut Schätzungen des Population Council verwendeten im Juli 1968 rund 18 Millionen Frauen auf der ganzen Welt die ‹Pille›, wobei rund 9 Millionen allein auf die USA und nur rund 4 Millionen auf die EL entfielen. Der Verbrauch steigt in den EL jährlich um rund 30–40%. Vgl.: *Ravenholt,* R.T., and *Piotrow,* Phyllis: The Pill in Developing Nations, in: War on Hunger, Vol. III, No. 4, April 1969, S. 13

21 Ravenholt, R.T.: An Overview of Population Policies and Programs in Developing Countries, in: War on Hunger, Vol. II, No. 5, May 1968, S. 5

22 Cochrane, S. 108

23 Dabei muß es sich – was für den Erfolg enorm wichtig ist – um eine für die betreffende Bevölkerungsschicht kulturell, sozial und ökonomisch annehmbare Methode handeln, denn es gibt kein ‹bestes› Verhütungsmittel für alle.

24 Wie wir noch sehen werden, kann die GR gerade hier von umwälzender fundamentaler Bedeutung sein, da sie die Motivierung aufs stärkste zu beeinflussen vermag. Vgl. unsere Ausführungen, S. 100 ff.

25 Laut Dr. Zatuchnis Artikel «... wurde aus bestehenden Berechnungen und Schätzungen ermittelt, daß ohne Kontrazeptionsmethoden und ohne gebührende Einhaltung der Laktationsphase etwa 80% aller verheirateten, im Fruchtbarkeitsalter stehenden Frauen innerhalb eines Jahres nach einer Geburt wiederum schwanger werden». Vgl. *Zatuchni,* Gerald I.: Family Planning via the Postpartum Approach, in: War on Hunger, Vol. III, No. 10, October 1969, S. 12

26 vgl. Zatuchni, S. 13

27 Die Forschung im Hinblick auf eine Verbesserung der Familienplanungsprogramme und ihre finanzielle Unterstützung wurden innerhalb der letzten Jahre stark intensiviert. Allein die von der AID dafür verwandten Mittel stiegen von 4,4 Millionen $ (1967) auf 75 Millionen $ (1970). Die Forschung konzentriert sich auf vier Punkte:
 – Deskriptive Demographie ⎫
 – Bevölkerungsdynamik   ⎬ Verbesserung von Analyse, Methoden, Theorien
 – Organisations- und Effizienzprobleme von Familienplanungsprogrammen in den EL

- Verbesserung empfängnisverhütender Mittel (mit Schwergewicht auf Prostaglandins; Luteinizing Hormone Releasing Factor, sog. LRF; Verbesserung der IUPs; Kombination von Prophylaxe für Geschlechtskrankheiten und Verhütungsmittel; Monatspille)
Vgl.: Search Widens for Better Family Planning Methods, S. 6f.

28 Mehr als nur eine Aufzählung der Organisationen im Zusammenhang mit der Geburtenregelung würde hier zu weit führen. Nebst der wachsenden Zahl von staatlichen Organisationen und den bestehenden internationalen Organisationen gibt es eine Vielzahl privater Organisationen und Stiftungen, ja man spricht geradezu von einer ‹population organization explosion›.
Internationale Hilfe auf dem Gebiete der Familienplanung wird zurzeit von folgenden Institutionen gegeben:
1. *Staatsstellen bzw. Regierungen*
Dänemark, Japan, Niederlande, Norwegen (Norwegian Agency for International Development, NORAD), Schweden (Swedish International Development Authority, SIDA), Großbritannien, USA (Agency for International Development, AID)
2. *Multilaterale Organisationen*
Vereinigte Nationen (Beschäftigung mit Bevölkerungsfragen: UN, ECAFE, WHO, UNICEF, ILO, FAO, UNESCO, UNDP), International Bank for Reconstruction and Development (IBRD), Organization for Economic Cooperation and Development (OECD), Organization of American States (OAS), Colombo Plan
3. *Private Stiftungen und Organisationen*
International Planned Parenthood Federation (IPPF), Ford Foundation, Population Council, Rockefeller Foundation, Pathfinder Fund, American Friends Service Committee, Inc., Asia Foundation, Christian Aid, Church World Service, Commonwealth Fund, Cooperative for American Relief Everywhere, Inc. (CARE), Japanese Organization for International Cooperation in Family Planning, Josiah Macy Foundation, Lalor Foundation, Lutheran World Relief Inc., Mennonite Central Committee, Milbank Memorial Fund, Nuffield Foundation, Oxford Committee for Famine Relief (OXFAM), Population Association of America, Population Crisis Committee, Population Reference Bureau, Unitarian Universalist Service Committee, Inc., Victor Fund and Victor-Bostrom Fund, World Neighbours, Brush Foundation, Sunnen Foundation, Worcester Foundation
Für eine gute knappe Übersicht vgl.: *Wahren,* Carl: International Assistance in Family Planning, in: Hankinson, R.K.B. (edit.): Family Planning and National Development, Proceedings of the Conference of the International Planned Parenthood Federation held in Bandung (Indonesia), June 1969, S. 97 ff.
29 Selbsthilfe ohne Nahrungshilfe ist jedoch ohne weiteres denkbar und wird häufig praktiziert.
30 Dieselbe Reaktion zeigte sich auch bei den amerikanischen Hilfelieferungen unter der ‹Agricultural Trade Development and Assistance Act› (PL 480) vor Einführung der Selbsthilfeklausel häufig, obwohl es sich dabei um Titel-I-Verkäufe und nicht um karitative Hilfe handelte.
31 Z.B. können Devisenausgaben für Nahrungsmittelkäufe erspart und die betreffenden Gelder dringend benötigten Investitionsprojekten zugeleitet werden.
32 Im Hinblick auf die Wirksamkeit der Nahrungshilfe ist ein fundamentaler Unterschied zwischen den USA und der FAO zu beachten: während in den betreffenden amerikanischen Administrationskreisen Organisation der Entwicklungshilfe und Nahrungsmittelproduktion vereint sind, verfügt die FAO ‹nur› über einen Organisationsapparat, muß sich also die Mittel aus Kreisen außerhalb ihrer direkten Einflußsphäre beschaffen.
33 Über Probleme der Nahrungshilfe der USA in der Nachkriegszeit des Zweiten Weltkrieges vgl.: *Matusow,* Allen J.: Farm Policies and Politics in the Truman Years, Harvard University Press, Cambridge, Mass., 1967, Chapter 7
34 im folgenden kurz PL 480 genannt
35 Der Hauptteil aller Nahrungslieferungen erfolgte unter den beiden Titeln I und II:
Titel I ermächtigte die USA, Überschußprodukte gegen Bezahlung in der (weichen) Währung des Empfängerlandes zu verkaufen.
Titel II legte die Grundlage, «... die den amerikanischen Präsidenten ermächtigt, im Namen seines Volkes bei Hungersnöten oder in Katastrophenfällen an friedfertige Nationen Hilfeleistungen zu senden».
(Vgl.: US: United States Statutes at Large, Vol. 68 (1954), Part I, Washington 1955, S. 457)
36 Der Wert der gesamten PL 480-Lieferungen stieg von 70 Millionen $ (1954) auf 1304 Millionen $ (1961), wobei das Hauptgewicht auf Titel I-Verkäufen lag. (Vgl.: US: Food for Peace, Annual Reports on Public Law 480, The White House, Washington [jährlich])
37 Diese Haltung festigte sich später besonders in der Johnson- und Nixon-Administration.
38 Erstmals wurden die Grundzüge dieses ‹War on Hunger› an einer Konferenz im Dezember 1964 in

der L.B.J.-Ranch entworfen. An dieser Konferenz nahmen außer Präsident Johnson USDA-Sekretär Orville Freeman, AID-Administrator David Bell und Budgetdirektor Charles Schultz teil. In der Annual Message to Congress vom 10. Februar 1966 rief dann Johnson die USA auf, ‹to lead the world in a war against hunger›.

[39] Diese Verlängerung der ursprünglichen Foreign Assistance Act von 1961 brachte wichtige Verbesserungen in Bezug auf die Entwicklungshilfe im allgemeinen und die Selbsthilfe im speziellen. Vgl. dazu: US: Code, Congressional and Administrative News, 90th Congress, 2nd Session, Washington 1968, S. 3957 ff. und S. 1113 f.

[40] Technische und finanzielle Hilfe soll sich in erster Linie auf die Verbesserung von Produktion, Lagerung, Transport, Verarbeitung und Verteilung von Nahrungsmitteln für den Eigenverbrauch konzentrieren. Auch der Produktion von Futtermitteln für den Eigenverbrauch sowie von Nahrungs- und Futtermitteln für den Export (sofern die Devisen für den Einkauf von Gütern verwendet werden, die nicht im Inland hergestellt werden können und die für die allgemeine wirtschaftliche Entwicklung wichtig sind) wird eine gewisse Hilfe zugebilligt. Jedoch soll im allgemeinen der Produktion von Nicht-Nahrungsmitteln, bei denen im ganzen ein weltweiter Überschuß besteht, keine Hilfe zukommen. Vgl. dazu z.B. *Hedges,* Irwin R.: Foreign Economic Development and U.S. Agricultural Policy, in: War on Hunger, Vol. II, No. 3, March 1968, S. 4 ff.

[41] in: Food for Freedom (Monthly News Report on Activities under PL 480), No. 33, October 1966 (heute War on Hunger), S. 2

[42] Tatsächlich war der Übergang nicht derart kraß; verschiedentlich angefügte Verbesserungen, besonders diejenigen von 1960 und 1964, deuteten schon lange auf die Entwicklung einer neuen Strategie.

[43] Solche Selbsthilfemaßnahmen können etwa umfassen: Konzentration aller Anstrengungen auf die Produktion dringend benötigter Nahrungsmittel (was meist eine Vernachlässigung der landwirtschaftlichen Nicht-Nahrungsproduktion bewirkt), Entwicklung der Agroindustrie durch Privatunternehmen, Ausbildung und Training von Bauern, Bau moderner Lagerräume, Verbesserung des Marketing- und Verteilungssystems, Ausarbeitung von Regierungsprogrammen, die den Produzenten genügend Ansporn geben, Ausbau der Forschung usw.

[44] Ob diese Wandlung als relativ kurzfristige Reaktion auf die stark abgebauten amerikanischen Lager oder als langfristige Änderung anzusehen ist, bleibt abzuwarten. Eine Rückkehr zu den gewaltigen Überschüssen könnte eventuell wieder die alte Überschuß-Philosphie aufflackern lassen.

[45] Schon an der 1943 von Präsident Roosevelt einberufenen UN Conference on Food and Agriculture in Hot Springs, Virginia, wurden diesbezüglich spezifische Vorschläge gemacht.

[46] vgl.: UN: Yearbook, 1954, S. 169

[47] vgl. UN: Yearbook, 1958, S. 138

[48] FAO: World Food Program – A Story of Multilateral Aid (PI/61195/5.68/E/2), Rome 1968, S. 6

[49] Ende 1955 ließen sich unter den 72 FAO-Mitgliedern 46 als EL klassifizieren. Mitte 1965 betrug die Mitgliederzahl 108, worunter 81 als EL zählten. Vgl. FAO: State of Food and Agriculture, 1965, S. 10

[50] vgl. UN: Yearbook, 1960, S. 299 ff.

[51] Zu einer ausführlichen Diskussion des WFP vgl. z.B.: FAO: Report on the World Food Program by the Executive Director, Rome 1965

[52] FAO: The State of Food and Agriculture, 1965, S. 113

[53] Bis Ende 1966. Vgl. FAO: World Food Program, S. 14

[54] Die Beiträge wurden von verschiedensten Ländern in Form von Barbeträgen, Naturalien und Dienstleistungen zugesichert. Während der ersten Versuchsperiode von 1963–1965 sollten ursprünglich Beitrage im Werte von 100 Millionen $ gesammelt werden. Ende 1964 hatten insgesamt 70 Länder eine Summe von 93,7 Millionen $ aufgebracht, 68,5 Millionen $ in Produkten, 5,5 Millionen $ in Dienstleistungen (hauptsächlich Frachtleistungen) und 19,7 Millionen $ in bar. Die USA allein steuerten 50 Millionen $, d.h. 53% der Gesamtleistungen, bei. Ende 1965 wurde beschlossen, das ursprünglich auf eine dreijährige Versuchsperiode beschränkte Programm weiterhin aufrechtzuerhalten, «...solange multilaterale Nahrungshilfe als zweckmäßig und wünschenswert betrachtet wird». (Vgl. UN: Yearbook, 1965, S. 308)

[55] FAO: World Food Program, S. 33

[56] Das Schwergewicht der FAO-Leistungen liegt auf der technischen und wissenschaftlichen Hilfe, einer Hilfe also, die eine unerläßliche Voraussetzung für effiziente Selbsthilfe ist. Einen guten Überblick über die Tätigkeit der FAO gibt: FAO: Freedom From Hunger Campaign (FFHC), Basic Study No. 23: Agricultural Development: A Review of FAO's Field Activities, Rome 1970

[57] FAO: Provisional Indicative World Plan for Agricultural Development (FAO IWP), Vol. I, II, III, Rome 1970

[58] vgl. *Boerma,* Addeke H.: New Directions for FAO, in: War on Hunger, Vol. III, No. 3, March 1969, S. 1
[59] Weitere Schlüsselpunkte, die die Betonung auf Selbsthilfe deutlich erkennen lassen, sind:
a) Schließung der Proteinlücke in der Ernährung;
b) Kampf dem Verderb von Nahrungsmitteln;
c) Verbesserung der Handelsbedingungen zugunsten der EL zwecks Erwerb von Devisen;
d) Verbesserung der menschlichen Ressourcen.
Vgl. FAO: FFHC, Basic Study No. 21: Toward a Strategy for Agricultural Development, Rome 1969
[60] Boerma, S. 1
[61] *Bell,* David E.: US Domestic and Foreign Policies and World Food Needs, in: War on Hunger, Vol. II, No. 2, February 1968, S. 2

TEIL 1   WERDEN – ‹THE WAR ON HUNGER›
3. KAPITEL   GESCHICHTE DER GRÜNEN REVOLUTION

[1] Die Entwicklung der neuen Weizen- und Maisarten im Rahmen des Rockefellerschen Mexikoprogrammes ist ausgezeichnet dargestellt in: *Stakman,* E. C., *Bradfield,* Richard, and *Mangelsdorf,* Paul C.: Campaigns Against Hunger, Cambridge, Belknap Press of Harvard University Press, 1967. Wir möchten uns hier deshalb äußerst kurz halten und uns auf einen knappen Überblick beschränken.
[2] Stakman, Bradfield, Mangelsdorf, S. 3/4
[3] The Rockefeller Foundation, Annual Report, 1913–1914, S. 7
[4] The Rockefeller Foundation, Annual Report, 1920, S. 92
[5] Stakman, Bradfield, Mangelsdorf, S. 22
[6] Stakman, Bradfield, Mangelsdorf, S. 49
[7] Um die Bedeutung des Rockefellerschen Maisprogrammes für Mexiko abschätzen zu können, muß man die ökonomische und kulturelle Rolle des Maises in diesem Lande kennen. Der Mais ist nicht nur das Hauptnahrungsmittel, der Mais nimmt auch einen wichtigen Platz in der mexikanischen Kultur, in der Tradition und im Volksleben ein. Selbstversorgung mit Mais hilft nicht nur, harte Devisen zu sparen, sondern hebt auch das nationale Selbstbewußtsein, denn die jahrelangen Maisimporte hatten den nationalen Stolz der Einwohner des Ursprungslandes der Maispflanze tief verletzt.
[8] Dieselbe kurzfristige und langfristige Zielsetzung bestand auch in den anderen mexikanischen Programmen: Weizen, Bohnen und mehr oder weniger auch bei Sojabohnen, Kartoffeln, Gemüse, Futtergräsern.
[9] Zur Einführung in die Grundlagen der Pflanzenzucht vgl.: FAO: Agricultural Study No. 55: Agricultural and Horticultural Seeds – Their Production, Control, and Distribution, Rome 1961
[10] Synthetics sind ertragstechnisch den unter Schritt b) freigegebenen Arten überlegen, werden aber von den Hybriden noch übertroffen.
[11] 1950 waren von etwa 3 792 000 ha nur 131 000 ha mit den neuen, ertragreicheren Maisarten bepflanzt. Vgl.: *Dalrymple,* Dana G.: New Varieties in Mexico: Wheat and Corn; USDA FAS, May 1969 (im Zusammenhang mit US: AID, Spring Review of the New Cereal Varieties, May 13–15, 1969, auch als CCP, Mexico, Wheat and Corn zitiert), S. 4 und 11
[12] vgl. *Osoyo,* Roberto: Mexico: From Food Deficits to Sufficieny, in: The Rockefeller Foundation: Strategy for the Conquest of Hunger, Proceedings of a Symposium Convened by the Rockefeller Foundation at the Rockefeller University, April 1 and 2, 1968, S. 8
[13] Dabei muß man berücksichtigen, daß 1965 nur etwa 13% der Maisanbaufläche mit den neuen Maisarten bepflanzt wurden. Diese Feststellung deutet – der Arbeit etwas vorgreifend – auf das große Problem, daß Mexikos Maisprogramm wohl ein enormer Produktionserfolg beschieden war, der Erfolg auf sozialem Gebiet jedoch aus verschiedenen Gründen enttäuschend ausfiel. Vgl. dazu S. 159 f.
[14] vgl. Dalrymple, Mexico, S. 7 und 26
[15] Auf eine genauere Ausführung des Weizen- und Bohnenprogrammes verzichten wir der Übersichtlichkeit wegen.
[16] vgl. Dalrymple, Mexico, S. 2, 7 und 13
[17] Zum Vergleich einige andere Weizenhektarerträge für 1968 (in Tonnen pro Hektare): Schweiz 3,86, USA 1,92, Kanada 1,49, Indien 1,10, Argentinien 0,98. Die Zahlen widerspiegeln natürlich nicht nur den Stand der technischen und wirtschaftlichen Entwicklung, sondern auch die Art (intensiv/extensiv) der Bebauung.

18 Ein analoger Durchbruch gelang 1964 dem IRRI (Philippinen) mit Reis, was die Aussicht auf eine Lösung des Welthungerproblems schlagartig verbesserte. Vgl. dazu S. 56
19 Zu einer knappen Darstellung der Genealogie der neuen Kurzstrohweizen vgl.: *Reitz*, Louis P.: Short Wheats Stand Tall, in: USDA: The Yearbook of Agriculture (Science for Better Living), 1968, S. 239 ff.
20 vgl.: The Rockefeller Foundation Program in the Agricultural Sciences, 1965/66, S. 45
21 Auf dabei entstehende Schwierigkeiten kapazitätstechnischer Art kommen wir noch zu sprechen.
22 Umgekehrt ist eine direkte Transplantation von Faktoren und Methoden von einem EL zum andern in den meisten Fällen gut möglich und normalerweise um so erfolgreicher, je ähnlicher die Umweltsbedingungen der beiden EL sind. Darauf basieren ja auch die ersten Großerfolge der kosmopolitischen Weizen- bzw. Reisarten.
23 Die Wichtigkeit der Forschung im Agrarwesen bestätigt auch ihre enorm hohe Rentabilität. Die von der Rockefeller-Stiftung 1943 ursprünglich in die Weizenforschung investierten Gelder brachten dem Staate Mexiko allein einen jährlichen Zins von 750% (1943–1963)! Vgl. dazu: *Schultz* Theodore W.: Economic Growth and Agriculture, McGraw-Hill, New York 1968, S. 85
24 Diese Rolle wird übrigens in jedem Jahresbericht von jeder Institution zur Genüge herausgestrichen.
25 Eine indirekte Hilfeleistung ist z.B. ein finanzieller Beitrag der AID ans IRRI.
26 In den reichen Ölländern existiert z.B. praktisch kein Nahrungs-/Bevölkerungsproblem. Ein interessantes Beispiel ist Chile: sein Nahrungs-/Bevölkerungsproblem trat erst auf, als sich die Weltnachfrage nach Nitraten verringerte und der Weltmarktpreis für Kupfer sank. Die frühere Vernachlässigung der Landwirtschaft machte sich daraufhin böse bemerkbar.
27 Dieses Hindernis verschwand zum größten Teil nach Einführung der kurzhalmigen Weizen- und Reisarten.
28 Im Januar 1955 trat auch Guatemala bei.
29 Das Inter-American Food Crop Improvement Program umfaßte auch ein nichterwähntes Inter-American Potato Improvement Project. Der Ursprung geht auf ein mexikanisches Kartoffelprogramm zurück, das auf Initiative einiger weniger Kartoffelproduzenten aus der Anbaugegend um León 1947 gestartet wurde und dank seinem Leiter, Dr. Niederhauser, weltweite Bedeutung erlangte.
30 vgl. The Rockefeller Foundation Program in the Agricultural Sciences, 1965/66, S. 31
31 Dieser Ausdruck lehnt sich an die amerikanische Kreation von ‹biological engineering› für Pflanzenzucht an.
32 Der amerikanische Landwirtschaftsexperte Dr. Norman Ernest Borlaug wurde seiner Verdienste wegen, ‹den Hungernden in der Welt Brot zu geben›, am 10. Dezember 1970 in Oslo mit dem Friedensnobelpreis ausgezeichnet.
33 CIMMYT = Centro Internacional de Mejoramento de Maiz y Trigo
34 Zur Zeit der Umwandlung des Inter-American Food Crop Improvement Program ins CIMMYT wurde die Kartoffelkomponente auf einer interamerikanischen Basis weitergeführt, da der Kartoffel – außer in den IL – nur in Lateinamerika (Andenregion, Argentinien, Chile und südliches Brasilien) eine wirklich große Bedeutung zukommt.
35 Die Gebäulichkeiten, deren Kapitalkosten mit etwa 17,5 Millionen $ angegeben werden, sollen Ende 1971 fertiggestellt sein. 1972/73 voll in Betrieb, rechnet man im IITA mit etwa 400 Leuten, wovon ungefähr 30 vollausgebildete, erfahrene Wissenschafter und je etwa 100 Forschungsassistenten bzw. ‹visiting research scholars› und Techniker sind.
36 vgl. New Hope for Tropical Agriculture, in: War on Hunger, Vol. IV, No. 6, June 1970, S. 15
37 Alle vier Zentren, ursprünglich von der Rockefeller- und der Ford-Stiftung gemeinsam gegründet und finanziert, erhalten heute auch Unterstützung von seiten der W.K. Kellogg-Stiftung, der U.S. Agency for International Development (AID), der Food and Agriculture Organization und der kanadischen Regierung. Andere Länder und Organisationen werden bald mithelfen, und so geht die Internationalisierung der GR Hand in Hand mit einer Internationalisierung und Multilateralisierung der Hilfe.

TEIL II FORTSCHRITT – ‹TOWARD THE CONQUEST OF HUNGER›
4. KAPITEL DIE GRÜNE REVOLUTION UND IHRE INTEGRATION IN DIE ENTWICKLUNGSPOLITIK

1 im folgenden: High Yielding Varieties = HYV, Local Varieties = LV
2 Ebenfalls von der Wirtschaftspolitik abhängig sind die sozialen Auswirkungen der GR; doch dazu später in Teil III.
3 Zu diesem wichtigen Punkt vgl. *Little*, Ian, *Scitovsky*, Tibor, and *Scott*, M.: Industry and Trade in

Some Developing Countries – A Comparative Study; OECD, Development Centre Studies, Oxford University Press, 1970, besonders Kapitel 2, S. 30 ff.

4 Einen guten Überblick gibt uns: *Yamada,* Noburu, and *Lusanandana,* Bhakdi: Rice Production in the ADB Region, in: Asian Agricultural Survey, Published for The Asian Development Bank by University of Washington Press, 1969, S. 141 ff.

5 CCP, India, Rice, S. 108

6 CCP, India, Rice, S. 109

7 Ein ähnlicher biologischer Flaschenhals bestand auch im Weizensektor vor der Konstruktion der ‹semi-dwarfs›.

7a Folgende Zusammenstellung mag als repräsentativ für die Düngerreaktion einiger Reisarten gelten:
Typischer Körnerertrag als Funktion der Düngerzufuhr vor und nach der Beseitigung des biologischen Flaschenhalses; optimale Anbaubedingungen in Versuchsfeldern

Dünger in kg/ha	Körnerertrag pro Hektar (t/ha)				
	‹vorher› (LV)			‹nachher› (HYV)	
	Peta	C-18	Binato	IR-8	TN-1
0	4,4	4,1	4,0	4,8	5,0
30	5,2	5,6	4,5	6,9	6,2
60	3,2	6,4	5,2	8,0	6,9
90	3,6	6,2	5,0	8,5	7,4
120	2,7	4,4	4,8	9,5	7,2

Quelle:
nach The Rockefeller Foundation Program in the Agricultural Sciences, 1965/66, S. 80

8 *Hsieh,* S.C., and *Ruttan,* V.W.: Environmental, Technological, and Institutional Factors in the Growth of Rice Production: Philippines, Thailand, and Taiwan, in: Food Research Institute Studies (Stanford University, California), Vol. VII, No. 3, S. 331 ff.

9 vgl. dazu: *Hambidge,* Gove: The Story of FAO, Van Nostrand Co. Inc., Princeton, N.J., 1955, S. 145 ff.

10 vgl. *Chandler,* Robert F.: Dwarf Rice – A Giant in Tropical Asia, in: USDA: Yearbook of Agriculture, 1968, S. 252 ff.

11 Weitere Schritte im Erfolg waren die Entwicklung von H-4 in Ceylon und BPI-76 auf den Philippinen.

12 Das Geheimnis bei der Entwicklung einer geographisch universellen, ‹kosmopolitischen› Pflanze sei am Beispiel Reis etwas eingehender erklärt. Nach Frankel (hier zitiert nach CCP, India, Rice, S. 14f.) kann "... the optimal adaptability over a region be considered as an integration of the optimal adaptabilities in all the subregions. The local adaptability in a particular subregion is largely affected by differences in climatic conditions. The genetic fractions determining the respective adaptability levels are varietal reactions to: (1) daylength, (2) temperature, (3) precipitation, (4) soil, (5) biotic factors, and (6) interactions. When the subregions do not differ appreciably in daylength, the effective differences among subregions will depend on the soil, temperature, precipitation, biotic factors, and their interactions".
In der Monsunzeit der Tropen sind regionale Unterschiede in Temperatur und Niederschlagsmenge gering. Die Unterschiede in der Sonnenbestrahlung zwischen der Regenzeit mit ihren mächtigen Wolkenfeldern und der Trockenzeit mit ihrem klaren, blauen Himmel hingegen sind beträchtlich und haben einen gewaltigen Einfluß auf die Ertragsleistung der alten Reissorten. (Die Korrelation zwischen Sonnenbestrahlung und Ertrag ist speziell hoch in der Zeit von der Blüte bis zur Reife, die in den Tropen etwa 30 Tage beträgt.) Daraus folgt, daß mit der Entwicklung von Pflanzen mit einer geringen Photosensitivität – wie eben IR-8 – dieses Hindernis überbrückt werden kann. Die Faktoren 4 und 5 (soil und biotic factors) lassen sich, sofern die Genetik die Voraussetzung dafür schafft und z.B. eine vorteilhafte Düngerreaktion einbaut, zusammen mit den neuen Bebauungsmethoden korrigieren und ausgleichen.

13 Ein kontrollierbares künstliches Bewässerungssystem ist allerdings vorausgesetzt.

14 vgl. auch: *Murray,* Kenneth L.: Grain – A Basic Food, in: USDA: Yearbook of Agriculture, 1964, S. 121

15 Chandler, S. 225

16 *Daspit,* Alex: The Role of Research in the Green Revolution, Functional Paper, AID, Spring Review, May 1969, S. 29 (M)

17 Besonderer Erwähnung bedürfen hier die zwei kürzlich von Indiens Central Variety Release Com-

mittee für die Produktion freigegebenen Arten Jaya (= Sieg) und Padma. Jaya reift 10 Tage früher als IR-8 und erzielt darüber hinaus auch noch einen Mehrertrag von 10%. Man glaubt, daß Jaya innert kurzer Zeit IR-8 in Indien ersetzen wird. Padma, als Konkurrent von TN-1 gedacht, reift etwa 7–10 Tage früher als IR-8, bringt jedoch einen 8% niedrigeren Ertrag. Seine wesentlich bessere Kornqualität scheint aber den niedrigeren Ertrag in Bezug auf die Zukunftschancen aufzuwiegen. Vgl.: The Rockefeller Foundation: India – A Special Report from The Rockefeller Foundation, New York, December 1969, S. 30 f.

18 *Corty,* Floyd: GCP, Rice, S. 2 (M)

19 Die Mechanisierung der asiatischen Reisproduktion ist jedoch noch ein ungelöstes Problem: weder Wissenschaft noch Forschung noch Technik hatten sich vor 1965 je damit befaßt, weil a) die Mechanisierung nicht als ein komplementärer, sondern nur als ein arbeitssparender Faktor betrachtet wurde und b) ‹multiple cropping› erst relativ vereinzelt praktiziert wurde und der Saisonarbeitsmarkt infolgedessen noch nicht ‹überlastet› war.
Zur Problematik der Mechanisierung des Reisbaus in Tropisch-Asien vgl.: *Khan,* Amir U.: Mechanizing the Rice Paddies, in: War on Hunger, Vol. III, No. 9, Sept. 1969, S. 18 ff. Zur allgemeinen Problematik der Mechanisierung vgl. Kapitel 8

20 Der beste Schutz gegen Krankheiten wird durch Züchtung ‹resistenter› Arten erreicht – was schon 1943 im Rockefellerschen Mexikoprogramm erkannt worden war. Allgemein zu Fragen der Resistenz vgl. S. 163 f.

21 Der Verbrauch von Agrochemikalien steigt bei der Kultivierung von HYV stark an. In Ostpakistan rechnet man mit «... einer einzigen Besprühung für einheimische Reisarten im Gegensatz zu 8 Besprühungen von je ungefähr 1 kg pro Hektare für IR-8». Auf den Philippinen stieg der Pestizidverbrauch um 20%, in Indien wurden 1967/68 über 9,7 Millionen Acres mit Insektiziden behandelt. Vgl. Corty, S. 19

22 Allan ist ehemaliger Biogenetiker des USDA und zurzeit Mitarbeiter der Kenya Seed Company in Kenya.

23 Diesen ‹package approach› in der Praxis – besonders beim einfachen, ungebildeten Kleinbauern – durchzusetzen, bereitet viel Kopfzerbrechen. Mustergültig wurde das Problem auf den Philippinen angegangen; ihre Idee, für den Farmer gleich ein vollständiges ‹do-it-yourself-kit› zusammenzustellen, dient heute in vielen öffentlichen HYV-Programmen mehr oder weniger als Vorbild. Dieses ‹do-it-yourself-kit› enthielt alle agronomischen Notwendigkeiten für eine den regionalen Verhältnissen angepaßte ‹wissenschaftliche› Kultivierung von IR-8, schön abgestimmt auf den Anbau von 2000 m². «Das ‹kit› bestand aus IR-8-Saatgut, den nötigen Insektiziden, Urea-Dünger, Rattengift und einer ausführlichen, im Dialekt des Bauern gedruckten Gebrauchsanweisung.» * Das ‹kit› wurde aus folgendem Grunde auf eine Kulturfläche von nur 2 Hektaren beschränkt: der Durchschnittsfarmer sollte nicht gleich seine ganze Anbaufläche mit IR-8 bepflanzen, was einerseits sein (Verlust-)Risiko minimierte und anderseits den überwältigenden Unterschied zwischen IR-8 und den weiterhin unter traditionellen Verhältnissen kultivierten LV auf seinem eigenen Farmland noch viel deutlicher hervortreten ließ.
Vertrieben wurden diese ‹kits› anfänglich durch die landwirtschaftlichen Kreditinstitute, später aber auch durch die über 400 Agro Service Stores der ESSO-Düngerfabriken, durch die Atlas-Düngergesellschaft sowie durch verschiedene öffentliche Stellen. Aus den ursprünglich 100 ‹kits› wurden Tausende – Anfang Frühling 1969 schätzte man die ausgegebenen ‹kits› auf über 22000. Wichtig war dabei, daß der Farmer das ‹kit› kaufen mußte – d.h. den Kaufpreis von 70 Pesos nach erfolgter Ernte zu zahlen hatte –, daß es also nicht als Geschenk erhielt, sich beim Anbau infolgedessen auch um so mehr Mühe gab und gleichzeitig über das günstige Kosten-/Ertragsverhältnis von IR-8 unterrichtet wurde.
Das Resultat war, daß dem Filipino-Bauer ein vollständiges ‹Paket› mit sämtlichen zu seinem Boden, seiner Arbeit und dem Wasser komplementär notwendigen Produktionsfaktoren geliefert wurde – inklusive günstiger Kreditmöglichkeiten und der nötigen Information über die Profitmöglichkeiten**.

* CCP, Rice, Philippines, Section 9, S. 2
** *Rosenthal,* Jerry E.: The Philippine Rice Story, in: War on Hunger, Vol. II, No. 1, January 1968, S. 5

24 Auszüge dieser Forschungsarbeit sind wiedergegeben in: *Eberhart,* S. A.: GCP, Corn, S. 23 ff. (M)

25 Bei den ‹modernen Kultivierungsmethoden› handelt es sich hier im Versuch nur um rechtzeitiges und richtiges Pflanzen und eine effiziente Unkrautkontrolle – also alles mit vermehrtem Arbeitsaufwand realisierbare Verbesserungen. Diese Feststellung wird besonders im Zusammenhang mit der GR und der Beschäftigung interessieren. Vgl. dazu Kapitel 8

26 Eine nähere Untersuchung dieser Vermutung ist mangels Zahlenmaterials leider noch nicht möglich.

²⁷ Die Ausführungen in diesem Abschnitt sind angelehnt an das Kapitel ‹Food Supply, Agriculture, and Economic Development›, in: WFP, Vol. I, S. 59 ff.
Für eine nähere Einführung in das interessante Gebiet der Landwirtschaft und Entwicklung vgl.: *Johnston,* Bruce F., and *Mellor,* John W.: The Role of Agriculture in Economic Development, in: The American Economic Review, Vol. LI, No. 4, September 1961, S. 566 ff.

²⁸ WFP, Vol. I, S. 60

²⁹ Der Ausdruck Agribusiness ist seit Ende der fünfziger Jahre Allgemeingut der amerikanischen Sprache.

³⁰ WFP, Vol. I, S. 69

³¹ aus dem Englischen übernommener Ausdruck

³² WFP, Vol. I, S. 62

³³ Die Trennung wird etwas komplizierter, wo die Forschung auch durch die Privatindustrie (z.B. Chemiekonzerne) finanziert wird.

³⁴ Dank derartigen externen Ersparnissen ist es u.a. möglich, daß auch Kleinfarmen höchst effizient arbeiten können.

³⁵ Landwirtschaftliche Geräte und einige einfache Maschinen bilden eine Ausnahme.

³⁶ Die Farmer sind aber nicht nur auf die staatlich durchgeführten Informationsdienstprogramme allein angewiesen, sie lernen auch durch Nachbarn, Vertreter und Händler des Agri-Supportsektors, durch Vermittler von Agrarkrediten usw. von der neuen Technik.

³⁷ WFP, Vol. I, S. 72

³⁸ Zu diesen Fachausdrücken vgl. die leichtverständliche Einführung in die Ökonomie der Entwicklungsländer von *Myint,* Hla: The Economics of the Developing Countries, 4. Auflage, Praeger Publishers, New York 1968

TEIL II FORTSCHRITT – ‹TOWARD THE CONQUEST OF HUNGER›
5. KAPITEL PRODUKTIONSERFOLG UND NEUER PROBLEMKREIS

¹ Diese gesamte Problemgruppe wurde bis anhin noch kaum erforscht, weil sie einerseits von der Dringlichkeit des Hungerproblems und anderseits von den unerwarteten Produktionserfolgen der HYV überschattet wurde.

² Als Übersicht vgl. z.B.: The Rockefeller Foundation, India; Abschnitte: Sorghum – a Crop with a Future, und Millets – Hope of the Dry Country

³ Dazu vgl. z.B.: *Ruttan,* V.W., *Houck,* J.P., and *Emerson,* R.E.: Technological Change and Agricultural Trade: Three Examples (Sugarcanes, Bananas and Rice), University of Minnesota, Agricultural Economics Staff Paper, December 1968, S. 68 ff. (M)

⁴ *Dalrymple,* Dana G.: Imports and Plantings of High-Yielding Varieties of Wheat and Rice in the Less Developed Nations, USDA, Foreign Agricultural Service (in cooperation with AID), November 1969 (M)

⁵ Dalrymple, Imports, S. 1

⁶ Zu diesem Programm vgl. allgemein: Hambidge, S. 145–148. Der Star dieser neuen Arten ist ADT-27, stark verbreitet in Indien, Mashuri und Malinja. Zusätzlich zeigen die indischen Zahlen die in Taiwan entwickelte Taichung-Native 1.

⁷ Dazu werden gezählt: BPI-76, C4-63 und C4-113

⁸ Ganz allgemein könnte man unter den HYV alle landwirtschaftlichen Nutzpflanzen verstehen, deren Ertragskapazität durch genetische Maßnahmen (meist durch Kreuzung verschiedener Arten) erheblich vergrößert wurde. Eine solche oder ähnliche Definition mag zwar einen Begriff von den HYV vermitteln, ist jedoch für eine quantitative Erfassung absolut ungeeignet.

⁹ Die am häufigsten angebaute LV ist die in den frühen fünfziger Jahren entwickelte H-4. Heute finden wir verschiedene dieser H-Arten. Vgl. dazu z.B.: *Bandaranaike,* N.: Ceylon, in: Regional Seminar on Agriculture, Papers and Proceedings, Asian Development Bank, Manila 1969, S. 134

¹⁰ In Mexiko betrug der Prozentanteil der HY-Weizen an der Gesamtweizenanbaufläche 1957 schon über 90%. Von 1960–1965 schwankte die durchschnittliche Anbaufläche zwischen 0,73 Millionen und 0,81 Millionen Hektaren. Vergleichbare Daten für die Periode nach 1965 sind nicht erhältlich, die Totalanbaufläche für Weizen sank jedoch von 1966–1968 auf 0,72 Millionen Hektaren. (Gründe dazu vgl. S. 146 f.) Vgl. CCP, Mexico, Wheat, S. 4 und 11

¹¹ Erfahrungen dieser Art wurden schon bald nach Beginn des HYR-Programmes auf den Philippinen gemacht.

¹² Dalrymple, Imports, S. 2

¹³ US: AID, Spring Review of the New Cereal Varieties, May 13–15, 1969. Die Publikationen sind aufgeteilt in: a) Country Crop Papers (CCP), b) Global Crop Papers (GCP) und c) Functional Papers; vgl. Literaturverzeichnis

14 Pakistans Import von 42000 Tonnen aus Mexiko 1967/68 ist vermutlich der größte von allen.
15 abgesehen von den relativ kleinen Versuchsflächen vor Beginn der kommerziellen Großproduktion
16 *Kronstad*, Warren E.: GCP, Wheat, S.5 (M)
17 jeweils erkenntlich an einem außergewöhnlichen Anstieg der Anbaufläche; Beispiel Indien: 1965/66 13000 Acres und 1966/67 2142000 Acres
18 vgl. Corty, S.22f.
19 Ein spezielles Problem liegt in der herkömmlichen Bewässerungstechnik der Reisfelder. Innerhalb eines Bewässerungssystems fließt das Wasser normalerweise von Feld zu Feld, von Terrasse zu Terrasse. Verwenden innerhalb dieses Systems alle Bauern dieselbe Reisart mit derselben Reifezeit, so ergeben sich kaum Probleme. Werden aber Arten mit unterschiedlicher Reifezeit verwendet, so verlangt dies nach individueller Bewässerung. Mit andern Worten: entweder müssen alle am gleichen Bewässerungssystem angeschlossenen Farmer gleichzeitig auf HYR umstellen, oder dann müßte das Bewässerungssystem geändert werden.
20 1967/68 lagen die durchschnittlichen Hektarerträge zweier in Brasilien entwickelter Reisarten bei 5198 kg pro Hektare bzw. 5168 kg pro Hektare, während im Vergleich dazu IR-8 nur 4984 kg pro Hektare ergab. Vgl. CCP, Brazil, Wheat, S.5
21 *Brown*, Lester R.: Seeds of Change – The Green Revolution and Development in the 1970's, Published for The Overseas Development Council by Praeger Publishers, New York, Washington, London, 1970, S.21
22 *Willett*, Joseph W.: The Impact of New Grain Varieties in Asia, USDA ERS, Foreign Regional Analysis Division, Report No.275, July 1969, S.13ff.
23 Die Schätzungen beruhen auf der Zuhilfenahme von gewissen regionalen Durchschnittserträgen der HYV. Willett schreibt selbst: «... eine sehr grobe Schätzung des Produktionszuwachses.»
24 Ein Vergleich mit der Weltproduktion darf nicht dazu verleiten, die Leistungen der GR als bedeutungslos zu betrachten. Zur richtigen Beurteilung dieser Leistung muß die GR im betreffenden nationalen Rahmen dargestellt werden und die geographische Verteilung von Weltproduktion und -handel bekannt sein.
25 Um den Einfluß der Niederschläge auf die Reis- bzw. Weizenproduktion festzustellen, versucht USAID/India sog. Korrekturindizes zu entwickeln. Bis jetzt haben sich allerdings noch keine befriedigenden Resultate gezeigt. Vgl. CCP, India, Rice, S.98/99
26 Dabei handelt es sich wiederum ausschließlich um CIMMYT-Weizen und IRRI-Reis.
27 Die Werte entstammen aus: Dalrymple, Imports, S.4/5 und S.13/14
28 vgl. Chinese Report New Rice Strain, in: New York Times, October 26, 1969, S.21, und *Hardin*, Lowell S., in: US: Proceedings before the Subcommittee on National Security Policy and Scientific Developments of the Committee on Foreign Affairs, House of Representatives, 91st Congress, First Session, Symposium on Science and Foreign Policy: The Green Revolution, December 5, 1969 (im folgenden als ‹Symposium› zitiert), S.36/37
29 Die Schaffung eines ‹World Index of Food Deficit Areas› z.B. durch die ECOSOC würde ein genaueres Bild vermitteln.
30 Die Daten sind von der AID Statistics and Reports Division und dem Economic Research Service, USDA, zusammengestellt. Die Indizes lassen sich aus erhebungstechnischen Gründen nicht mit denjenigen von Kapitel 1 vergleichen.
31 Taiwan war das einzige Land mit einer leichten Produktionsminderung gegenüber 1968.
32 Mit aller Deutlichkeit muß wiederholt werden, daß das Problem der zu geringen Nahrungsmittelproduktion in Lateinamerika zumeist ein Problem der Wirtschaftspolitik ist und nicht (oder zumindest noch nicht) auf ungenügende Böden oder Übervölkerung zurückzuführen ist.
33 Die Verbreitung einer technischen Neuerung in der Landwirtschaft variiert natürlich von Land zu Land, von Region zu Region, von Bauer zu Bauer und von Kulturpflanze zu Kulturpflanze. Theoretisch können wir die Verbreitung in Form einer an die logistische Kurve angelehnten S-Kurve darstellen. Daß die Wirklichkeit nicht weit davon abweicht, bestätigt u.a. die Verbreitung der HY-Weizen in Mexiko (vgl.CCP, Mexico, Wheat and Corn, S.12) und von Hybriden-Mais in den USA (vgl. *Griliches*, Zvi: Hybrid Corn: An Exploration in the Economics of Technological Change, in: Econometrica, October 1957, S.501ff.).
34 Eine gute allgemeine Darstellung über den technischen Fortschritt in der Landwirtschaft vermittelt: *Dalrymple*, Dana G.: Technological Change in Agriculture – Effects and Implications for the Developing Nations, USDA FAS (in cooperation with AID), April 1969.
35 1965 waren über 80% der totalen Weizenanbaufläche von Mexiko künstlich bewässert. Vgl. CCP, Mexico, Wheat and Corn, S.16
36 Die Bewegung der Hektarerträge deutet wiederum auf die enorme Wichtigkeit der HYV und ihre starke Abhängigkeit von der Kultivierungspraxis. In den Ländern, wo praktisch die gesamte Reis-

kulturfläche künstlich bewässert wird (Ceylon und Westpakistan), ist die Phase des ‹yield takeoff› schon gut ersichtlich. Auf den Philippinen zeigt sich deutlich, wie eine relativ kleine bewässerbare Anbaufläche die Möglichkeiten beschränkt.

[37] *Barker, R.*, zitiert in Dalrymple, Technological Change, S. 39, leicht abgeändert

[38] Höhere Einkommen im Nicht-Agrarsektor haben bei zu geringer Nahrungsmittelproduktion leicht eine inflationistische Wirkung.

[39] Über die allgemeine Zunahme der Beschäftigung bestanden zur Zeit der Drucklegung noch keine quantitativen Schätzungen. Hinweise über die bereits erfolgte Vergrößerung der Nachfrage nach Arbeitsleistung im Nicht-Agrarsektor entnehmen wir den verschiedensten Berichten über Investitionstätigkeit und Umsatzsteigerungen bestimmter Industriezweige – einige solche Berichte sind an entsprechender Stelle der Arbeit vermerkt. Über die Beziehung Grüne Revolution und Beschäftigung im Agrarsektor vgl. Kapitel 8, S. 108 ff.

[40] Über die Zunahme des Nettoeinkommens können keine allgemeinen Angaben gemacht werden, denn sie ist von einer Unzahl von Faktoren abhängig. So bestehen z.B. krasse Unterschiede von Bauer zu Bauer, von Region zu Region, von Land zu Land, von Jahr zu Jahr. Nicht nur die Art und Sorte der Nutzpflanze, sondern auch Preispolitik, allgemeine Wirtschaftspolitik, Konsumentenreaktionen usw. beeinflussen das Nettoeinkommen aufs stärkste. Im folgenden seien einige Untersuchungsergebnisse aufgeführt, die bestätigen, daß die Einkommenssteigerung dank den HYV in der Tat ‹beträchtlich› ist.

Einige Nettoerlöse je Ernte und Flächeneinheit für HYV und LV, 1967/68 (Nettoerlöse der HYV und LV nur innerhalb des betreffenden Landes vergleichbar)

Land	Nutzpflanze	Nettoerlös der HYV	Nettoerlös der LV
Indien	Weizen[1]:		
	Sonora 64	358 Rs/acre	
	Lerma Rojo	462 Rs/acre	
	S 227	981 Rs/acre	
			131 Rs/acre
Türkei	Weizen[2]	197,8 US$/ha	79,6 US$/ha
Westpakistan	Weizen[3]	258,6 Rs/acre	62,0 Rs/acre
	Reis[4]	218,5 Rs/acre	119,3 Rs/acre
Ostpakistan	Reis (IR-8, Boro)[5]	474,7 Rs/acre	142,8 Rs/acre

Quellen:
[1] CCP, India, Wheat, S. 42
[2] CCP, Türkei, Wheat, S. 29
[3] CCP, Pakistan, Wheat, S. 14/15
[4] CCP, Pakistan (W), Rice, S. 22
[5] CCP, Pakistan (E), Rice, S. 27

[41] vgl. *Mosher*, Arthur T.: Statement, in: Symposium, S. 43

[42] im Gegensatz zu einem durch die Selbsthilfeklausel oft einfach aufgezwungenen Interesse

[43] Über die durch die HYV angeregte Investitionstätigkeit bestehen zurzeit kaum Untersuchungen. Eine Studie der Uttar Pradesh Agricultural University von 403 progressiven Farmfamilien kommt zum Schluß, daß «... zwei Drittel des verfügbaren Einkommens in irgendeiner Weise dem Farmbetrieb wieder zugute kam – in Form von Gebäuden, Maschinen, Bewässerungsanlagen, Elektrizität, zusätzlichen Tieren, neuem Land...»*
Auch Indiens Anstrengungen, die Privatindustrie zur Produktion von elektrischen und dieselgetriebenen Pumpeinheiten zu veranlassen und allgemein den Bau von Brunnen zu fördern, verläuft äußerst erfolgreich. Die Anzahl ‹tubewells› (Grundwasserbohrungen) schätzte man auf 224000 (1969) – ein guter ‹tubewell› und eine dazu passende 5-PS-Pumpeinheit kosten etwa US$ 1300, wobei ein indischer Farmer den Betrag innert 2–3 Jahren zurückzahlen kann. Die Zahl der Dieselpumpen schätzte man 1969 auf beinahe 1 Million. Jährlich kommen etwa 200000 Pumpeinheiten und etwa 40000–50000 ‹tubewells› hinzu**. Auch die Elektrifizierung der indischen Dörfer wird stark vorangetrieben: bis Ende 1975 sollen alle Dörfer über Elektrizität verfügen, getreu der Devise, «...daß ein Bauernbetrieb ohne Elektrizität unweigerlich einen geringen Produktionsausstoß habe».***

* zitiert nach: The Rockefeller Foundation, India, S. 109
** Werte aus: The Rockefeller Foundation, India, S. 119, und CCP, India, Rice, S. 95
*** *Ascher*, Lynn: Electrifying India's Villages, in: War on Hunger, Vol. IV, No. 4, April 1970, S. 19

44 Tatsächlich hängt der produktionsmäßige, kontinuierliche Fortschritt der GR stark von der Entwicklung und Leistung nationaler Forschungsstellen, Agraruniversitäten und dem Informationsdienst ab.
45 Brown, Seeds, S. 20
46 Kapazitätsprobleme lassen sich in vielen Fällen kurz- oder langfristig durch Importe überbrücken. Eine langfristige Deckung durch Importe ist aber in den seltensten Fällen weder vom Devisenstandpunkt noch vom Standpunkt der integrierten Zielsetzung her vertretbar.
47 Dabei ist nur die Vermehrung schon bestehender Arten gemeint und nicht etwa das Problem der Forschung, der genetischen Weiterverbesserung usw.
48 Preise für Saatgut kaum höher als die Weltmarktpreise der betreffenden Produkte
49 Es hat sich gezeigt, daß eine ein- bis zweimalige Großeinfuhr genügt, um gleichzeitig a) alle Farmer innerhalb des HYV-Programmes mit Saatgut zu versorgen und b) – auf den Importen aufbauend – eine eigene leistungsfähige Saatgutindustrie (privat und/oder staatlich) zu entwickeln.
50 Die in den frühen sechziger Jahren durch eine Erfindung (Synthetisierung von Ammoniak aus in der Luft vorkommendem Stickstoff) der N.W. Kellogg Company in Buffalo, New York, eingeleitete ‹Revolution in der Düngerfabrikation› reduziert zwar die Herstellungskosten um etwa ein Drittel, verlangt aber zur optimalen Produktion sehr große und teure Fabrikanlagen. Infolgedessen stehen wir heute vor dem verzwickten Problem der Überschußkapazität in IL bei gleichzeitigem Nachfrageüberhang in den EL. Vgl. dazu z.B.: WFP, Vol. II, Chapter 6.0, S. 379ff.
51 So brachte die dank HY-Weizen in Pakistan bzw. Indien stark gestiegene Weizenproduktion 1968 gegenüber 1965 einen Anstieg des BSP von 200,3 Millionen $ bzw. 497 Millionen $. Der Anstieg des BSP für 1969 allein soll infolge der Weizenproduktionsausdehnung 250,3 Millionen $ bzw. 628,5 Millionen $ betragen; d.h., die zusätzliche Weizenproduktion von 1969 erhöht das BSP der beiden Länder zusammen um 878,8 Millionen $. Die erhöhte Reisproduktion in Westpakistan fügte dem BSP 1969 76,5 Millionen $ zu. Schätzungen entnommen aus: *Borlaug*, Norman E., *Narvaez*, Ignacio, *Aresvik*, Oddvar and *Anderson*, Glenn R.: A Green Revolution Yields a Golden Harvest, in: Columbia Journal of World Business, Vol. IV, No. 5, September-October 1969, S. 15
52 Die Bedürfnisse im Marketingsektor steigen überproportional zur Produktionserweiterung. Nehmen wir als Beispiel einen Kleinfarmer, der 100 Bushels Mais produziert, davon 75 für sich und seine Familie verbraucht und den Rest verkauft. Steigt seine Produktion nun auf 120 Bushels und bleibt dabei der Eigenverbrauch konstant, so steht dem 20prozentigen Produktionsanstieg ein 80prozentiger Anstieg des zu ‹vermarktenden› Getreides gegenüber.
Besonders Indiens Marketingproblem war schwerwiegend; «... die regionalen Märkte erstickten beinahe im Weizen während der Monate Mai und Juni 1968».* Mit einem Getreideernteanfall von 120 Millionen Tonnen im Jahre 1973 – nach höchst realistischer Schätzung – entsteht laut Salisbury** ein Marketingbedarf von 36 Millionen Tonnen. 36 Millionen Tonnen füllen 1,5 Millionen Eisenbahnwagen oder 6 Millionen Lastwagen und beanspruchen 2 Milliarden Kubikfuß Lagerraum; 36 Millionen Tonnen bedeuten (beim bisherigen Durchschnitt von 4 Quintals pro Verkaufstransaktion) 90 Millionen individuelle Transaktionen. Demgegenüber stehen Indiens etwa 165 000 Eisenbahnwagen und 230 000 Lastwagen, die schlechten und ungenügenden Lagermöglichkeiten (außer einigen wenigen, meist in Häfen gelegenen Silos), die schlechten Straßen, die qualitativ und quantitativ höchst unbefriedigenden Lagermöglichkeiten auf dem Bauernhof...

  * *Ascher*, Lynn: The Storage Problem – It's Highly Visible, in: War on Hunger, Vol. II, No. 12, December 1968, S. 9
  ** *Salisbury*, Olen W.: Marketing Problems for Indian Foodgrain Production, USDA, International Agricultural Development Service, July 12, 1968 (M)
53 Ob die Öffentlichkeit eine große Rolle im Sektor Bewässerung spielt, hängt vorwiegend von den gegebenen geographischen, geologischen und klimatologischen Umweltbedingungen ab, denn diese sind es in erster Linie, die den Bau von Großprojekten (Dämmen, Kanälen usw.) nötig machen oder nicht.
54 Für Richtlinien einer solchen Agrarpolitik vgl. Kapitel 11
55 In einigen EL ist dieser Aufbau bemerkenswert fortgeschritten, so z.B. in Indien, Mexiko und auf den Philippinen.
56 Mosher, Statement, Symposium, S. 47

TEIL III ERFOLGSINDUZIERTE PROBLEME – ‹AFTER THE HUNGER›
6. KAPITEL   EINLEITUNG ZU TEIL III – WIRTSCHAFTLICHE UND POLITISCHE REVOLUTION

1 FAO: The State of Food and Agriculture, 1968, Rome 1968, S. 113
2 Borlaug, S. 10

3 «Sie können nicht lesen – wohl aber rechnen» ist ein treffender Ausspruch eines Entwicklungsprogrammleiters in Indien.
4 Auf eine genauere Betrachtung der Faktoren, die die unternehmerischen Entscheidungen des Bauern beeinflussen, müssen wir hier aus platztechnischen Gründen verzichten – sie sind zudem in der Literatur ausführlich behandelt. Es sei nur darauf hingewiesen, daß in diesem Zusammenhang ein Miteinbezug von Risiko- und Unsicherheitsfaktoren unerläßlich ist. Zusammen mit den outputbestimmenden Hauptvariablen – Hektarerträge, Produktionskosten und Produktepreise – projiziert das allgemein niedrige Einkommensniveau ein äußerst stark betontes ‹Überlebenselement› in die Entscheidungsüberlegung des Subsistenz- oder Semisubsistenzfarmers hinein.
Im Vergleich zum kommerziellen Farmer entwickelt der Subsistenz- bzw. Semisubsistenzfarmer eine wesentlich stärkere Abneigung gegen risikoreiches Handeln, doch dafür ist bei ihm die Sicherheitspräferenz äußerst hoch; eine Mißernte oder auch nur schon eine geringere Produktion als üblich bedeutet für ihn und seine Familie Hunger, im schlimmsten Falle sogar Verhungern.
Wharton schreibt dazu: «Der dominierende Fehler in vielen Entwicklungshilfeprogrammen, welche sich die Einführung einer neuen Technologie zum Ziel gesetzt haben, liegt im mangelnden Verständnis der engen Beziehungen zwischen der erwarteten Stetigkeit oder Unstetigkeit der Erträge bei a) Anwendung der neuen und b) Anwendung der alten Technik und c) dem Einfluß dieser Beziehungen auf den Lebensstandard des Bauern.» (Vgl. *Wharton*, Clifton R., Jr.: Risk, Uncertainity, and the Subsistence Farmer, in: War on Hunger, Vol. III, No. 5, May 1969 S. 15)
Die rasche Verbreitung der neuen Getreidearten erklärt sich im Hinblick auf das Risiko-/Unsicherheitselement weit weniger aus den durchschnittlich wesentlich höher liegenden Hektarerträgen der neuen Sorten als vielmehr daraus, daß die negative Standardabweichung der Hektarerträge der neuen Sorten größer ist als der durchschnittliche Hektarertrag der alten Sorten. Die folgende Darstellung macht dies deutlich:

Hektarertragsvergleiche von IR-8 und den alten Sorten (LV) auf den Philippinen, Trockenzeit und Regenzeit 1966/67.
Erträge in ha/t

	Negative Standardabweichung	Durchschnittsertrag	Positive Standardabweichung
Trockenzeit			
IR-8	3,24	5,86	8,48
LV	1,51	3,17	4,83
Regenzeit			
IR-8	2,59	4,49	6,39
LV	1,00	2,32	3,64

Quelle:
IRRI-Untersuchung, zitiert nach Wharton; Risk...

5 Das CCP, Philippines, Rice, spricht sogar von Jahreszinsen bis zu 300%! (Vgl. Section 6, S. 4)
6 *Wharton*, Clifton R., Jr.: The Green Revolution: Cornucopia or Pandora's Box?, in: Foreign Affairs (An American Quarterly Review), Vol. 47, No. 3, April 1969, S. 474
7 *Stone*, Lawrence: Theories of Revolution, in: World Politics, Vol. XVII, No. 2, January 1966, S. 165
8 *Davies*, James C.: Toward a Theory of Revolution, in: American Sociological Review (Official Journal of the American Sociological Association), Vol. 27, No. 1, February 1962, S. 5ff.
9 Daß eine rasche ökonomische Entwicklung unter gleichzeitiger Modernisierung und verstärkter Anteilnahme des ländlichen Sektors ohne schwerwiegende Auseinandersetzungen möglich ist, demonstrieren uns z.B. Südkorea und Taiwan (auf die Gründe des Warum läßt sich hier nicht weiter eingehen).

TEIL III ERFOLGSINDUZIERTE PROBLEME – ‹AFTER THE HUNGER›
7. KAPITEL GRÜNE REVOLUTION UND BEVÖLKERUNGSDYNAMIK

1 Auf eine Betrachtung der Rückwirkungen der durch die GR veränderten variablen Wachstumsrate und Alters- und Geschlechtsaufbau auf die Nahrungsnachfrage verzichten wir aus Platzgründen.
2 Auf diesen Punkt wird neuerdings vermehrt hingewiesen. So äußert sich W. L. Klarman (University of Maryland): «Die dank den neuen Getreidearten stark gestiegenen Erträge können uns höch-

stens ein wenig Zeit kaufen... – ... wenn schon ein Wunder geschehen ist, so besteht es einzig darin, daß die Massenhungersnot für zumindest eine gewisse Zeit aufgeschoben wurde ... – ... das einzige Wunder, das die Welt retten kann, besteht in einer drastischen und sofortigen Senkung des Bevölkerungszuwachses.» (Vgl. Symposium, S.131)

3 Gegeben ist eine (weibliche) Bevölkerung mit beliebigem Altersaufbau und den augenblicklichen altersspezifischen Fruchtbarkeits- und Sterblichkeitswerten. Verändern sich diese Fruchtbarkeits- und Sterblichkeitswerte während genügend langer Zeit nicht (theoretisch während unendlich langer Zeit, praktisch kann man mit 60–100 Jahren rechnen), so spielt sich eine sog. ‹Endbevölkerung› mit konstanter Wachstumsrate und einem konstanten Altersaufbau ein. Diese Endbevölkerung nennen wir eine stabile Bevölkerung.
Der Ursprung des Modells der stabilen Bevölkerung geht auf Leonard Euler zurück (in: Recherches générales sur la mortalité et la multiplication du genre humain, Paris 1760). Den Ausbau verdanken wir jedoch Alfred J. Lotka, der in einer Reihe von Artikeln die mathematischen Grundlagen schuf und eine vollständige Theorie in seinem Werk ‹Théorie Analytique des Associations Biologiques, Deuxième Partie› 1939 darstellte.

4 *Coale,* Ansley, and *Demeny,* Paul: Regional Model Life Tables and Stable Populations, Princeton University Press, Princeton, N.J., 1966, S.35

5 vgl. dazu z.B.: *Stolnitz,* G.J.: Mortality Declines and Age Distributions, in: The Milbank Memorial Fund Quarterly, Vol. XXXIV, No.2, April 1956; besonders S.184, Tabelle 1, und UN: Schémas de variation de la mortalité selon l'âge et le sexe – Tables types de mortalité pour les pays sous-développés (Etudes démographiques, No22, décembre 1955), Directions des affaires sociales, Services de la population, New York 1956

6 Figur 4 lehnt sich an das schwedische Beispiel an, d.h., es werden stabile Altersverteilungen unter Zugrundelegung entsprechender Kombinationen der schwedischen Bruttoreproduktionskoeffizienten von 1,95 (1896–1900) bzw. 1,11 (1946–1950) und der Lebenserwartungen bei Geburt von 53,6 Jahren (1891–1900) bzw. 71,6 Jahren (1946–1950) miteinander verglichen. Vgl. *Coale, Ansley:* The Effects of Changes in Mortality and Fertility on Age Composition, in: The Milbank Memorial Fund Quarterly, Vol. XXXIV, No.1, January 1956, S.79ff.

7 zu den mathematischen Grundlagen vgl. allgemein Coale, S.82ff.

8 Die allgemeine Annahme, ein Sterblichkeitsrückgang produziere typischerweise eine ‹überalterte› Bevölkerung, haben schon Lorimer und Sauvy widerlegt. Vgl. dazu: *Lorimer,* F.: Dynamics of Age Structure in a Population with initially high Fertility and Mortality, in: UN: Population Bulletin No.1, December 1951, Department of Social Affairs, Population Division, New York 1952, S.31ff., und *Sauvy,* Alfred: Le vieillissement des populations et l'allongement de la vie, in: Population (Paris), Vol.9, No4, octobre–décembre 1954, S.675ff.

9 zur Mathematik vgl. Coale, S.83

10 Die Formel kompliziert sich wesentlich, wenn sich auch die Form der Fruchtbarkeitsordnung ändert, d.h. K nicht für alle Altersklassen gleich ist.

11 a_1 und a_2 sind die Fruchtbarkeitsgrenzen des weiblichen Geschlechts. Die Vernachlässigung der Geburten vor a_1 und nach a_2 bleibt ohne nennenswerten Einfluß auf r.

12 Coale isolierte die Effekte der drei Komponenten der Sterblichkeitsverbesserung und gelangte zu folgendem Ergebnis:
a) A-Komponente: die Differenz der Wachstumsraten der beiden stabilen Bevölkerungen ist gleich der uniformen Differenz der altersspezifischen Überlebenswahrscheinlichkeiten;
b) B-Komponente: ergibt die gleiche Wirkung auf die Wachstumsrate wie eine Fruchtbarkeitserhöhung: $\triangle r = \log_e (l'_n/l_n)/ T$, wobei l_n (bzw. l'_n) die Überlebenden nach einigen Monaten – mit abnehmender Genauigkeit auch die Überlebenden nach etwa 4 Jahren – sind;
c) C-Komponente: hat naturgemäß keinen Einfluß auf die wahre Wachstumsrate.

13 WFP, Vol.II, S.11

14 Während einige Wissenschafter darunter nur den Mangel an Kalorien verstehen, verwenden andere diesen Begriff bereits bei ungenügender Eiweißzufuhr oder einem Vitaminmangel.

15 vgl. Decken, S.562

16 Nebenbei sei erwähnt, daß Mangelernährung bei Kindern (besonders der Mangel an Proteinen) nicht nur die körperliche, sondern auch die geistige Entwicklung beeinträchtigt. Solche Schäden am geistigen Gesundheitszustand sind meist irreversibel und äußern sich nebst anderem in einem wesentlich niedrigeren I.Q.

17 Als Einleitung dazu vgl. etwa: FAO: Freedom From Hunger Campaign (FFHC), Basic Study No.5: Nutrition and Working Efficiency, Rome 1962, und *Winslow,* C.E.A.: The Cost of Sickness and the Price of Health, WHO Monograph Series, No.7, Geneva 1951

18 Natürlich bestehen zwischen Ernährung und Fruchtbarkeit noch andere als die genannten indirekten Zusammenhänge; so werden u.a. die Empfängnisbereitschaft, die Zeugungswilligkeit und

-fähigkeit, die Entwicklung der männlichen Geschlechtsdrüsen usw. direkt beeinflußt. Diese Einflüsse sind zum Teil noch kaum untersucht, und es bestehen vor allem keinerlei quantifizierende Angaben.

19 vgl. FAO: FFHC, Basic Study No. 12: Malnutrition and Disease – A Major Problem of the Human Race, Rome 1963, S. 16 ff.
20 *Burgess,* Anne, and *Dean,* R.F.A.: Malnutrition and Food Habits, Report of an International and Interprofessional Conference, Cuernevaca (Mexico) 1960, The World Federation of Mental Health, 1962, S. 3
21 Zuoberst auf der Liste stehen sicher Eisen- und Vitamin-A-Mangel. Besonders Eisenmangelanämie ist weltweit verbreitet; neueste Forschungen lassen vermuten, daß beinahe alle Kinder und schwangeren Frauen in den EL an Eisenarmut leiden (WFP, Vol. II, S. 17). Blutarmut während der Schwangerschaft steigert die Kindbettsterblichkeit und begünstigt Früh- und Totgeburten. So führt man in Indien etwa ein Drittel aller Kindbettsterbefälle auf Eisenmangelanämie zurück. Die FFHC, No. 12, schätzt, daß etwa 80% von Kenyas Bevölkerung und 40% der weiblichen Bevölkerung von Sierra Leone unter Anämie leiden. Avitaminose A, die zu Xerophthalmie und Blindheit führt, soll laut WFP, Vol. II, S. 18, mehr als 20% der Bevölkerung von Südamerika, Indien, Pakistan, Nigeria, Jordanien, Korea... betreffen. Geringere – und speziell geographisch begrenzte – Bedeutung haben heute Pellagra, Beriberi und Rachitis.
Zu den Mangelkrankheiten vgl. als Einführung: *Lowenstein,* F.W.: Krankheiten durch Mangelernährung, in: Handbuch der Landwirtschaft und Ernährung in den Entwicklungsländern, Verlag Eugen Ulmer, Stuttgart 1967, Band I, S. 525 ff.
22 Burgess, S. 4
23 Dieses Wort stammt aus der Ghasprache in Ghana und bezeichnet die Krankheit des von der Brust entwöhnten Kindes, wenn die Mutter den neugeborenen Bruder oder die Schwester stillt. Kwashiorkor wurde lange Zeit mit Pellagra oder Marasmus verwechselt; er zeigt sich u.a. in verlangsamtem Wachstum, Gewichtsstagnation oder gar -abnahme, hoher Infektionsanfälligkeit usw.
24 Obwohl Kwashiorkor bei Kindern von einigen Monaten bis zum 12. und 13. Lebensjahr beschrieben worden ist, stimmen alle Autoren darin überein, daß Kwashiorkor zum allergrößten Teil bei Kindern der angegebenen Altersklassen auftritt. H.C. Trowell gibt nach eingehender Studie von 1000 Kwashiorkorfällen folgende Häufigkeitsverteilung an: 0–4 Monate: 0%, 4–6 Monate: 1%, 6–12 Monate: 15%, 1–2 Jahre: 45%, 2–3 Jahre: 24%, 3–4 Jahre: 8%, 4–5 Jahre: 4%, 5–15 Jahre: 3%. 96% liegen also innerhalb der Altersperiode von 6 Monaten bis zu 5 Jahren. Zitiert nach: FAO: Nutritional Study No. 8: Kwashiorkor in Africa, Rome 1952, S. 1
Ähnliche Verteilungen finden wir in: FAO: Nutritional Study No. 13: Sindrome Policarencial Infantil (Kwashiorkor) and its Prevention in Central America, Rome 1954, S. 28, und *Jelliffe,* D.B.: Infant Nutrition in the Tropics and Subtropics, WHO Monograph Series, No. 29, 2nd ed., Geneva 1968, S. 115
25 In vielen EL wird das Kind schon relativ früh entwöhnt und erhält eine Ersatznahrung aus «... einem ungeeigneten, unzweckmäßigen und oft verunreinigten Gebräu, wie z.B. stark verdünnter Trocken- oder Kondensmilch, Reiswasser oder einem Maismüschen, gefärbt mit etwas Milch». (FAO FFHC, No. 12, S. 24)
26 Wie häufig die wirkliche Todesursache (Mangelernährung) von der in der öffentlichen Statistik aufgeführten abweichen kann, zeigt eine in FAO FFHC, No. 12, S. 19, zitierte Untersuchung in vier guatemaltekischen Dörfern:

Todesursache von 1–4jährigen Kindern in vier guatemaltekischen Dörfern; 1956 und 1957

Todesursache	Informationsquelle	
	Öffentliches Register	INCAP-Studie
Erkrankung der Atmungsorgane	15	15
Infektiöse Erkrankungen	11	14
Durch Parasiten hervorgerufene Erkrankungen	45	0
Diarrhöe	15	25
Schwere Mangelernährung (meist Kwashiorkor)	1	40
Andere	22	15
Total	109	109

27 «Man kann allerdings annehmen, daß in einer bestimmten Region auf jedes Kind mit erkanntem, registriertem Kwashiorkor eine ganze Anzahl andere fallen, die in ähnlicher Weise, aber weniger

ausgeprägt, Mangel leiden, bei denen die große Gefahr besteht, durch eine geringfügige Infektion in den Zustand schwerster klinischer Mangelernährung gestoßen zu werden. Vom Gesichtspunkt des öffentlichen Gesundheitswesens aus stellen diese Kinder heute das größte Problem dar.» (FAO FFHC, No. 12, S. 25)

28 Obwohl schon lange bekannt war, daß zwischen Mangelernährung und Infektion gewisse Zusammenhänge bestehen, wurden erst in neuester Zeit genaue Untersuchungen darüber angestellt. Einen zusammenfassenden Einblick in die komplexe Materie gibt: *Scrimshaw*, N.S., *Taylor*, C.E., and *Gordon*, J.E.: Interactions of Nutrition and Infections, WHO Monograph Series, No. 57, Geneva 1968

29 Verschärft eine Infektion den Zustand der Mangelernährung oder verschärft umgekehrt die bestehende Mangelernährung das Bild der Infektion, so sprechen wir von Synergismus.

30 vgl. Scrimshaw, S. 262

31 In den EL wird dabei oft zur ‹Heimmedizin› gegriffen und dem erkrankten Kind wochenlang Zuckerwasser und Tee eingegeben, um ‹die Würmer auszutreiben›. Der Erfolg dieser Behandlung läßt natürlich nicht auf sich warten.

32 *Wittmann*, W., *Moodie*, A.D., *Hansen*, J.D.L., and *Brock*, J.F.: Studies on Protein-Calorie Malnutrition and Infection, in: Nutrition and Infection, Ciba Foundation Study Group, No. 31, 1967, S. 73

33 Scrimshaw, S. 265

34 Erstens fehlen die Statistiken dazu, und zweitens wird sich die Mangelernährung als Mortalitätsursache kaum je von den begleitenden sozialen, ökonomischen und hygienischen Faktoren völlig isolieren lassen. (Zu Versuchen einer solchen Isolierung vgl. Wittmann)

35 Damit meinen wir die Aufrechterhaltung der beschleunigten Produktion bei gleichzeitiger Minimierung der (wachsenden) Einkommensdisparitäten. Vgl. dazu S. 166 ff.

36 Die Abnahme in der Periode 1954–1962 betrug in Ungarn etwa 44% (von 23,0‰ auf 12,9‰; allgemeine Lebendgeburtenziffer), in Rumänien etwa 35% (von 24,8‰ auf 16,2‰), in Polen etwa 32% (von 29,1‰ auf 19,8‰). In Japan war vom Durchschnitt 1945–1949 (30,2‰) ein Rückgang von etwa 43% auf 1962 (17,1‰) zu verzeichnen. Vgl. UN: Demographic Yearbook 1965, Statistical Office of the United Nations, Department of Economic and Social Affairs, New York 1966, S. 276 ff.

37 *Mauldin*, Parker W.: Fertility Studies: Knowledge, Attitude and Practice, in: Studies in Family Planning, Population Council, No. 7, June 1965, S. 1 ff.

38 vgl. dazu z.B.: *Freedman*, Ronald: The Sociology of Human Fertility: A Trend Report and Bibliography, in: Current Sociology – La Sociologie Contemporaine, London School of Economics, Basil Blackwell, Oxford, Vols. 10/11, No. 2 (1961/62), S. 35 ff.

39 National Academy of Sciences, Committee on Science and Public Policy: The Growth of World Population. Publication 1091, Washington D.C. 1963, zitiert nach: *Frederiksen*, Harald: Determinants and Consequences of Mortality and Fertility Trends, in: Public Health Reports, US Department of Health, Education and Welfare, Vol. 81, No. 8, August 1966, S. 718

40 Sobald das Mannesalter einmal erreicht, d.h. sobald die gefährliche Klippe der ‹jungen› Sterblichkeit überwunden ist, ist die Wahrscheinlichkeit für die Erwartung eines ‹normalen› Lebensalters vom Erfahrungsstandpunkt der Eltern aus gesichert.

41 Anstieg der Heiratshäufigkeit, Vergrößerung des Anteils verheirateter Frauen, Verbesserung der Geburtenregistration...

42 Frederiksen, S. 721

43 vgl. *Hassan*, S.: Influence of Child Mortality on Fertility, Paper presented at Annual Meeting of the Population Association of America, New York, April 1966 (M)

44 Die wirkliche Steigerung des Wachstums ist allerdings nicht nur von der Wirkung der B-Komponente, sondern auch von der A- und vorübergehend auch von der C-Komponente abhängig.

45 So können sich z.B. die betreffenden altersspezifischen Sterblichkeiten infolge einer Reihe von äußerst guten, wesentlich über dem Durchschnitt liegenden Ernten (z.B. durch drei gute, hintereinanderfolgende Monsunzeiten verursacht) senken. Ein zufälliger Anstieg der Sterblichkeit anderseits kann z.B. durch das Auftreten einer Masernepidemie ausgelöst werden, der meist eine Spitze tödlich verlaufender Kwashiorkorfälle folgt (vgl. dazu Wittmann, S. 73).

46 Man könnte z.B. versuchen, sie zusammen mit Ernährungserziehungs- und Familienplanungsprogrammen unter dem ‹postpartum approach› zu lancieren.

47 Eine Mitte der sechziger Jahre durchgeführte Analyse in Indien zeigte, daß nur 11% bis 15% aller Leute in städtischen Gegenden um Mysore und 28% bis 43% in ländlichen Bezirken in der Nähe von New Delhi einige Kenntnisse über Verhütungsmethoden besaßen. In Japan wußten über 90% der Bevölkerung davon. Vgl. Mauldin

48 Ein weiteres positives, aber nicht in die Modellbetrachtung gehörendes Element besteht darin, daß die Familienplanungsprogramme im allgemeinen in jenen Regionen der Welt am weitesten fort-

geschritten und am besten ausgebaut sind, die zurzeit am stärksten unter dem ‹Bevölkerungsproblem› leiden. Vgl. S. 27 ff.
49 *Myers*, Will M.: Diskussionskommentar in: Symposium, S. 75
50 Brown, Seeds, S. 132
51 Anderseits verschärft eine äußerst junge Bevölkerung angesichts des herrschenden Entwicklungsstandes die Probleme auf dem Arbeitsmarkt enorm. Zu Arbeitsmarktproblemen vgl. Kapitel 8
52 WFP, Vol. II, S. 28
53 Ein Beispiel ist Pakistans Problem im Bildungssektor: Unter Verwendung der hohen Schätzung veranschlagt das President's Science Advisory Committee (WFP, Vol. II, S. 29) den Zuwachs der Altersklassen 5–14 innerhalb der Periode 1965–1985 auf 118%, was einem jährlichen Wachstum von annähernd 4% entspricht. Verglichen mit einem geschätzten gesamtwirtschaftlichen Wachstum von 5% pro Jahr und einem konstanten Anteil der Bildungsausgaben am Sozialprodukt ergibt sich ein jährlicher Zuwachs der Bildungsausgaben von 1% pro Kind, d.h. 22% in 20 Jahren. Zurzeit gehen weniger als die Hälfte der Kinder zur Schule; unter den angenommenen Verhältnissen würde der Prozentsatz jedoch 1985 immer noch weniger als 60% betragen... «Der hohe Anteil von Kindern an der Gesamtbevölkerung in EL bedeutet, daß ein ohnehin schon kleines Erziehungs- und Bildungsbudget auch noch äußerst dünn verteilt werden muß.»
54 Der verschwenderische Bevölkerungstyp hat hohe Fruchtbarkeit bei relativ hoher Säuglings-, Kinder- und Jugendlichensterblichkeit, während der sparsame Bevölkerungstyp niedrige Fruchtbarkeit zusammen mit niedriger Sterblichkeit der oben erwähnten Altersklassen aufweist.
55 WFP, Vol. II, S. 37
56 *Paddock*, W., Diskussionskommentar in: Symposium, S. 75
57 Auf eine Behandlung dieser wichtigen Frage müssen wir aus Platzgründen verzichten. Erwähnt sei nur, daß die bisherige Methode – die konventionelle Viehwirtschaft – in naher Zukunft das Problem in der Dritten Welt nicht zu lösen vermag, daß aber folgende vier ‹Abkürzverfahren› große Aussicht haben, den Proteinhunger der EL innert relativ kurzer Zeit und mit relativ niedrigen Kosten zu decken:
a) genetische Beeinflussung des pflanzlichen Proteingehaltes (wichtiger Fortschritt, gelungen mit der Entdeckung des sog. ‹high lysine gene opaque-2›. Vgl. *Mertz*, E.T., *Bates*, L.S., and *Nelson*, O.E.: Mutant Gene that Changes Protein Composition and Increases Lysine Content of Maize Endosperm, in: Science, Vol. 145, No. 3629, July 17, 1964, S. 279 f.)
b) Proteinbeimischung in Zerealienprodukten (vgl. z.B. WFP, Vol. II, S. 316 ff., Fortification of Cereal Grains)
c) Proteinnahrungsmittelindustrie (z.B. Incaparina, Pronutro, CSM, WSB, Bal Ahar, Vitasoy, Saci, Puma... Vgl. dazu z.B. *Altschul*, Aaron M.: Third Generation Foods May Change World Protein Picture, in: War on Hunger, Vol. II, No. 5, May 1968, S. 6 ff.)
d) Fish Protein Concentrate (FPC), unkonventionelle Wege der Viehwirtschaft... usw. (vgl. z.B. WFP, Vol. II, S. 355 ff.)

TEIL III ERFOLGSINDUZIERTE PROBLEME – ‹AFTER THE HUNGER›
8. KAPITEL BESCHÄFTIGUNG, LANDWIRTSCHAFTLICHE MECHANISIERUNG UND GESAMTENTWICKLUNG

1 Die Wachstumsrate des realen Bruttoinlandproduktes der EL betrug 4,5%, diejenige der IL 4,0%. Gilt für die ganze Welt mit Ausnahme von Süd- und Südostasien mit einer Rate von 3,9%. Vgl. UN: World Economic Survey, 1967, Part One, Chapter I, S. 15
2 Tatsächlich hat das starke Bevölkerungswachstum in einigen Ländern den Zuwachs des einheimischen Bruttosozialproduktes nur wettgemacht. In Ceylon und Indonesien z.B. fiel das Prokopfeinkommen von 1960–1965 jährlich um 0,3%.
3 ILO: The World Employment Programme – Report of the Director General to the International Labour Conference (53rd Session), Part I, International Labour Office (ILO), Geneva 1969
4 Es sei nochmals darauf hingewiesen, daß die lancierten Familienplanungsprogramme während der nächsten 15 Jahre noch kaum eine Wirkung ausüben werden. Nach Ablauf dieses ‹time lag› sollte ihr Einfluß allerdings bemerkbar werden. Andernfalls wird sich die erwerbsfähige Bevölkerung der EL von 1960–2000 mehr als verdoppeln.
5 Das ILO vermutet zwar, daß diese Schätzung zu niedrig ist. Vgl. ILO, The World Employment Programme, S. 41
6 *Morse*, David A.: Jobs – The New Challenge, in: War on Hunger, Vol. IV, No. 3, March 1970, S. 2
7 ILO, The World Employment Programme, S. 37
8 Diese Situation wird sich im Laufe der nächsten Jahre kaum ändern, da «... nur eine relativ kleine Zahl von Arbeitern in dieser Kategorie... Lohnarbeit in der Industrie oder anderswo erhalten wird». Vgl. ILO, The World Employment Programme, S. 36

⁹ Dort, wo Großgrundbesitz, ökonomische, soziale und politische Macht in wenigen Händen konzentriert sind und die Regierung einfach nicht fähig ist, eine Agrarreform oder auch nur wenigstens eine produktivitätsfördernde Grundbesteuerung durchzuführen, oder wo noch an Leibeigenschaft erinnernde Pachtverhältnisse herrschen, können schwerwiegende entwicklungspolitische Spannungen entstehen, die sich, wenn überhaupt, höchstens auf dem Wege über zusätzlich urbar gemachtes Land umgehen ließen.

¹⁰ Die Grundbesitzstruktur wirkt sich in zweifacher Weise auf den Verlauf der GR aus: sie beeinflußt a) die Verbreitungsgeschwindigkeit der HYV und b) die Auswirkungen der modernisierten Landwirtschaft auf die Beschäftigung. So fassen die HYV dort z.B. nur sehr schwer Fuß, wo – wie es z.B. in Lateinamerika häufig der Fall ist – Kausalität zwischen Anstrengung und Erfolg durch gewaltige Landkonzentrationen in den Händen einiger weniger reicher und reichster, selbst nicht bauernder Großgrundbesitzer mit wenig Interesse für eine Modernisierung der Landwirtschaft sehr geschwächt wird; wo Land, ohne katastriert zu sein, vom Häuptling nach Belieben vergeben und wieder zurückgenommen wird oder wo die Pachtverhältnisse noch durch archaische Bräuche geregelt werden.

Was die Beschäftigung betrifft, darf allgemein mit Vorsicht angenommen werden, daß in vielen Fällen angemessene Änderungen im Pacht- und Grundbesitzwesen zu einer Erhöhung von Produktion und Beschäftigung führten, vorausgesetzt, daß die Kleinbauern zu den nötigen Krediten, Produktionsfaktoren, Märkten, dem technischen Beistand des landwirtschaftlichen Informationsdienstes usw. Zugang hätten. Derartige Agrarreformen müssen aber eine Unzahl kultureller, historischer, sozialer und politischer Faktoren berücksichtigen. Aus diesem Grunde sehen wir hier von einer allgemeinen Behandlung ab.

¹¹ Eine solche Politik gilt nicht nur für die Landwirtschaft; besonders im sog. sekundären Sektor muß oft eine ‹Übermechanisierung› des Produktionsprozesses festgestellt werden.

¹² vgl. dazu:
 a) *Christensen,* Raymond P.: Taiwan's Agricultural Development: Its Relevance for Developing Countries Today; USDA ERS, Foreign Agricultural Economic Report No. 39, Washington, August 1968
 b) *Ohkawa,* Kazushi, and *Rosovsky,* Henry: The Role of Agriculture in Modern Japanese Economic Development, in: Economic Development and Cultural Change, Vol. 9, October 1960, Part 2, S. 43 ff.
 c) *Johnston,* Bruce F.: Agriculture and Economic Development: The Relevance of the Japanese Experience, in: Food Research Studies (Stanford University, California), Vol. 6, No. 3, 1966, S. 251 ff.

¹³ Die Reissorten von Japan und Taiwan besaßen noch nicht die hohe geographische Anpassungsfähigkeit, was erklärt, wieso der agrotechnische Fortschritt der beiden Länder sich nicht übertragen ließ. Diese Reise waren in jahrzehntelanger intensiver Forschungsarbeit (speziell in Taiwan, das als Nahrungslieferant – hauptsächlich Reis und Zucker – für den japanischen Markt in der japanischen Kolonialperiode 1895–1945 eine besonders intensive landwirtschaftliche Entwicklung erfuhr) den spezifischen Bedingungen der beiden Länder angepaßt worden.

¹⁴ Es sei speziell auf die Erfolge mit Mais auf Kleinfarmen in Kenya und Sambia hingewiesen. Die Erfolge von HY-Sorghum und HY-Hirse sind zurzeit noch nicht so spektakulär, obwohl Indien mit Hybriden-Hirse und verschiedene EL mit HY-Sorghum erstaunliche Fortschritte verzeichnen konnten.

¹⁵ Eine hundertprozentige Neutralität ist nicht möglich, weil die Großfarmer für den Kauf der relativ teuren Produktionsfaktoren (hauptsächlich Dünger) meist viel leichter Kredit erhalten, weniger der Tradition anhängen, mehr Kontakt mit der modernen Außenwelt unterhalten, besseres Land (Bewässerung) zur Verfügung haben und im Durchschnitt gebildeter sind als die kleinen Subsistenz- und Semisubsistenzfarmer.

Die meisten derartigen Probleme lassen sich aber durch entsprechende Regierungsprogramme lindern, umgehen oder gar lösen.

¹⁶ Im Durchschnitt rechnet man mit einer dreimaligen Düngung im Vergleich zu einer einmaligen (wenn überhaupt) bei LV.

¹⁷ CCP, India, Supplemental Information, S. 12

¹⁸ Dabei ist fraglich, wie viele dieser Arbeiter wirklich von einem höheren Lohn profitieren, da die Kastenbindung oder hohe finanzielle und sonstige Bindungen oft Zustände schaffen, die der Leibeigenschaft nahekommen.

¹⁹ CCP, India, Wheat, S. 118

²⁰ CCP, West Pakistan, Wheat, S. 27

²¹ Indien und Pakistan können auf dem Arbeitsmarkt in den Reisgürteln wegen der relativ schlechten Verbreitung der HYR noch keinen Einfluß feststellen. Ostpakistan schätzt die Arbeitserhöhung

während der Aman- und der Boro-Saison nur auf 10%, während der Aus-Saison jedoch auf 25%. Vgl. CCP, East Pakistan, Rice, S. 13

22 In einigen CCPs (AID) wurden vor allem steigende Lohnkosten als Hauptgrund für eine Mechanisierung genannt.

23 Taiwanesische Farmer haben speziell den Gemüsebau intensiviert, da er die Ausnützung von Land und Wasser verbessert und Gemüse zudem eine ausgezeichnete Stellung im internationalen Agrarhandel besitzt. Spitzengemüsefarmen produzieren sogar sechs oder sieben Ernten pro Jahr.

24 So wird z.B. sogar die Erdbeerernte in Kalifornien bald maschinell eingebracht. Vgl. Los Angeles Times: Machines Replacing Labourers on Farms, April 19, 1970, Section B, S. 1 f.

25 Wie immer wieder betont werden muß, richtete sich die anfänglich stark produktionsbetonte Politik aller HYV-Programme nur an jene Farmer, die hinsichtlich Bodenqualität, Betriebsgröße, Bewässerung, Marktanschluß usw. ohnehin schon im Vorteil waren – eine Tatsache, die allein schon genügend Anlaß zu sozialen Spannungen geben könnte.

26 Zur Wandlung der Beschäftigungsstruktur allgemein vgl. Modellbetrachtung S. 122 ff. Schätzungen zeigen, daß die absolute Agrarbevölkerung in den EL 1985 40% über dem Niveau von 1962 liegen wird, obwohl sie, ausgedrückt als Prozentsatz der totalen Arbeitsbevölkerung, von 65% auf 53% abnehmen soll. Vgl. *Abercrombie,* K.C.: Population Growth and Agricultural Development, in: Monthly Bulletin of Agricultural Economics and Statistics (FAO), Vol. 18, No. 4, April 1969, S. 6. Zu ähnlichen Ergebnissen gelangen die im ILO ‹The World Employment Programme› (S. 27 ff.) zitierten Untersuchungen.
Eine von Schertz zitierte Quelle gibt für Indiens Agrarbevölkerung zwischen 1970 und 1975 einen Zuwachs von 170 Millionen auf 190 Millionen an! (Vgl. *Schertz,* Lyle P.: Food Supplies and Economic Growth in Developing Countries – The 1970's, Paper presented at the Annual Meeting of the Western Agricultural Economics Association, Oregon State University, Corvallis, Oregon, July 22, 1969, S. 21 (M)

27 vgl. *Johnston,* Bruce F., and *Cownie,* John: The Seed-Fertilizer Revolution and Labor Force Absorption, in: The American Economic Review, Vol. LIX, No. 4 (1), September 1969, S. 574

28 Wir finden deshalb in vielen EL eine stark verzerrte Preisstruktur für z.B. Traktoren und andere Landwirtschaftsmaschinen auf Grund niedriger oder gar keiner Importzölle, äußerst günstige Spezialkreditbedingungen und verzerrte Wechselkurse.

29 *Balis,* John S.: An Analysis of Performance and Costs of Irrigation Pumps Utilizing Manual, Animal and Engine Power, AID, New Delhi, 1968, S. 4 (M)

30 Man behalte dabei auch immer die Anmerkungen über die Beschäftigungsveränderung im Nicht-Agrarsektor von S. 114 ff. in Erinnerung.

31 vgl. *Dovring,* Folke: The Share of Agriculture in a Growing Population, in: Monthly Bulletin of Agricultural Economics and Statistics (FAO), Vol. 8, No. 8/9, August-September 1959, S. 1 ff.

32 *Fei,* John C.H., and *Ranis,* Gustav: Development of the Labor Surplus Economy. A Publication of the Economic Growth Center, Yale University, 1964, S. 225 ff.

33 Johnston, Agriculture and Economic Development, besonders S. 266 ff.

34 «Die Erfahrung einiger EL mit hohen industriellen Wachstumsraten hat gezeigt, daß eine über längere Zeit hinweg bestehende Zunahme der Arbeitsstellen im nichtlandwirtschaftlichen Sektor von 4,5% eine äußerst optimistische Annahme ist.» (Johnston: Agriculture and Economic Development, S. 274)

35 Johnston: Agriculture and Economic Development, S. 274 f.

36 vgl. Johnston and Cownie, S. 575

37 Die Wahrscheinlichkeit des Eintretens einer solch drastischen Reduktion ist gerade dank der GR recht hoch, ihre Wirkung auf den Arbeitsmarkt jedoch wäre erst nach Ablauf des natürlichen ‹time lag› von 15–20 Jahren spürbar. Gleichzeitig sind noch die eventuellen Wanderungsströme zu berücksichtigen; sie können unter Umständen ganz beträchtlich sein, denken wir nur an den Strom politischer Flüchtlinge aus Rotchina, der Taiwan 1951-1955 überschwemmte.

38 Symposium, S. 57

39 In Calcutta schätzt man, daß zurzeit etwa 100 000 Menschen weder Habe noch Heim besitzen und dadurch zu permanenten Bewohnern der öffentlichen Straßen und Trottoirs geworden sind.

40 Freeman, Orville L., Symposium, S. 27

41 Kreditprogramme berühren im allgemeinen nur die zeitliche Verschiebung zwischen Ausgaben und Einnahmen, nicht aber die Höhe des Einkommens, obwohl ein Kredit unter Umständen eine produktivitätserhöhende Produktion erst ermöglicht.

42 Allerdings ist nicht bei allen Produkten eine derart eindeutige Trennung möglich, was jedoch unsere Betrachtungen hier nicht beeinträchtigt. Als Beispiel solcher ‹Sowohl-als-auch›-Produkte sei Nigerias Palm- und Erdnußindustrie aufgeführt.

43 Eine Ausnahme ist Mexiko mit seinen Saatgutlieferungen. Allgemein zur Problematik der Exportproduktion (besonders von Zerealien) vgl. Kapitel 9

⁴⁴ Von der oft empfohlenen Lohnsubventionierung zur Ankurbelung der Beschäftigung wird hier abgesehen. Zur Einführung in dieses Problem vgl. *Lefeber,* Louis: Planning in a Surplus Labor Economy, in: The American Economic Review, Vol. LVIII, No. 3, Part I, June 1968, S. 343 ff., und *Todaro,* Michael P.: A Model of Labor Migration and Urban Unemployment in Less Developed Countries, in: The American Economic Review, Vol. LIX, No. 1, March 1969, S. 138 ff.

⁴⁵ Droht die Nachfrage nach Lebensmitteln doch einmal aus irgendwelchen Gründen (Mißernte; Nachfrage nach landwirtschaftlichen Gütern, die [noch] nicht von der agrarischen Revolution betroffen sind, usw.) ‹davonzurennen›, so können Nahrungshilfelieferungen (PL 480 z.B.) die Lage vielleicht retten.

⁴⁶ Solche Programme eignen sich zudem ausgezeichnet als Substitut für eine Preisstützung der landwirtschaftlichen Produktion.

⁴⁷ Der Einfluß des Einkommens nichtbäuerlicher Familien beginnt erst innerhalb der so bestimmten Marktgröße zu spielen. Von Fragen über die Entwicklung der Infrastruktur und die Verteilung von Produktions- und Konsumzentren sei abgesehen.

⁴⁸ Abercrombie, S. 6

⁴⁹ Die ‹Massenproduktion› der mächtigen Großfarmer verdrängt den Kleinfarmer vom Produktemarkt.

⁵⁰ Natürlich wird dadurch auch die Ausdehnung des Marktes für landwirtschaftliche Produkte und für industrielle Konsumgüter beeinträchtigt.

⁵¹ Ganz am Rande aufgeworfen sei die Frage, ob der Anstieg der Effektivnachfrage nach den betreffenden Agrarprodukten die vom volkswirtschaftlichen Standpunkt aus verwerfliche Großinvestition in kapitalintensive Methoden der Agrarproduktion überhaupt vom langfristigen betriebswirtschaftlichen Standpunkt aus zu rechtfertigen wäre. Zu den Absatzaussichten vgl. allgemein Kapitel 9

⁵² Zu einer guten Allgemeinübersicht über die Rolle der Landwirtschaft im Entwicklungsprozeß unterentwickelter Länder vgl. Johnston and Mellor, S. 566 ff.

⁵³ 1969 schätzte man z.B. die Zahl der in Indien selbst hergestellten Dieselpumpen auf etwa 640 000, die der elektrischen Pumpen auf beinahe eine Million. Jährlich kommen etwa 200 000 Pumpeinheiten und etwa 40 000–50 000 ‹tubewells› dazu.

⁵⁴ Diese technische Neuerung erzielte mit den alten LV eine zu geringe Einkommenssteigerung für den Farmer, als daß sie auf allzugroßes Interesse gestoßen wäre.

⁵⁵ Speziell das IRRI hat sich zur Aufgabe gemacht, für den HY-Reisbau nötige, aber noch nicht auf dem Markt vorhandene Maschinen zu entwickeln, und zwar so zu entwickeln, daß sie in allen EL problemlos vom semimodernen Industriesektor produziert werden können.

⁵⁶ Ein weiterer mit der Einkommenserhöhung zusammenhängender Kapitalbeitrag an die gesamtwirtschaftliche Entwicklung ist das Bankensparen der Bauern. Seine Erfassung ist in den EL heute praktisch unmöglich, weshalb wir hier nur am Rande darauf hinweisen. Die einzige uns bekannte Untersuchung im Zusammenhang mit der Einführung der HYV stammt von der philippinischen Zentralbank. Sie schätzt, daß «... auf den Philippinen die Einlagen in ländlichen Banken während der Zeit vom Dezember 1966 bis Dezember 1967 von 100 827 928 auf 141 877 507 Pesos anstiegen» (CCP, Philippines, Rice, Section 6, S. 8). Dieser 40prozentige Anstieg innerhalb eines Jahres läßt vermuten, daß das durch die HYV vermehrt ermöglichte Bankensparen wahrscheinlich keinen geringen Beitrag zur Investitionsfinanzierung leistet.

⁵⁷ In Japan und Taiwan existieren – im Gegensatz zur Messung des Einflusses der selektiven Mechanisierung auf die Zunahme von Beschäftigung und Einkommen – besonders über die fiskalischen Beiträge der wachsenden Agrarproduktion gute quantifizierende Analysen. Vgl. dazu die Literatur von ⁵⁹

⁵⁸ Ohkawa and Rosovsky, S. 59

⁵⁹ Die vier Hauptquellen sind ‹Income Tax, Land Tax, Business Tax, Custom Duty›, wobei der Rest, die sog. ‹miscellaneous revenue›, nicht in die Prozentberechnung einbezogen ist. Seinen Anteil am staatlichen Gesamteinkommen schätzte man vor dem Ersten Weltkrieg auf etwa 30–40%.

⁶⁰ Ohkawa and Rosovsky, S. 60

⁶¹ Der Nettokapitalabfluß wird aus der Differenz von Bruttokapitalabflüssen (‹land rent and interest, taxes and fees, financial institutions›) und Bruttokapitalzuflüssen (‹public investment and subsidy, investment by nonagricultural producers, income from nonagricultural production›) errechnet.

⁶² Christensen, S. 25

⁶³ Diese langfristige Betrachtung mag in nächster Zukunft noch keine Gültigkeit haben, da die Landwirtschaft für die volle Ausnützung des gewaltigen Potentials der HYV kurzfristig enorme Investitionen tätigen muß (z.B. Bewässerungsbauten). Vereinzelt wird sogar vertreten, daß die Landwirtschaft auf Grund der Aufgabe, immer mehr für eine stetig wachsende Bevölkerung zu produzieren,

gar nach einem konstanten Nettokapitalzufluß verlange, eine Auffassung, die aber den bisher gemachten Erfahrungen widerspricht.

64 Diese erst widersprüchlich erscheinende Situation (Importe = Staatseinnahmen) erklärt sich aus der großzügigen Konzeption des PL 480-Programmes (vgl. S. 33 f.): «Zwischenstaatliche Vereinbarungen können eine oder mehrere der folgenden Finanzierungsmethoden festsetzen: 1. Verkäufe gegen Dollar auf langfristiger Kreditbasis; 2. Verkäufe gegen Fremdwährung auf langfristiger Kreditbasis, die aber eine Konversion in Dollars vorsieht, und 3. Barverkäufe gegen Fremdwährung.» Vgl. US: Food for Peace, 1968, April 22, 1969, S. 19

TEIL III ERFOLGSINDUZIERTE PROBLEME – ‹AFTER THE HUNGER›
9. KAPITEL NAHRUNGSMITTELPRODUKTION DER ENTWICKLUNGSLÄNDER UND INTERNATIONALE AGRARMÄRKTE

1 Vergleichsweise rechnet man mit einem durchschnittlichen Jahreszuwachs der ‹Gesamtnachfrage nach Nahrungsmitteln› von 3,9%, wobei der von der Bevölkerung verschuldete Anteil an der Steigerung im Durchschnitt mit 71% und der ‹Einkommenseffekt› mit 29% angegeben wird. Vgl. FAO IWP, Vol. III, S. 6

2 vgl. z.B. Willett, S. 21: «... Es ist unwahrscheinlich, daß die effektive Nachfrage nach Getreide in irgendeinem dieser asiatischen Länder um mehr als 4% pro Jahr zunehmen wird.»

3 vgl. z.B. FAO, Reviews of Medium-Term Food Outlook. Committee on Commodity Problems, Forty-Third Session, CCP 16, August 1968, S. 27 f. *Hendrix*, W.E.; *Naive*, J.J.; *Adams*, W.E.: Accelerating India's Food Grain Production, 1967/68 to 1970/71: Requirements and Prospects for a Yearly Growth Rate of 5%, USDA ERS, Foreign Agricultural Economic Report No. 40, Washington, March 1968. Willett, S. 21. Für Indiens Getreideproduktion rechnet die AID z.B. mit folgenden jährlichen Wachstumsraten: 6,0% (1967/68–1968/69); 7,6% (1968/69–1973/74); 4,8% (1973/74–1978/79); 3,6% (1978/79–1983/84). Vgl. CCP, India, Wheat, S. 141

4 Im Falle von Reis stellte das SEDAG-Seminar fest: «... Mit den neuen Getreidearten und der gegebenen Technologie ist es heute viel einfacher, den Status der Selbstversorgung zu erreichen, als anfänglich angenommen wurde. In den meisten Fällen ist die bestehende Differenz zwischen Produktion und Selbstversorgungsniveau ohnehin schon recht klein. Ein fünfprozentiger Anstieg reicht in vielen Ländern bereits zur Schließung dieser Lücke – besonders wenn man bedenkt, daß normalerweise kaum 3% der Reisproduktion auf den Weltmarkt kommt. Eine Zunahme von 10% kann sogar zu einem Überschuß führen.» (Symposium, S. 147)

5 So verdankt vermutlich Präsident Marcos (Philippinen) seine Wiederwahl zu einem großen Teil dem Erfolg der HYV-Programme.

6 vgl. u.a. Anmerkung 64 (Kap. 8)

7 Es sei hier an die bedrohliche Lagerabnahme der USA während der Hungerkrise in Asien erinnert. Vgl. dazu Figur 9, S. 139

8 Sec. 103 b des PL 480 sieht vor, daß ab 31. Dezember 1971 (von einigen wenigen Ausnahmen abgesehen) nur noch Dollarverkäufe (bar oder auf Kredit) getätigt werden können.

9 Eine Diskussion der Selbstversorgung müßte u.a. Grad, Umfang und Niveau der Selbstversorgung in Betracht ziehen und die neuen Möglichkeiten analysieren, die entstehen, wenn nun genügend Nahrungsmittel, mehr industrielle Rohstoffe und vermutlich auch mehr Devisen zur Verfügung stehen.

10 obwohl Importe zur Versorgung einiger großer Küstenstädte sowie als Notmaßnahme bei Mißernten und Naturkatastrophen für einige Zeit vermutlich noch eine gewisse Rolle spielen werden.

11 Selbstversorgung eines Landes mit Stapelprodukten ist natürlich nicht identisch mit der Ausmerzung des Hungers in allen Bevölkerungsschichten. Treten neben dem nationalen Selbstversorgungsstatus immer noch Hungererscheinungen auf, so müssen irgendwelche Verteilungsprobleme bestehen, oder dann trägt die Selbstversorgung dem qualitativen Aspekt der Ernährung nicht oder zuwenig Rechnung.

12 synthetische Substitute und verschärfte Konkurrenz auf dem Sektor der tropischen Agrarprodukte

13 vgl. CCP, Pakistan, Wheat, S. 30

14 WFP, Vol. II, S. 675

15 So stand z.B. die philippinische Rice and Corn Administration Anfang 1968 machtlos da, als der schon 1967 gefallene Preis weiterhin fiel, ihre finanziellen Mittel noch 17,8 Millionen Pesos betrugen, dafür die staatlichen Lagerhäuser mit 467 000 Tonnen Reis schon zum Bersten voll waren. (CCP, Philippines, Rice, Section 8, S. 22)

16 *Jean*, Clancy V.: The Story of the 1960's: US Wheat in World Trade, in: Foreign Agriculture (USDA FAS), Vol. VII, No. 47, November 24, 1969, S. 3

17 Die FAO unterscheidet im IWP drei Gruppen: ... Zone A (Developed market economies) ... Zone B (Centrally planned economies) ... Zone C (Developing countries). Vgl. FAO IWP, Vol. I, S. 3
18 Weizen und ‹coarse grains›, ausgenommen Reis
19 vgl. FAO IWP, Vol. II, S. 542
20 Die EWG-Länder erweiterten 1968/69 auf Grund einer starken Produktionssteigerung und ihrer großen Exportanstrengungen die ‹Großen Vier› zu den ‹Großen Fünf›.
21 vgl. Jean, S. 5
22 Der Durchschnittspreis für den Exportweizen U.S. No. 2, Hart, lag von Oktober 1968 bis März 1969 4,4% niedriger als in den Vergleichsmonaten von 1966/67. Manitoba No. 2 fiel 7,2%. Die französischen Weizenpreise fielen jedoch viel stärker und reflektierten Frankreichs aggressive Exportpolitik und seine Weigerung, durch geeignete Maßnahmen (Anbaubeschränkungen oder Lageraufbau) zur Stabilisierung des Preisniveaus im internationalen Weizenmarkt beizutragen.
23 vgl. FAO IWP, Vol. II, S. 551
24 vgl. FAO: Report on the Thirteenth Session, S. 5f.
25 FAO: Report on the Thirteenth Session, S. 6
26 *Barker,* Randolph: Economic Aspects of High-Yielding Varieties of Rice with Special Reference to National Price Policies, IRRI Report (Folgerungen abgedruckt in FAO: Report of the Thirteenth Session, S. 13)
27 den verschiedenen CCPs (Spring Review) und Brown, Seeds, entnommen
28 Der größte Teil der thailändischen Getreideproduktion «... wird mit relativ niedrigen Kosten und geringem Geldaufwand produziert und kann deshalb auch ohne Subventionen exportiert werden». Willett, S. 22
29 Wirtschaftspolitische Entscheidungen beeinflussen die Getreideökonomie in verschiedenster Weise durch Preisstützungsprogramme, Subventionen jeglicher Art, Steuern, Handelsabkommen, Nahrungshilfen usw.
30 Eine große Unbekannte ist China. Würde Peking z. B. seinem Agrarsektor die materiellen Anreize in Verbindung mit den neuen HYV zugestehen – was bis jetzt allerdings ein Anathema der Maodoktrin ist –, so brächte dies FAO-Experten zufolge in Chinas großem Weizengürtel sogar spektakulärere Erfolge, als bisher in Indien und Pakistan mit HY-Weizen je erzielt wurden. China wäre in der Lage, nebst der Selbstversorgung seiner 750–800 Millionen Menschen große Mengen Weizen auf den Weltmarkt zu werfen.
Weit mehr Realität darf der Möglichkeit beigemessen werden, daß die in Osteuropa dank dem Donau-Bewässerungsprojekt bald bebaubaren 2,5 Millionen Acres mit HYV angepflanzt werden.
31 Jean, S. 5
32 FAO: Report of the Thirteenth Session, S. 5
33 Brown, Seeds, S. 176
34 Schertz, S. 13
35 *Krurer,* George R., and *Bernston,* Byron: Cost of the Common Agricultural Policy to the European Community, in: Foreign Agricultural Trade of the United States (USDA ERS), October 1969
36 Die USA halten zwar schon einen beträchtlichen Teil ihrer Reisanbaufläche zurück, doch nachfragemäßig gesehen vermag die amerikanische Politik den Reismarkt weit weniger zu beeinflussen, als dies Japan könnte.
37 So weisen z. B. in Japan schon einige Faktoren auf eine dringend nötige Änderung der protektionistischen Politik im Reismarkt hin: a) der inflatorische Druck, zu einem großen Teil durch die hohen Reispreise verursacht, wird stärker und stärker; b) die Knappheit an Arbeitskräften – hervorgerufen erstens durch die jetzige Wachstumsrate der Volkswirtschaft von jährlich 10% und mehr und zweitens durch die Abnahme der neu in den Arbeitsmarkt eintretenden jungen Leute infolge des starken Rückganges der Geburtenraten Anfang der fünfziger Jahre – drängt zu einer Lösung. Die Tendenz dieser zwei ökonomischen Faktoren kann sich unter Umständen zu einer Krisensituation entwickeln. Die Lösungsmöglichkeiten für Japan bestehen entweder in der Liberalisierung der Agrarpolitik oder in der Einfuhr von Arbeitskräften aus den Ländern Südostasiens – Japans wachsendes Interesse an den südostasiatischen Märkten für Industrieprodukte begünstigt die erste Alternative.
38 Die USA haben zurzeit einen geringen Einfluß auf Japans Politik. Amerika braucht Japan als politischen und eventuell militärischen Partner in Ost- und Südasien; die Beziehungen zwischen den beiden Ländern sind aber gegenwärtig stark im Wandel begriffen, da Japan eine neue Beziehung zu den USA sucht, eine Beziehung, der nicht (mehr) der Geschmack von Unterwürfigkeit anhaftet. Dieser Umwandlungsprozeß hat sich bis jetzt sogar auf gewisse Handelsbeziehungen nachteilig ausgewirkt.
39 *Paddock,* William, Symposium, S. 123
40 In einigen Fällen zeigte die im Rahmen des HYV-Programms verfolgte Preispolitik eine Abwende

von der bisherigen konsumentenorientierten Politik, die durch den Ansatz eines niedrigen Höchstpreises im Einzelhandel die Produzentenpreise unter die ‹Anspornschwelle› gedrückt hatte.

41 Eine die Produktionsfaktoren betreffende Preispolitik berühren wir in diesem Zusammenhang nicht, obwohl sie auch eine Subventionierung der Produktion darstellt. Dieser Politik kam vereinzelt während der Einführung der HYV eine gewisse Bedeutung zu, ist aber in den meisten Fällen nach erfolgreichem Anlaufen der HYV-Programme wieder aufgegeben worden.

42 Sonora, Sinaloa und südlicher Teil von Baja California, also alles Gebiete, in denen gutes Klima, günstige Bodenbeschaffenheit und künstliche Bewässerung die Produktion in Großfarmen nach amerikanischem Muster begünstigen

43 Damit werden – Mexikos Produktions- und Produzentenstruktur entsprechend – eher soziale Ziele angestrebt.

44 Natürlich wird nicht die gesamte Produktion vom staatlichen Preisprogramm erfaßt. 1962 kaufte die mexikanische Regierung etwa 69% des gesamten Weizens und nur 12% des Maistotals. Vgl. CCP, Mexico, Wheat and Corn, S. 24

45 Die Differenz kommt praktisch einer Senkung um den ganzen Betrag gleich, da der größte Teil des auf den Markt gebrachten Weizens und Maises in den bewässerten Gebieten kultiviert wird.

46 Zum Teil sind jedoch auch die Exportsubventionen der anderen Länder daran schuld.

47 vgl. CCP, Mexico, Wheat and Corn, S. 25

48 vgl. CCP, Mexico, Wheat and Corn, S. 28

49 Allerdings vermochte die bisher verfolgte Preispolitik die einheimischen Weizenpreise noch nicht auf das Exportpreisniveau herabzudrücken. Die Reduktion (lies Differenzierung) des Stützpreises für Mais z.B. brachte zwar eine geringe Abnahme der Produktion und der Exporte; der Erfolg war aber nicht ein 100prozentiger, weil die Maisproduktion auf unbewässertem Kulturboden infolge des relativ höheren Stützpreises (und zudem durch ausgezeichnetes Wetter begünstigt) stark zunahm.
Gleichzeitig wurde die Preispolitik derart gestaltet, daß die Produktion anderer, in knappem Angebot stehender Nutzpflanzen, wie Sorghum, und öl- und fetthaltiger Pflanzenprodukte angeregt wurde – in der Folge verspürte man z.B. einen starken Anstieg bei der Sorghumproduktion, nämlich von 226 000 Tonnen (1964) auf 1,7 Millionen Tonnen (1968). (Vgl. dazu: *Scholl*, John C.: Mexico's Grain Problem: A Production Boom That Won't Turn Off, in: Foreign Agriculture (USDA FAS), Vol. V, No. 27, July 3, 1967, S. 7)

50 vgl. Tabelle 26, S. 134

51 Überschüsse sind anfänglich jedoch wegen der Imperfektionen und Fehlmanipulationen im wirtschaftspolitischen Handeln kaum vermeidbar. Eine Untersuchung von Johnston und Cownie, die u.a. die Auswirkungen zweier Mechanisierungsprogramme auf die Produktion untersucht haben, gibt uns einen Begriff von der möglichen Größe dieser Überschüsse allein schon in Westpakistan.

Produktionsüberschüsse von Weizen und Reis in Westpakistan bei Verfolgung zweier unterschiedlicher Mechanisierungsstrategien, Modellbetrachtung

Jahr	Produktionsüberschuß in Millionen ‹longtons›			
	Starke Traktormechanisierung Traktorzunahme 15% pro Jahr		‹bullock-powered agriculture›	
	Weizen	Reis	Weizen	Reis
1964/65	–0,6	0,3	–0,6	0,3
1969/70	1,3	1,1	0,3	0,8
1974/75	4,4	2,8	2,1	1,7
1979/80	6,5	4,0	4,4	3,1
1984/85	9,4	5,9	5,6	4,1

Die Werte entstammen dem Artikel von Johnston und Cownie, S. 572 und 576. Die Voraussetzungen zu dieser Untersuchung sind entwickelt und diskutiert in einer vor der Publikation stehenden Untersuchung der beiden Autoren (The Quantitative Impact of the Seed-Fertilizer Revolution in West Pakistan: An Exploratory Study, in: Food Research Institute Studies).

52 Wünschbarkeit und Rechtfertigung der Selbstversorgungspolitik im Hinblick auf Kosten, mögliche Verluste von Exportmärkten für andere Produkte usw. sind besonders zu untersuchen.

53 Dadurch wird erneut Einkommen geschaffen, das, wenn von einer richtigen Wirtschaftspolitik begleitet, zur Verbesserung der Kaufkraft der breiten (und armen) Massen und so wiederum zur Ausdehnung des Marktes beiträgt.

54 Ein gutes Beispiel ist Taiwans Spargel- und Pilzproduktion für europäische, amerikanische und japanische Märkte.
55 Hauptsächlich dank Japans Liberalisierung der Bananeneinfuhr erweiterte sich z.b. Taiwans Bananenexport von nur 7 Millionen US$ (1960) um beinahe 800% auf 55 Millionen US$ (1965). (Vgl. Christensen, S. 23)
56 1968 exportierte Thailand sogar mehr Mais als Reis.
57 Die UdSSR könnte sich dadurch zu einem wichtigen Abnehmer von Pakistans Winterfrüchten und -gemüsen entwickeln, analog zum Beispiel USA – Mexiko.
58 FAO FFHC, No. 21, S. 4
59 Im Durchschnitt sind die Erträge in der Trockenzeit 30% bis 50% höher. Vgl. verschiedene Untersuchungen im CCP, Philippines, Rice
60 vgl. das ‹multiple cropping›-Schema für Taiwan, Fig. 7.
61 Im betreffenden Diversifikationsprogramm muß dabei den Konsumgewohnheiten, der Entwicklung der Infrastruktur (besonders in Bezug auf Lagerung, Verarbeitung und Transport) und den neu entstehenden Märkten für Produktionsfaktoren und Produkte spezielle Beachtung geschenkt werden.
62 Auch die Nutz- und Edelhölzer können innerhalb eines derartigen Programmes eine große Rolle spielen. In Taiwan z.B. bringt die neuentwickelte Sperrholzindustrie nicht nur enorme Deviseneinnahmen, sondern auch noch zusätzliche Beschäftigung für Tausende von Leuten. (Christensen, S. 23)
63 Es sei aber daran erinnert, daß diese Art Überschußverwertung die Existenz einer Viehwirtschaft voraussetzt und den Viehbestand also einfach erweitert. Die Entwicklung einer Viehwirtschaft (in geringerem Maße gilt die Betrachtung wiederum auch für die Geflügelwirtschaft) ist jedoch keine Sofortlösung für die sich heute in vielen EL langsam aufdrängenden Überschußprobleme; besonders die Entwicklung einer Viehwirtschaft beansprucht nämlich viel Zeit, und zwar nicht nur des längeren Lebenszyklus von Rindern, Schweinen und Schafen wegen, sondern auch, «... weil die Verbesserung des Weidelandes, der Bau von Wassertanks und kleinen Dämmen und der Erwerb besserer Zuchttiere viel Zeit in Anspruch nehmen». (Vgl. Brown, Seeds, S. 165.) In Mexiko und Kenya, die beide eine Revolution des Maisanbaus erlebt haben, ist die Entwicklung einer Viehwirtschaft im Gange; dasselbe gilt für den indischen Staat Andhra Pradesh und die Entwicklung seiner Schweinezucht.
64 Obwohl sich über die Entwicklung des internationalen Fleischhandels (nur etwa 6% des gesamten Produktionsvolumens) aus verschiedenen Gründen keine genauen Voraussagen machen lassen, sei darauf hingewiesen, daß Rind- und Kalbfleisch beinahe die einzigen landwirtschaftlichen Produkte sind, die eine Ausdehnung des Handelsvolumens bei steigenden Preisen zu verzeichnen haben. Vgl. FAO IWP, Vol. II, S. 527
65 Aus Übersichtlichkeitsgründen gehen wir nicht weiter auf die Probleme der Geflügel- und Viehwirtschaft ein, es sei nur kurz bemerkt, daß der allgemeine Durchbruch vermutlich zuerst im Geflügelsektor erfolgen wird, weil a) der Futterbedarf pro Kilo Fleisch niedriger ist als bei der Viehproduktion – allgemeine Daumenregel: 1 kg Fleisch = 3 kg Futtergetreide (Geflügel) bzw. 4 kg (Schweine) bzw. 7 kg (Rind); b) der Produktionszyklus relativ kurz ist (etwa 10–12 Wochen); c) relativ niedrige Investitionen pro Kilo Fleisch nötig sind und d) die Marktbedingungen (Kleinheit und sofortige Verwendung des geschlachteten Produktes) für die EL sehr günstig sind.
66 Denken wir daran, daß Taiwans landwirtschaftlicher Fortschritt (und deshalb zu einem bedeutenden Teil auch das gesamte ökonomische Wachstum) zur Hauptsache auf TN-1, der weltersten ‹high-yielding rice variety›, basiert. Taiwan ist nicht nur aus diesem Grunde für die zukünftige Entwicklung anderer Länder interessant; es weist auch in anderweitigen Beziehungen vielerlei Ähnlichkeiten mit anderen EL auf: starkes Bevölkerungswachstum, beschränkte Landreserven, tropisches Klima, Notwendigkeit der Verbesserung der Bewässerungsanlagen, lange Kolonisationsphase usw.

TEIL III ERFOLGSINDUZIERTE PROBLEME – ‹AFTER THE HUNGER›
10. KAPITEL GRÜNE REVOLUTION UND SOZIO-POLITISCHE ENTWICKLUNG

1 New York Times: Madras is Reaping a Bitter Harvest of Rural Terrorism, January 15, 1969, S. 12; siehe auch: *Culleton,* Barbara J.: The Rich get Richer, in: Science News, Vol. 95, No. 14, April 1969
2 Der Tanjore-Distrikt ernährt den größten Teil der beinahe 40 Millionen zählenden Bevölkerung des Staates Madras.
3 Ein Bericht (LOU Airgram A-07 von Madras, 9. Januar 1969) trägt gar folgenden Titel: Tanjore: Red Overtone in a Green Revolution. *French,* J.T.: Emerging Problems, Functional Paper, AID, Spring, May 1969 (M)
4 *Critchfield,* Richard: Can Politics Keep up with Technology? – Feeding the Hungry, in: The New Republic, October 25, 1969

5 Dabei bedenke man, daß von den etwa 140 EL – abgesehen von Ländern mit einer ‹eigenen GR›, wie z.B. Thailand, Taiwan usw. – erst etwa 12 als ‹Erfolgsländer› klassifiziert werden können, daß also auf internationaler Ebene eine noch viel größere Diskrepanz besteht. Sie beruht jedoch weniger auf naturgegebenen Unterschieden als auf mangelndem Interesse und Bereitschaft, nationale HYV-Programme zu unternehmen. Laut FAO könnten zusätzlich etwa 20 EL «... großangelegte nationale Programme und viele andere Nationen kleinere, weniger umfangreiche Projekte lancieren, die aber dennoch wertvolle Beiträge zur Lebensmittelversorgung und zur Devisenlage leisten könnten». FFHC Basic Study, No. 21, S. 5
6 Wharton, S. 467
7 *Hauser,* Philip M.: Transcript, Hearing before the Committee on Government Operations, The United States Senate, 91st Congress, First Session, Washington, September 15, 1969, S. 2701
8 *Heilbroner,* Robert: Making a Rational Foreign Policy Now, in: Harper's Magazine, Vol. 237, No. 1420, September 1968, S. 67
9 nach Brown, Seeds, S. 77
10 French, S. 3
11 Diese Unterscheidung sagt aber nichts über die lang- bzw. kurzfristige Dauer der Probleme aus.
12 Solche Entscheidungen erhalten später zusätzliches Gewicht durch die von uns aufgezeigte Tendenz einer Überproduktion im Zeichen der Selbstversorgungspolitik. Farmer, die zu Beginn des Programmes nicht ‹mit dabei waren›, haben später kaum mehr die Möglichkeit, sich noch aktiv einzuschalten.
13 Hinsichtlich der Lösungsmöglichkeit des Problems besteht jedoch ein großer Unterschied, da in der zweiten Gruppe z.B. die Aussichten für eine Linderung oder Überbrückung der neu entstehenden Klüfte durch Diversifikation weit größer sind als bei jeglichen Maßnahmen gegen Massenarbeitslosigkeit, hervorgerufen durch übereilte Mechanisierung.
14 Das wohl eindrücklichste Beispiel für Verteilungs- und Marketingschwierigkeiten bietet Pakistan, wo es trotz Weizenüberschüssen in Westpakistan im Frühling 1969 nicht gelang, Ostpakistan mit genügend Weizen zu versorgen.
15 Es handelt sich dabei um Probleme, die vorkommen können, aber nicht unbedingt vorkommen müssen. Wo nicht anders vermerkt, beziehen wir uns auf eine sozioökonomische ‹Einheit›, bestehend aus einer städtischen Konzentration und einer mit ihr Handel treibenden landwirtschaftlichen Produktionsgegend.
16 Dies mag den unter a) beschriebenen Effekt allerdings etwas dämpfen.
17 zitiert nach French, S. 5
18 Das Aufblühen einer neuen Klasse von ‹gentlemen farmers› oder ‹entrepreneur farmers› auf Grund der HYV ist in Indien schon absolut feststellbar. *Thorner,* Daniel: Gentlemen Farmers: The New Rich of India, in: The Times, September 9, 1968
19 Diese Feststellung trifft besonders dann zu, wenn die Forschung die bei gewissen HYV-Produkten (z.B. IR-8) zurzeit noch bestehenden qualitativen und geschmacklichen Unzulänglichkeiten gänzlich beseitigt hat.
20 Diese gewaltige Masse der besitzlosen Landarbeiter stellt eine große Gefahr dar, da sie infolge von Übermechanisierung des landwirtschaftlichen Produktionsprozesses – welche die erfolgreichen Farmer auf Grund betriebswirtschaftlicher Überlegungen und dank der neu gewonnenen politischen Stärke gewisser Gruppen nun anstreben – arbeitslos werden kann und dann den ohnehin schon stark strapazierten Arbeitsmarkt mit zusätzlichen ‹unskilled› Arbeitskräften belasten.
21 Während in Mexiko von 1949/51–1962/64 in der Region ‹North Pacific› der relative Anteil an der gesamtmexikanischen Zunahme der Weizenanbaufläche 187% (!) betrug, war er in allen übrigen Regionen negativ. (Vgl. CCP, Mexico, Wheat and Corn, S. 20)
22 *Freebrain,* Donald K.: The Dichotomy of Prosperity and Poverty in Mexican Agriculture, in: Land Economics, February 1969, Auszüge der Arbeit zitiert in CCP, Mexico, Wheat and Corn
23 *Hertford,* Reed: The Measured Sources of Growth of Mexican Agricultural Production and Productivity, USDA ERS, December 1968 (M/D)
24 In mancher Hinsicht kann man den Norden Mexikos als eine agrarische Verlängerung der bewässerungsintensiven Großfarmen von Kalifornien und Arizona betrachten.
25 CCP, Mexico, Wheat and Corn, S. 34
26 vgl. CCP, Wheat, Marocco, S. 17
27 Man mag sich fragen, ob eine ‹andere› Wirtschaftspolitik die sich ankündigenden Disparitätsprobleme vermieden hätte. Auch im Rückblick auf die verschiedenen HYV-Programme lassen sich – unter den gegebenen sozialen, ökonomischen, politischen und ernährungstechnischen Umständen – keine eindeutig ‹richtigen› wirtschaftspolitischen Maßnahmen finden. Eine Politik der gleichmäßig verteilten Armut zu unterhalten, ist sicherlich keine sinnvolle Lösung.

TEIL III   ERFOLGSINDUZIERTE PROBLEME – ‹AFTER THE HUNGER›
11. KAPITEL   SCHLUSSBEMERKUNGEN – EINE NEUE STRATEGIE FÜR
AGRARISCHE ENTWICKLUNG

1 *Carson,* Rachel: Silent Spring, New York, Crest, 1969
2 vgl. *Bell* de, Garrett (edit.): The Environmental Handbook – Prepared for the First National Environmental Teach-In, Ballantine, New York, April 1970 (back cover)
3 vgl. Symposium, S. 72. Dazu Dr. Myers, Vizepräsident der Rockefeller-Stiftung, in Beantwortung der Frage: «Es ist eindeutig eine Gefahr für die Grüne Revolution – die Bedenken über den weitverbreiteten Gebrauch von Pestiziden sind am Platz. Ich selbst kann allerdings kaum glauben, daß wir Millionen und aber Millionen von Menschen hungern oder gar verhungern lassen werden, nur um den Gebrauch von Pestiziden zu reduzieren.»
4 *Ehrlich,* Paul: Ecology and the War on Hunger, in: War on Hunger, Vol. IV, No. 12, December 1970, S. 1ff. Wo nicht anders angegeben, entstammen die nun folgenden Zitate dem selben Artikel.
5 Die Bedeutung der Ozeane für die menschliche Ernährung wird klar, wenn wir uns vergegenwärtigen, daß etwa 20% der animalischen Proteine in unserer Nahrung aus dem Meer stammen; ohne Eier und Milch sind es gar 40%. Es ist deshalb außerordentlich wichtig, daß die Prokopfproduktion aus Proteinen aus dem Meer nicht nur gehalten, sondern womöglich noch erhöht wird.
6 *Gaud,* William S., Symposium, S. 31
7 *Shadev,* K. (Vertreter der indischen Botschaft in Washington), in Symposium, S. 139
8 Dabei sei auf den im World Food Program vertretenen Standpunkt hingewiesen, «... daß Nahrungsknappheit und starkes Bevölkerungswachstum in den EL nicht primäre Probleme sind; sie sind vielmehr Manifestationen einer fundamentalen Schwierigkeit: zu langsame und mangelhafte ökonomische Entwicklung in den hungernden Ländern». WFP, Vol. I, S. 23
9 Brown, Seeds, S. 195
10 Gaud, William S., Symposium, S. 31
11 *Hardin,* S. Lowell, Symposium, S. 34
12 Brown, Seeds, S. 196
13 Dazu gehört, daß die Entwicklungshilfe international besser koordiniert wird, daß also die fühlbare Krise in der internationalen Entwicklungshilfekoordination überwunden wird. «Diese Krise» – so schreibt Eugene Black in seinem Vorwort zu Browns ‹Seeds of Change› – «gründet in unrealistischen und daher auch meist enttäuschten Erwartungen, in Disputen über den Vietnamkrieg und in Vorurteilen in den USA selbst; damit ging ein großer Teil der ursprünglich der Entwicklungshilfe zukommenden humanitären Energie verloren.» S. viii
14 Paddock, William C., Symposium, S. 124
15 Angesichts dieser hohen Summe ist zu befürchten, daß die IL nach vielen überoptimistischen Berichten über den Erfolg der GR für die Notwendigkeit und Dringlichkeit von Kapitalhilfen dieses Ausmaßes geringes Verständnis aufbringen können und auch Aufmerksamkeit, Wille und Planungsenthusiasmus der EL selbst im Hinblick auf ihre landwirtschaftlichen Probleme ziemlich abflauen werden. Einer solchen Tendenz muß vorgebeugt werden.

Literaturverzeichnis

(M) = vervielfältigt
(D) = Entwurf

Abel, Martin E., and Rojko, Anthony S.: The World Food Situation: Prospects for World Grain Production, Consumption, and Trade, USDA ERS Foreign Agricultural Report No. 35, Washington, August 1967

Abercrombie, K.C.: Population Growth and Agricultural Development, in: Monthly Bulletin of Agricultural Economics and Statistics (FAO), Vol. 18, No. 4, April 1969

Altschul, Aaron M.: Third Generation Foods May Change World Protein Picture, in: War on Hunger, Vol. II, No. 5, May 1968*

Ascher, Lynn: Electrifying India's Villages, in: War on Hunger, Vol. IV, No. 4, April 1970

Ascher, Lynn: The Storage Problem – It's Highly Visible, in: War on Hunger, Vol. II, No. 12, December 1968

Balis, John S.: An Analysis of Performance and Costs of Irrigation Pumps Utilizing Manual, Animal and Engine Power, AID, New Delhi 1968 (M)

Bandaranaike, N.: Ceylon, in: Regional Seminar on Agriculture, Papers and Proceedings, Asian Development Bank, Manila 1969

Bell, David E.: US Domestic and Foreign Policies and World Food Needs, in: War on Hunger, Vol. II, No. 2, February 1968

Bell de, Garrett (edit.): The Environmental Handbook – Prepared for the First National Environmental Teach-In, Ballantine, New York, April 1970

Benoga, J.M.; Jelliffe, D.B., and Perez, C.: Some Indicators for a Broad Assessment of the Magnitude of Protein-Calorie Malnutrition in Young Children in Population Groups, in: American Journal of Clinical Nutrition, Vol. 7, November-December 1959

Blanckenburg von, P., und Cremer, H.-D. (edit.): Handbuch der Landwirtschaft und Ernährung in den Entwicklungsländern, Band I, Die Landwirtschaft in der wirtschaftlichen Entwicklung – Ernährungsverhältnisse, Verlag Eugen Ulmer, Stuttgart 1967

Blumenberg, Morrie K.: India's Family Planning Progress and Potential, in: War on Hunger, Vol. IV, No. 8, August 1970

Boerma, Addeke H.: New Directions for FAO, in: War on Hunger, Vol. III, No. 3, March 1969

Borlaug, Norman E.; Narvaez, Ignacio; Arsevik, Oddvar, and Anderson, Glenn R.: A Green Revolution Yields a Golden Harvest, in: Columbia Journal of World Business, Vol. IV, No. 5, September-October 1969

Brandt, Karl: World Food: Calming the Cassandras, in: Columbia Journal of World Business, Vol. II, No. 4, July-August 1967

Brandt, Karl: Famine is NOT Inevitable, in: Report No. 7, 1967, The Victor Bostrom Fund for The International Planned Parenthood Federation

Brown, Lester R.: Seeds of Change – The Green Revolution and Development in the 1970's, Published for The Overseas Development Council by Praeger Publishers, New York, Washington, London 1970

Burgess, Anne, and Dean, R.F.A.: Malnutrition and Food Habits, Report of an International and Interprofessional Conference, Cuernevaca (Mexico) 1960, The World Federation of Mental Health, 1962

Calderone, Mary, Streichen (edit.): Manual of Contraceptive Practice, The Williams and Wilkins Company, Baltimore 1964

Carson, Rachel: Silent Spring, Crest, New York 1969

Chandler, Robert F.: Dwarf Rice – A Giant in Tropical Asia, in: USDA: Yearbook of Agriculture, 1968, Washington 1968

Chandrasekaran, C.: National Family Planning Programmes: Aims and Progress, in: Hankinson, R.K.B. (edit.): Family Planning and National Development, Proceedings of the Conference of the International Planned Parenthood Federation held in Bandung (Indonesia), June 1969

Christensen, Raymond P.: Taiwan's Agricultural Development: Its Relevance for Developing Countries Today, USDA ERS, Foreign

---

* Die oft zitierte Zeitschrift ‹War on Hunger› ist «a report from the Agency for International Development, published monthly by the Office of War on Hunger, Agency for International Development, Department of State, Washington D.C.».

Agricultural Economic Report No. 39, Washington, August 1968

Clark, Colin: Population Growth and Land Use, Macmillan, New York 1967

Coale, Ansley: The Effects of Changes in Mortality and Fertility on Age Composition, in: The Milbank Memorial Fund Quarterly, Vol. XXXIV, No. 1, January 1956

Coale, Ansley, and Demeny, Paul: Regional Model Life Tables and Stable Populations, Princeton University Press, Princeton, N. J., 1966

Cochrane, Willard W.: The World Food Problem – A Guardedly Optimistic View, The Crowell Economics Series, New York 1969

Corty, Floyd: Rice, GCP, AID, Spring (vgl. auch United Sates Department of State, Agency for International Development), May 1969 (M)

Critchfield, Richard: Can Politics Keep up with Technology? – Feeding the Hungry, in: The New Republic, October 25, 1969

Culleton, Barbara J.: The Rich get Richer, in: Science News, Vol. 95, No. 14, April 1969

Dalrymple, Dana G.: Imports and Plantings of High-Yielding Varieties of Wheat and Rice in the Less Developed Nations, USDA Foreign Agricultural Service (in cooperation with AID), November 1969 (M)

Dalrymple, Dana G.: New Varieties in Mexico: Wheat and Corn, USDA Foreign Agricultural Service, May 1969 (im Zusammenhang mit AID, Spring, auch als CCP, Mexico, Wheat and Corn zitiert) (M)

Dalrymple, Dana G.: Technological Change in Agriculture – Effects and Implications for the Developing Nations, USDA Foreign Agricultural Service (in cooperation with AID), April 1969 (M)

Daspit, Alex: The Role of Research in the Green Revolution, AID, Spring, May 1969 (M)

Davies, James C.: Toward a Theory of Revolution, in: American Sociological Review (Official Journal of the American Sociological Association), Vol. 27, No. 1, February 1962

Decken von der, Hans, und Lorenzl, Günter: Nahrungsbilanzen, in: Handbuch der Landwirtschaft und Ernährung in Entwicklungsländern (Blanckenburg von, P., und Cremer, H.-D., edit.), Band I, Verlag Eugen Ulmer, Stuttgart 1967

Dovring, Folke: The Share of Agriculture in a Growing Population, in: Monthly Bulletin of Agricultural Economics and Statistics (FAO), Vol. 8, No. 8/9, August-September 1959

Eberhart, S. A.: Corn, GCP, AID, Spring, May 1969 (M)

Ehrlich, Paul: Ecology and the War on Hunger, in: War on Hunger, Vol. IV, No. 12, December 1970

Ehrlich, Paul: Paying the Piper, in: New Scientist (London), Vol. 36, No. 575, December 14, 1967

El-Badry, M. A.: Population Projections for the World, Developed and Developing Regions: 1965–2000, in: The Annals of the American Academy of Political and Social Science: World Population, Philadelphia, Vol. 369, January 1967

FAO: Agricultural Study No. 55: Agricultural and Horticultural Seeds – Their Production, Control, and Distribution, Rome 1961

FAO: Freedom From Hunger Campaign (FFHC), Basic Study No. 5: Nutrition and Working Efficiency, Rome 1962

FAO: FFHC, Basic Study No. 12: Malnutrition and Disease – A Major Problem of the Human Race, Rome 1963

FAO: FFHC, Basic Study No. 21: Toward a Strategy for Agricultural Development, Rome 1969

FAO: FFHC, Basic Study No. 23: Agricultural Development: A Review of FAO's Field Activities, Rome 1970

FAO: Provisional Indicative World Plan for Agricultural Development, Vols. I, II, III, Rome 1970

FAO: Nutritional Study No. 8: Kwashiorkor in Africa, Rome 1952

FAO: Nutritional Study No. 13: Sindrome Policarencial Infantil (Kwashiorkor) and its Preventation in Central America, Rome 1954

FAO: Report on the World Food Program by the Executive Director, Rome 1965

FAO: Report of the Thirteenth Session of the Study Group on Rice to the Committee on Commodity Problems, Manila, March 1969

FAO: Reviews of Medium-Term Food Outlook, Committee on Commodity Problems, 43rd Session, CCP 16, August 1968

FAO: The State of Food and Agriculture, 1965, Rome 1965

FAO: The State of Food and Agriculture, 1967, Rome 1967

FAO: The State of Food and Agriculture, 1968, Rome 1968

FAO: World Food Program – A Story of Multilateral Aid (PI/61195/5.68/E2), Rome 1968

Fei, John C. H., and Ranis, Gustav: Development of the Labor Surplus Economy, A Publication of the Economic Growth Center, Yale University, 1964

Frederiksen, Harald: Determinants and Consequences of Mortality and Fertility Trends, in: Public Health Reports, US Department of Health, Education and Welfare, Vol. 81, No. 8, August 1966

Freebrain, Donald K.: The Dichotomy of Prosperity and Poverty in Mexican Agriculture, in: Land Economics, February 1969; Auszüge dieser Arbeit sind zitiert in: CCP, Mexico, Wheat and Corn

Freedman, Ronald: The Sociology of Human Fertility: A Trend Report and Bibliography, in: Current Sociology – La Sociologie Contemporaine (London School of Economics, Basil Blackwell, Oxford), Vols. 10/11, No. 2 (1961/62)

French, J.T.: Emerging Problems, Functional Paper, AID, Spring, May 1969 (M)

Gaud, William S.: The Green Revolution: Accomplishments and Apprehensions, AID Release, March 1968 (M)

Griliches, Zvi: Hybrid Corn: An Exploration in the Economics of Technological Change, in: Econometrica, October 1957

Hambidge, Gove: The Story of FAO, Van Nostrand Co. Inc., Princeton, N.J., 1955

Hassan, S.: Influence of Child Mortality on Fertility, Paper presented at the Annual Meeting of the Population Association of America, New York, April 1966 (M)

Hauser, Philip M.: Transcript, Hearing before the Committee on Government Operations, The United States Senate, 91st Congress, First Session, Washington, September 15, 1969 (S. 2701)

Hedges, Irwin R.: Foreign Economic Development and US Agricultural Policy, in: War on Hunger, Vol. II, No. 3, March 1968

Heilbroner, Robert: Making a Rational Foreign Policy Now, in: Harper's Magazine, Vol. 237, No. 1420, September 1968

Hendrix, W.E.; Naive, J.J., and Adams, W.E.: Accelerating India's Food Grain Production, 1967/68 to 1970/71: Requirements and Prospects for a Yearly Growth Rate of 5%, USDA ERS, Foreign Agricultural Economic Report No. 40, Washington, March 1968

Hertford, Reed: The Measured Sources of Growth of Mexican Agricultural Production and Productivity, USDA ERS, December 1968 (D/M)

Hsieh, S.C., and Ruttan, V.W.: Environmental, Technological, and Institutional Factors in the Growth of Rice Production: Philippines, Thailand, and Taiwan, in: Food Research Institute Studies (Stanford University, California), Vol. VII, No. 3, 1967

ILO: The Word Employment Programme – Report of the Director-General to the International Labor Conference (53rd Session), Part One, International Labour Office, Geneva 1969

Jean, Clancy V.: The Story of the 1960's: US Wheat in World Trade, in: Foreign Agriculture (USDA FAS), Vol. VII, No. 47, November 24, 1969

Jelliffe, D.B.: Infant Nutrition in the Tropics and Subtropics, WHO Monograph Series, No. 29, 2nd edit., Geneva 1968

Johnston, Bruce F.: Agriculture and Economic Development: The Relevance of the Japanese Experience, in: Food Research Studies (Stanford University, California), Vol. VI, No. 3, 1966

Johnston, Bruce F., and Cownie, John: The Seed-Fertilizer Revolution and Labor Force Absorption, in: The American Economic Review, Vol. LIX, No. 4 (1), September 1969

Johnston, Bruce F., and Mellor, John W.: The Role of Agriculture in Economic Development, in: The American Economic Review, Vol. LI, No. 4, September 1961

Khan, Amir U.: Mechanizing the Rice Paddies, in: War on Hunger, Vol. III, No. 9, September 1969

Kronstad, Warren E.: Wheat, GCP, AID, Spring, May 1969 (M)

Krurer, George R., and Bernston, Byron: Cost of the Common Agricultural Policy to the European Community, in: Foreign Agricultural Trade of the United States (USDA ERS), October 1969

Lefeber, Louis: Planning in a Surplus Labor Economy, in: The American Economic Review, Vol. LVIII, No. 3 (1), June 1968

Little, Ian; Scitovsky, Tibor, and Scott, M.: Industry and Trade in Some Developing Countries – A Comparative Study; OECD Development Centre Studies, Oxford University Press, 1970

Lorimer, F.: Dynamics of Age Structure in a Population with Initially High Fertility and Mortality, in: UN: Population Bulletin No. 1, December 1951, Department of Social Affairs, Population Division, New York 1952

Los Angeles Times: Machines Replacing Laborers on Farms, April 19, 1970

Lowenstein, F.W.: Krankheiten durch Mangelernährung, in: Handbuch der Landwirtschaft und Ernährung in den Entwicklungsländern (Blackenburg von, P., und Cremer, H.-D., edit.), Band I, Verlag Eugen Ulmer, Stuttgart 1967

Malthus, Thomas R.: An Essay on the Principle of Population, or A View of its Past and Present Effects on Human Happiness, T. Beusley, Bolt Court, London 1803

Matusow, Allen J.: Farm Policies and Politics in the Truman Years, Harvard University Press, Cambridge, Mass., 1967

Mauldin, Parker W.: Fertility Studies: Knowledge, Attitude and Practice, in: Studies in Family Planning, Population Council, No. 7, June 1965

McGovern, George: We are Losing the Race Against Hunger, in: Look, Vol. 31, No. 5, March 1967

Mertz, E.T.; Bates, L.S., and Nelson, O.E.: Mutant Gene that Changes Protein Composition and Increases Lysine Content of Maize Endosperm, in: Science, Vol. 145, No. 3629, July 17, 1964

Morse, David A.: Jobs – The New Challenge, in: War on Hunger, Vol. IV, No. 3, March 1970

Murray, Kenneth L.: Grain – A Basic Food, in: USDA, Yearbook of Agriculture, 1964, Washington 1964

Myint, Hla: The Economics of the Developing Countries, 4. Aufl., Praeger Publishers, New York 1968

New York Times: China Report New Rice Strains, October 26, 1969

New York Times: Madras is Reaping a Bitter Harvest of Rural Terrorism, January 15, 1969

Ohkawa, Kazushi, and Rosovsky, Henry: The Role of Agriculture in Modern Japanese Economic Development, in: Economic Development and Cultural Change, Vol. 9, October 1960 (2)

Oshima, Harry T.: Food Consumption, Nutrition, and Economic Development in Asian Countries, in: Economic Development and Cultural Change, Vol. 15, No. 4, July 1967

Osoyo, Roberto: Mexico: From Food Deficits to Sufficiency, in: The Rockefeller Foundation: Strategy for the Conquest of Hunger, Proceedings of a Symposium Convened by the Rockefeller Foundation at the Rockefeller University, April 1 and 2, 1968

Paddock, William and Paul: Famine 1975: America's Decision: Who Will Survive?, Little Brown and Company, Boston 1967

Ravenholt, R.T., and Piotrow, Phyllis: The Pill in Developing Nations, in: War on Hunger, Vol. III, No. 4, April 1969

Ravenholt, R.T.: An Overview of Population Policies and Programs in Developing Countries, in: War on Hunger, Vol. II, No. 5, May 1968

Reitz, Louis P.: Short Wheats Stand Tall, in: USDA: Yearbook of Agriculture (Science for Better Living), 1968, Washington 1968

The Rockefeller Foundation, Annual Report, 1913/14

The Rockefeller Foundation, Annual Report, 1920

The Rockefeller Foundation: The Rockefeller Foundation Program in the Agricultural Sciences, Progress Report: Toward the Conquest of Hunger, 1963/64

The Rockefeller Foundation: The Rockefeller Foundation Program in the Agricultural Sciences, Progress Report: Toward the Conquest of Hunger, 1965/66

The Rockefeller Foundation: India – A Special Report from The Rockefeller Foundation, New York, December 1969

Rosenthal, Jerry E.: The Philippine Rice Story, in: War on Hunger, Vol. II, No. 1, January 1968

Ruttan, V.W.; Houck, J.P., and Emerson, R.E.: Technological Change and Agricultural Trade: Three Examples (Sugarcanes, Bananas, and Rice), University of Minnesota, Agricultural Economics Staff Paper, December 1968 (M)

Salisbury, Olen W.: Marketing Problems for Indian Foodgrain Production, USDA International Agricultural Development Service, July 12, 1968 (M)

Sauvy, Alfred: Le vieillissement des populations et l'allongement de la vie, in: Population (Paris), Vol. 9, No 4, octobre–décembre 1954

Schertz, Lyle P.: Food Supplies and Economic Growth in Developing Countries – The 1970's, Paper presented at the Annual Meeting of the Western Agricultural Economics Association, Oregon State University, Corvallis, Oregon, July 22, 1969 (M)

Scholl, John C.: Mexico's Grain Problem: A Production Boom That Won't Turn Off, in: Foreign Agriculture (USDA FAS), Vol. V, No. 27, July 3, 1967

Schultz, Theodore W.: Economic Growth and Agriculture, McGraw-Hill, New York 1968

Scrimshaw, N.S.; Taylor, C.E., and Gordon, J.E.: Interactions of Nutrition and Infections, WHO Monograph Series, No. 57, Geneva 1968

Stakman, E.C.; Bradfield, Richard, and Mangelsdorf, Paul C.: Campaigns Against Hunger, Cambridge, Belknap Press of Harvard University Press, 1967

Stolnitz, G.J.: Mortality Declines and Age Distribution, in: The Milbank Memorial Fund Quarterly, Vol. XXXIV, No. 2, April 1956

Stone, Lawrence: Theories of Revolution, in: World Politics, Vol. XVII, No. 2, January 1966

The Times of Hunger (Church World Service

Community Hunger Appeal), October 1969
Thorner, Daniel: Gentlemen Farmers: The New Rich of India, in: The Times, September 9, 1968
Todaro, Michael P.: A Model of Labor Migration and Urban Unemployment in Less Developed Countries, in: The American Economic Review, Vol. LIX, No. 1, March 1969

UN: Schémas de variation de la mortalité selon l'âge et le sexe – Tables type de mortalité pour les pays sous-développés, Etudes démographiques, No 22, décembre 1955, Direction des affaires sociales, Service de la population, New York 1956
UN: World Economic Survey, 1967 – Part One, United Nations, Department of Economic and Social Affairs, New York 1968
UN: World Population Prospects, As Assessed in 1963, United Nations, Population Division, New York 1966
UN: The Yearbook of the United Nations, 1954, Office of Public Information, New York
UN: Yearbook, 1958
UN: Yearbook, 1960
UN: Yearbook, 1965
US: Department of Agriculture (USDA): The World Food Budget, 1970, USDA ERS, Foreign Agricultural Economic Report No. 19, Washington, October 1964
US: USDA: Changes in Agriculture in 26 Developing Nations – 1948 to 1963, USDA ERS, Foreign Agricultural Economic Report No. 27, Washington, November 1965
US: Department of State: Population Program Assistance, AID, Bureau for Technical Assistance, Office of Population, Washington (jährlich)
US: Department of State, Agency for International Development (AID), Spring Review of the New Cereal Varieties, May 13–15, 1969
Umfaßt im ganzen 35 Publikationen, die in folgende drei Hauptgruppen aufgeteilt sind:
– Country Crop Papers (CCP)
– Global Crop Papers (GCP)
– Functional Papers (FP)

Country Crop Papers (M/D)
Wheat:
CCP, India
CCP, Pakistan (West)
CCP, Turkey
CCP, Morocco
CCP, Mexico
CCP, Colombia
CCP, Paraguay
CCP, Brazil
Rice:
CCP, India
CCP, Pakistan (West)
CCP, Pakistan (East)
CCP, Thailand
CCP, Philippines
CCP, South Vietnam
CCP, Brazil
Corn:
CCP, Thailand
CCP, Kenya
CCP, Brazil
CCP, Mexico
CCP, El Salvador

Global Crop Papers (M)
GCP, Wheat, by Kronstad, Warren E.
GCP, Rice, by Corty, Floyd L.
GCP, Corn, by Eberhart, S. A.

Functional Papers (M)
FP, New Varieties in Asia, by Willett, Joseph W. (überarbeitet heute als USDA ERS, Foreign Regional Analysis Report No. 275 erhältlich, vgl. Willet)
FP, The Role of Government and the New Agricultural Technologies, by Mellor, John W.
FP, Management Systems (two papers), by Rizzo, Edward E., and Smith, Kenneth S.
FP, The Role of Institutions, by Rice, E. B.
FP, Major Physical Inputs, by Kelly, Omer, and Blume, James M.
FP, The Role of Research, by Daspit, Alex
FP, Emerging Problems, by French, J. T., and Lyman, P.
FP, Emerging Problems: Some Economic Considerations, by Newberg, R. R.
FP, Priorities and Programming (two papers), by Hendrix, E., and Adams, Dale
FP, The Role of Institutions, Supplement: Case Studies of Significant Institutional Inputs
US: Code, Congressional and Administrative News, 90th Congress, 2nd Session, Washington 1968, S. 3957 ff. und S. 1113 f.
US: Annual Message to the Congress on the State of the Union, January 10, 1967, in: Public Papers of the Presidents of the United States, L. B. Johnson, Washington, Vol. I, 1967
US: Special Message from the President of the United States to Congress: Food for Freedom, February 1966, in: Public Papers of the Presidents of the United States, L. B. Johnson, Washington, Vol. I, 1966
US: Problems of Population Growth, The President's Message to Congress, Including His Proposal for the Creation of a Commission on Population Growth and the American Future, July 18, 1969, in: Weekly Compilation of Presidential Documents, Monday,

July 21, 1969, Washington, Vol. 5, No. 29, 1969
US: Proceedings before the Subcommittee on National Security Policy and Scientific Developments of the Committee on Foreign Affairs, Symposium on Science and Foreign Policy: The Green Revolution, Washington, December 5, 1969 (zitiert als Symposium)
US: President's Science Advisory Committee: The World Food Problem, Report of the Panel on World Food Supply, The White House, Washington, May 1967, Vols. I, II, and III (zitiert als WFP)
US: United States Statutes at Large, Vol. 68 (1954), Part I, Washington 1955
US: Food for Peace, Annual Reports on Public Law 480, The White House, Washington (jährlich)

The Victor-Bostrom Fund for The International Planned Parenthood Federation: Family Planning Succeeds, in: Supplement to Reports 9 and 10, 1968

Wahren, Carl: International Assistance in Family Planning, in: Hankinson, R.K.B. (edit.): Family Planning and National Development, Proceedings of the Conference of the International Planned Parenthood Federation held in Bandung (Indonesia), June 1969, S. 97 ff.
Waters, Herbert J.: Waging War on Hunger, in: Report No. 7, 1967, The Victor-Bostrom Fund for The International Planned Parenthood Federation, 1967
Wharton, Clifton R., Jr.: The Green Revolution: Cornucopia or Pandora's Box?, in Foreign Affairs (An American Quarterly Review), Vol. 47, No. 3, April 1969
Wharton, Clifton R., Jr.: Risk, Uncertainity, and the Subsitence Farmer, in: War on Hunger, Vol. III, No. 5, May 1969, S. 15 ff.
Willett, Joseph W.: The Impact of New Grain Varieties in Asia, USDA ERS, Foreign Regional Analysis Division, Report No. 275, Washington, July 1969
Winslow, C.E.A.: The Cost of Sickness and the Price of Health, WHO Monograph Series, No. 7, Geneva 1951
Wittmann, W.; Moodie, A.D.; Hansen, J.D.L., and Brock, J.F.: Studies on Protein-Calorie Malnutrition and Infection, in: Nutrition and Infection, Ciba Foundation Study Group, No. 31, 1967

Yamada, Noburu, and Lusanandana, Bhakdi: Rice Production in the ADB Region, in: Asian Agricultural Survey, Published for The Asian Development Bank by the University of Washington Press, 1969

Zatuchni, Gerald I.: Family Planning via the Postpartum Approach, in: War on Hunger, Vol. III, No. 10, October 1969

Artikel ohne Autoren:
Search Widens for Better Family Planning Methods, in: War on Hunger, Vol. IV, No. 7, July 1970
New Hope for Tropical Agriculture, in: War on Hunger, Vol. IV, No. 6, June 1970

Nachwort

An dieser Stelle sei all denen von Herzen gedankt, die mir bei der Abfassung dieser Arbeit direkt oder indirekt behilflich waren.

In erster Linie gilt dieser Dank meinem verehrten Lehrer, Herrn Prof. Dr. W. Bickel (Universität Zürich), der mich jederzeit mit Rat und Tat voll unterstützte. Ebenso richtet sich mein Dank an Herrn Prof. Dr. W. Stolper (Center for Research on Economic Development, University of Michigan, Ann Arbor), der mir in Diskussion und Kritik zu wertvollen Anregungen und neuen Ideen verhalf.

Herzlich danken möchte ich auch der Leitung und der Fakultät der University of California, Los Angeles, die es mir in großzügiger Weise ermöglichte, die vorliegende Arbeit in einem anregenden Klima und unter Benützung sämtlicher universitären Institutionen zu verfassen.

Auch der U.S. Agency for International Development möchte ich für ihre unermüdliche und ausführliche Informationstätigkeit meinen Dank aussprechen, und ebenso all jenen Institutionen – vorab den verschiedenen AID-Missionen und der SWISSAID –, die mir in Asien und Lateinamerika an Ort und Stelle ihrer Tätigkeit, nebst vielen Antworten auf technische Fragen, wertvollen Einblick in die praktischen Aufgaben und Probleme der Entwicklungshilfe gewährten.

Mein Dank geht besonders auch an den Erziehungsrat des Kantons Zürich, der mir mit einem Beitrag aus dem Kredit zur Förderung des akademischen Nachwuchses das Studienjahr in Amerika und damit auch die Abfassung meiner Habilitationsschrift ermöglichte.

Schließlich möchte ich Herrn Dr. M. Mittler vom Atlantis Verlag meinen Dank dafür aussprechen, daß er sich so spontan entschlossen hat, diesen Überblick über Werden, Fortschritt und Probleme der Grünen Revolution in sein Verlagsprogramm aufzunehmen.

Doch nicht zuletzt möchte ich meiner lieben Frau von Herzen dafür danken, daß sie mir in allen Lebenslagen sowie bei Korrektur und Abschrift des Manuskriptes eine unersetzliche Hilfe war.

44.-